KB264453

에디트 슈타인

Kaori Suzawa
EDITH STEIN — Der Wahrheit verschrieben
須澤かおり

エディット・シュタイン ── 愛と眞理の炎
新世社, 名古屋 1993

Translated by Kyeong-Shik Choi
© Benedict Press, Waegwan, Korea 1996

에디트 슈타인

1996년 8월 초판 ｜ 2025년 2월 7쇄

지은이 · 수자와 카오리
옮긴이 · 최경식
펴낸이 · 박현동
펴낸곳 · 성 베네딕도회 왜관수도원 © 분도출판사
찍은곳 · 분도인쇄소

등록 · 1962년 5월 7일 라15호
04606 서울 중구 장충단로 188(분도출판사 편집부)
39889 경북 칠곡군 왜관읍 관문로 61(분도인쇄소)
분도출판사 · 전화 02-2266-3605 · 팩스 02-2271-3605
분도인쇄소 · 전화 054-970-2400 · 팩스 054-971-0179
www.bundobook.co.kr

ISBN 978-89-419-9619-4 03230

수자와 카오리

에디트 슈타인
사랑과 진리의 불길

최경식 옮김

분 도 출 판 사

서 문

이번에 금세기의 가장 뛰어난 여성의 한 사람인 에디트 슈타인이 일본에 알려지게 되는 데 대해 내가 이 머리말을 쓰게 되는 것을 마음 속으로부터 기쁘게 생각하고 있습니다. 몇 해 전의 일이 됩니다만, 이 책의 저자가 로마로 나를 찾아와 에디트 슈타인에게서 찾아볼 수 있는 유대인으로서의 특성에 관한 문제들을 화제로 하여 서로 얘기를 나눈 적이 있었습니다. 나는 그때 내 모국인 독일의 위대한 여성에 대하여 관심을 가지는 사람이 멀리 아시아의 일본에도 있다는 것을 알게 되어 놀라지 않을 수 없었습니다. 에디트 슈타인의 어떤 점이 일본인에게도 흥미를 끄는 것일까 하고 스스로 묻지 않을 수 없었던 것입니다. 저자와의 에디트 슈타인을 둘러싼 대화는 그후에도 여러번이나 계속되었습니다. 나 자신도 그때마다 철학자이며 신앙생활의 스승인 에디트 슈타인의 저작들에 대하여 거론하게 되면서 그분의 삶과 사상에 대한 이해를 깊게 하는 계기를 가지게 되어 많은 점을 깨치게 되었습니다. 그런 뜻에서 나는 저자인 수자와 카오리 여사에게 진심으로 감사를 드리고 싶습니다.

"사랑과 진리의 불길"이라는 이 책의 부제목에는 저자가 이해하고 있는 에디트 슈타인의 생애의 가장 본질적인 것이 명확하게 표현되어 있다고 생각됩니다. 진리에의 탐구라고 말할 때의 진리라고 하는 것은 이 책에서 밝혀져 있듯이 단지 지적인 인식에 의하여 이해되는 그 이상의 것을 가리키고 있습니다. 그것은 인간 존재의 전 인격을 파악하는 것입니다. 이러한 진리를 생각할 때, 그리스 말의 "파토스"라고 하는 말이 내 머리에 떠오릅니다. "파토스"라는 말은 에디트 슈타인을 이해하기 위한 단서가 되는 말이라고도 할 수 있을 것입니다. 그리스 말의 "파토스"에서 라틴 말의 "파씨오"라는 말이 태어났고 이 말은 다시 독일어, 프랑스어, 영어로도 "파씨온"이라는 현대어로 되어 있습니다.

“파토스”, “파씨온”은 두 가지 뜻을 지니고 있고, 따라서 두 개의 차원을 지닌 언어입니다. 한편에서는 “열정”이라든가 “열정적 헌신”이라고 번역할 수 있듯이 능동적인 요소가 강조되고, 다른 편에서는 “수난”이라는 말에 해당되는 것처럼 더 수동적인 요소가 나타나 있습니다.

특히 에디트 슈타인의 생애의 결정적인 단계에 있어서는 “파씨온”이 뜻하는 두 가지 측면이 얼마만큼 밀접하게 연관되어 있는지를 알게 됩니다. 먼저 그녀는 학생으로서 모든 것을 학문에 바치고 헌신하는 것으로 스스로의 길을 걷기 시작했습니다. 이 “헌신”이라고 하는 삶의 태도야말로 무엇이 “진리”인가를 찾아내기 위하여 매진한 에디트의 전 생애를 일관한 자세였던 것이라고 그녀를 알고 있는 사람들은 그렇게들 전하고 있습니다. 처음에 에디트의 탐구는 지적인 사항에 집중되어 있었고 이 뛰어난 재능을 지닌 젊은 여성의 전도(前途)에는 빛나는 학문적인 지위가 약속되어 있어 유망한 장래가 보장되어 있는 것처럼 보였습니다. 그러나 그후 여성이라고 하는 이유로 대학교수가 될 수 있는 기회를 빼앗겼고 그녀는 또 하나의 “파씨온”, 다시 말하여 “수난”이라고 하는 괴로운 경험을 하게 됩니다.

진리에의 탐구는 그 사람 자신의 마음을 사로잡습니다만, 그 가장 인간적인 것 속에도 동시에 신성한 것이 배어 있는 것입니다. 여기서 내 머리에 떠오르는 것은 하나의 힘이라는 것입니다. 이 신성한 힘은 구약성서의 아가(雅歌)에서 다음과 같이 표현되고 있습니다.

> 사랑은 죽음처럼 힘이 억센 것 … 그 열정은 타오르는 불, 그 불길은 하느님께로부터 오는 것(아가 8,6; 히브리 말 원전에 의한 번역).

이 말 속에서는 남녀 사이의 사랑의 관계를 나타내고 있습니다. 이 사랑의 테마는 아가 전체가 아름답게 노래하고 있는 것입니다. 인간의 사랑은 하느님께서 인간을 사랑하시는 사랑을, 눈에 보이는 이미지로 반영하고 있습니다. 에디트의 친구였던 두 사람의 남성, 로만 인갈덴과 한스 립스는 그녀가 은근하고 섬세하게 사랑을 호소하는 것을 눈치챘지만 그 사랑에 응답하려고는 하지 않았습니다. 그러한 인간적인 사랑의 좌절(파씨온)을 통해서도 에디트 슈타인은 다시 파씨온이 지니는 또 하나의 면(헌신)을 경험하는 것입니다. 그때 그녀는 노여움에 몸을 맡기는 것을 애써 피하고 사랑의 불길을 새기신 분, 하느님께 가까이 다가가는 것입니다. 그녀의 탐구의 길은 종교적으로 심화되어 가고 기쁨을 경험하는 가운데 절정을 맞습니다. "이것이야말로 진리이다"라고 그녀에게 깨닫게 한 이 경험은, 그러나 훗날 평범하고 메마른 나날 ― 교사로서의 단조로운 생활, 게다가 수도생활의 규범이 엄격한 관상 수도원의 울타리 속에서 고독을 통하여 심화되고 정화되어 가는 것입니다. 그리하여 드디어 남들이 그녀의 인생을 결정하게 되는 때가 옵니다. 에디트는 유대인으로서 고난의 길을 걷고 최후로 아우슈비츠의 지옥을 경험하게 되는 것입니다. 남겨진 저작, 서간들로부터 그녀가 자기의 사명을 어떻게 받아들였는지를 알게 됩니다. 우리들에게는 도저히 이해하기 어려운 이 비참한 운명을 에디트는 신앙의 빛 속에서 받아들이며 그녀는 하느님과 사람들을 위한 헌신(파씨온)을 다해야 하는 최상의 때라고 깨닫고 있었습니다.

　인생에는 "파씨온"이 지닌 두 가지 측면을 산다는 의미가 있음을 이해할 때, 에디트 슈타인의 생애는 제각기 사람들이 살아나갈 삶의 태도의 그 모범이 될 것입니다. 하느님께서 모든 사람들의 마음 속에 만들어 놓으신 열정적인 힘으로서의 "파씨온"은 우리를 적극적인 탐구와 행동에로 몰아세웁니다. 그러나 이렇게 한결같이 탐구를 계속하는 동안, 우리는 스스로의 한계에 직면하게 됩니다. 그런 것을 에디트 슈타인은 가장 아름다운 말로 이렇게 표현하고 있습니다. "내 계획에는 없었던 것이 하느님의 계획에는 있었습니다"라고. 그러므로 "파씨온"이 지니는 또 하나의 면(수난)은 좌절이나 실패를 의미하는 것이 아니고 더 크나큰 확장에로 우리를 이끌어 주는 것입니다. 고통과 수난을 통해서만 비소(卑小)한 인간적 에고의 벽은 무너지게 되고 인간의 노력과 하느님의 역사하심이 하나가 될 수 있기 때문입니다. 우리는 이러한 것을 에디트 슈타인이라는 뛰어난 여성으로부터 배울 수 있을 것입니다.

　에디트 슈타인에 관하여 지금까지 출판된 모든 책들 속에서도 이 책은 특별한 의미를 지니고 있습니다. 에디트 슈타인의 생애는 우리 독일 사람들에게조차 쉽게 이해될 수 있는 성질의 것이 아닙니다. 이번에 서양 문화권이 아닌 곳에서 처음으로 그녀의 전기가 씌어진다고 하는, 용기에 넘치고 결실에 찬 시도를 보게 되었습니다. 저자는 이 과제를 손쉽게 해낸 것이 아닙니다. 이런 작업에는 으레 많은 어려움이 따랐을 것입니다. 저자는 몇 차례나 유럽으로 향했습니다. 그렇게 함으로써 에디트 슈타인이 생활하고 일을 한 장소들로 발걸음을 옮겼습니다. 저자는 에디트 슈타인이 비참하게 죽은 아우슈비츠를 찾아가 그 자리를 실제로 자신의 눈으로 확인했습니다. 그러면서 저자는 많은, 아직 공개되지 않은 것들을 포함한 자료들을 수집하고 생전에 에디트 슈타인을 알았던 사람들과 만나 얘기를 듣고 왔습니다. 또한 나는, 저자가 에디트 슈타인에 관해 씌어진 많은 서적들에 대해 상세하게 알고 있으며 몇 사람의, 책의 저자들과도 만났거나 또 서신을 나눠 왔다는 것을 잘 알고 있습니다. 현대의 일본에서 살고 있는 젊은 여성인 저자는 지금, 그녀가 다한 노력의 성과를 독자들에게 보여주고 있습니다. 이 책을 통하여, 에디트 슈타인이 일본에도 많은 벗을 얻게 될 것을 나는 빌어 마지않습니다.

1992년 크리스마스에
로마 교황청립 성서연구소
유대교 · 랍비문학 교수
라인하르트 노이데커

차 례

진리의 순교자

에디트 슈타인은 20세기 전반의 그 격동의 시대를 산 특이한 인물이다. 빼어난 지성과 재능을 겸비한 이 여성의 생애는 파란 많고, 비참하고 숭고한 일생이었다. 53년에 걸친 그 생애의 궤적에서 그녀는 우리에게 몇 가지 다른 "얼굴"들을 보여주고 있다.

에디트의 생애의 전반생은 전심으로 학문을 통하여 진리를 탐구하는 데 바쳐졌다. 그녀는 현상학(現象學)의 창시자인 에드문드 훗썰의 문하에서 그 연구생활을 시작했다. 가장 우수한 성적으로 철학박사 학위를 받은 에디트는 그후 뛰어난 저작을 발표하고 독일 철학계의 제일선에서 활약하는 여성 철학자로서 그 이름을 날렸다. 사상(事象) 그 자체에로 육박하고 객관적인 진리를 추구하는 현상학의 정신은 그후의 그녀의 정신적인 행보를 깊이 규정하게 되었다.

에디트에게 철학의 스승이었던 훗썰이 이 세상을 떠났을 때 그녀는 어느 편지에서 다음과 같이 말하고 있다. "진리를 탐구하고 있는 사람은 누구든지 의식은 하지 않고 있어도 하느님을 찾아 구하고 있는 것입니다." 이 말은 훗썰의 경우를 가리키고 있는 것이지만 에디트 자신의 진리 탐구의 길도 가리키고 있다. 에디트에게 진리란 추상적인 이념이나 이상에 멈추지를 않고 자기 자신의 존재의 궁극적인 목적과 직결되어 있었다. 철학 연구에 몰두하고 있던 젊은 시절의 에디트는 진리에 대한 지적인 관련을 아주 중요시하여, 종교적인 것이나 감각적인 것은 되도록 피하고 온갖 지적 가능성의 탐구에만 온 정신을 쏟고 있었다. 그 당시의 그녀는 후반생의 모습에서는 상상할 수 없는 것이지만 "무신론자"를 자처하고 있었던 것이다. 에디트는 자신이 어떤 상황에 놓여져도 힘껏 노력하며 한결같이 열과 성으로 살아나가는 자세를 견지하고 있었다.

에디트 슈타인은 자신 속에 불을 잉태한 여성이었다. 타협을 허락하지 않고 자기 자신을 절대적인 것에 바쳐나가는 그 철저함은 그녀의 유대인으로서의 특질에서 오는 것이리라. 그녀의 철저한 학문 연구의 길은 지성에 의해서만 파악될 진리를 넘는, 제일 진리를 향한 이해를 깊이하고 신앙으로 향하는 길을 열게 한 것이다.

그리스도인으로서의 길을 걷게 된 에디트는 학문 연구생활에서 더 나아가 다음 단계로 들어서게 된다. 훗썰의 문하생으로 현상학 연구에 종사하고 있던 시기의 에디트는 연구의 테마나 발표된 논문이 현상학의 범주에 한정되어 사고(思考)의 대상도 자연적인 경험 속에 한정되어 있다. 그러나 그리스도교의 신앙에 눈뜬 뒤의 에디트의 사상의 주제는 제일 진리로서의 하느님, 영원한 존재를 탐구하는 것에 있었다. 철학자인 에디트 슈타인의 독자성이란 현상학 학자로서의 확고한 지위를 쌓았으면서도 그러한 현상학적인 사유(思惟)를 가지고 스콜라적인 존재론과 만나 대결했다는 데 있을 것이다. 그녀는 현대철학에서는 회피하고 있는 하느님의 문제를 바로 정면에서 맞서 현대에 있어서 그리스도교 철학의 가능성을 추구하려 한 것이다. 토마스 연구와 현대의 형이상학의 구축(構築)에 열중하고 있던 시기의 에디트는 대학과 철학계의 제일선에서는 떠나, 라인 강변의 작은 도시, 쉬파이어에서 여자 고등학교의 교사로 근무하고 있었다. 이 시기의 에디트는 "교육자"로서의 얼굴을 우리에게 보여주고 있다. 평범하고 착실한 교사생활을 통하여 에디트는 사람들에게 헌신한다는 것의 의미를 몸소 보여주고 있다.

교사로서 8여 년을 보낸 에디트는 다시 한번 세상의 주목을 받게 되는 시기를 맞는다. 여성 문제에 대한 강연을 요청받게 되는데, 강연 의뢰는 유럽 각지에서 쇄도했다. 페미니스트로서 에디트의 관점이 주목의 대상이 된 것은, 에디트가 말하는 여성상이 당시의 사람들을 각성토록 했으며 고무하고 용기를 북돋아, 새로운 여성이 지녀야 할 삶의 태도를 제시하는 바가 컸기 때문이다. 그후 그녀는 뮌스터의 교육학 연구소로부터 초빙을 받게 되지만, 일년 남짓한 기간에 그치고 나치의 유대인 박해에 의하여 공적인 활동이 금지된다. 이 일이 계기가 되어 에디트는 오래 전부터 소망해 온 자신의 성소(聖召)를 실현시켜 쾰른의 가르멜회 수도원의 문을 두드리고 제2의 인생을 거기서 시작하게 된다.

에디트가 그리스도교 신앙에 끌리게 된 것은 십자가의 그리스도와의 만남에서였으며 거기서 궁극적인 진리를 찾아낸 것에 기인한다. 그녀가 가르멜회에 들어간 것은 무엇보다도 십자가의 고난을 떠맡고 그리스도의 길에 동참하기 위한 것이었다. 그녀가 선택한 "십자가로 축복받은 데레사"라는 수도명은 그녀의 전 존재를 일관하는 분류(奔流)를 상징적으로 나타내고 있다. 유대인이었던 에디트에게 가톨릭의 세례를 받고 수녀원에 들어간다는 것이 그녀의 동포인 유대 민족, 히브리 사람들과의 연대(連帶)를 끊는 것을 뜻하지는 않았다. 십자가 아래서 유대 민족의 운명을 이해하기 시작했을 때부터 에디트는 구약성서에 등장하는 이스라엘의 딸, 에스델의 삶의 태도에서 자신의 소명(召命)을 예견하고 있었다. 에스델은 바빌론의 포로 시절, 유대인들이 하만에 의하여 전멸될 위기를 맞았을 때 분연히 일어나 유대인들을 구하는 데 결정적인 역할을 한 여성이다. 에디트가 생존하고 있던 제2차 세계대전 당시, 히틀러에 의하여 유대인들은 다시 또 전멸의 위기를 맞고 있었다. 그리하여 끝내는 그녀 자신도 아우슈비츠에 수송되어 가스실에서 53년의 생애를 마치게 된 것이다.

에디트의 아우슈비츠에서의 죽음은 무엇을 의미하는 것일까?

그 죽음은 용감한 순교자의 죽음같이 아름답고 영웅적인 것으로 보이지는 않는다. 에디트는 그 누구의 눈에도 띄지 않았고 이유도 없이 죽임을 당했다. 고유의 이름을 빼앗긴 그저 번호로서의 죽음. 조화(弔花)도, 매장(埋葬)도 없었던 죽음. 이것이 현대에 일어난 하나의 순교의 모습이다. 아우슈비츠의 가스실에서 그 영혼을 하느님께 맡긴 에디트는 모든 것을 태워버리는 연기가 되어 하늘로 올랐다. 그녀의 죽음은 인간이 만든 가공할 지옥불 속에 내던져짐으로써 이 비참한 지상에 사랑과 평화를 가져오는 화해의 증거가 된 것이라고 우리는 이해할 수 있겠다.

1984년 로마를 방문한 크라카우의 대주교 마칼스키는 에디트에 대하여 이렇게 언급하고 있다.

"아우슈비츠가 아니라, 그리스도의 십자가가 새로운 유럽의 심벌이 되어야 합니다. 나는 아우슈비츠를 통하여 유럽을 보고 있습니다만, 거기서 유럽의 희망을 찾아보고 있습니다. 왜냐하면 그리스도의 십자가가 그 뿌리를 유럽의 땅 속에 깊이 내리고 있기 때문입니다. 아우슈비츠에는 분명히, 헤아릴 수 없이 수많은 십자가를 따른 이들이 있었습니다. … 이들 신앙의 증인들 속에는 뛰어난 철학자로, 그리스도교의 세례를 받고 가르멜회에 들어간 유대인, 에디트 슈타인이 있다는 것을 우리는 확신하고 있습니다."

아우슈비츠에서 이름없이 죽은 지 45년 뒤인 1987년, 에디트 슈타인은 순교자로서 가톨릭 교회의 복자품(福者品)에 올랐다.

에디트 슈타인은 현대의 성녀(聖女)로서 우리가 마음 속에 품고 있는 소망, 정신적인 갈증을 느끼게 하는 무엇인가를 지니고 있다. 우리들 한 사람 한 사람의 마음의 갈증을 풀어주고 악과 암흑 한가운데에서도 진리의 증인으로 우리를 힘있게 이끌어 주는 존재가 오늘만큼 아쉬운 때는 없으리라.

에디트 슈타인의 생애에서 이른바 가톨릭의 성인들 특유의 분위기 같은 것을 느낄 수는 없다. 그만큼 에디트는 인간미(人間味)가 넘쳐서 우리와 공유하는 것들을 많이 가지고 있는 여성이다. 우리는 인생의 갖가지 처지에서 에디트가 고민하고 사랑하고 고통받은 것과 같은 문제들에 부딪쳐 그때마다 그녀의 삶의 태도에서 하나의 해답을 발견하게 될 것이다. 그런 뜻에서 그녀는 현대의 성녀인 것이다. 그녀는 현대라고 하는 정신적인 사막에 단단히 뿌리를 내리고, 우리들 한 사람 한 사람의 마음 속 어둠과 갈등을 나눠 가지고 그것을 정화하며 재생(再生)시켜 주는 그런 사람이다.

에디트 슈타인은 존재 그 자체로 하여 놀랄 만큼 투명한 빛을 비추고 있다. 그녀의 영혼은 학문 연구로 젊음을 불태우고 있었을 때나, 수녀원에서 기도와 침묵의 나날을 보내고 있었을 때나, 또 가장 잔혹한 홀로코스트를 체험했을 때에도, 언제나 변함없이 맑고 깨끗함을 지니고 있었다.

그녀의 아름답고 불타는 듯한 눈동자는 투명하여, 흐리는 일이 없는, 영원한 진리를 추구하고 있었다. 그 눈가에는 언제나 그윽하고 심원한 기도가 고여 있어서 깊은 곳에서부터 내뻗는 빛이 비치고 있다. 에디트의 제자 한 사람은 "그녀의 전 존재는 그 눈동자처럼 밝고 맑음, 그것이었습니다"라고 말하고 있다. 오로지 진리에만 전념하며 산 한 사람의 여성, 에디트 슈타인은 오늘 더욱 그 삶의 태도와 사상으로 우리에게 많은 것을 말해주고 있을 것임이 틀림없다.

제1장

탄 생

1. 유대인 가정

에디트 슈타인이 태어나 자라난 브레슬라우(Breslau, 현재는 폴란드령)는 전쟁 전의 독일령이었던 실레지아 지방에 자리잡은 평온한 옛 도시이다. 시내 한복판을 가로질러 흐르는 오델 강, 넘치는 녹지대와 문화를 키워 온 전통이 하나로 융합되어, 옛날의 그 좋은 시절의 독일이 풍겼던 향기 높은 분위기가 감돌고, 대학도시로서 지니고 있는 중후한 풍정이 느껴지는 마을이다. 그 주변의 전원 풍경도 한가롭고 아름다워, 제2차 세계대전 때 그 전화에 휩쓸렸었다고는 여겨지지 않을 만큼 자연 환경은 풍요롭고, 평화스럽고 고요한 공기가 그 주변을 감돌고 있다.

에디트 슈타인은 1891년 10월 12일에 지그프리트 슈타인(Siegfried Stein, 1843~1893)과 아우구스테 슈타인(Auguste Stein, 1849~1936)의 막내딸로 브레슬라우에서 태어났다. 아버지 지그프리트는 목재상을 하며 일가의 생계를 유지하고 있었다. 에디트에게는 여섯 형제자매가 있었다. 에디트가 이 세상에 태어난 10월 12일은 그해의 유대교 달력으로 "속죄의 날"(Yom Kippur)이라 불리는 중요한 축일에 해당되는 날이었다. "속죄의 날"이란 구약성서의 "레위기"(16장)에서 그 유래를 찾을 수 있는데 인간이 죄를 벗는 날로 주님 대전에서 인간과 하느님 사이에 새로운 관계가 맺어지는 날로 기념되어 왔다.

실제로 에디트 자신도 "속죄의 날"에 태어났다는 사실을 각별히 뜻깊게 생각하고 있었다. 에디트의 가정에서 이날을 어떻게 기념하고 있었는지를 그녀가 남긴 자서전 속에서는 이렇게 말하고 있다.

유대교 축일의 클라이막스는 속죄의 날이었습니다. 이날 대사제는 자기 자신과 자기 민족을 위해 속죄의 제물을 바치기 위한 지성소(至聖所)로 들어가는 것입니다. 그리해서 숫염소는 모든 이의 죄를 상징적으로 짊어지고 황야로 내쫓기는 것입니다. 이렇게 함으로써 모든 예식이 행해졌습니다. 오늘날에도 유대교의 전통을 지키는 사람들은 이날을 기도와 단식으로 맞고 모두 회당에 모입니다. 나 자신은 유대교의 다른 축일들의 훌륭함을 경시하는 것은 아니었지만, 특별히 이 속죄의 날 예식에 대단히 끌리는 것을 느꼈습니다. 속죄의 날 전날 밤엔 우리는 날이 저물기 전에 일찍 만찬을 가졌습니다. 그리고 시나고그(회당)에서의 그 예식은 하늘의 별들이 총총히 빛나기 시작하자마자 시작되었습니다. 어머니는 언니들과 함께 이 저녁 예식에 나아갔습니다. 오빠들도 이 예식에 참례한다는 것은 의무라고 생각하고 있을 정도였습니다. 이 저녁 예식 때 불리는 아름다운 고전적인 멜로디는 유대교를 믿지 않는 사람들의 마음도 매료하는 것이었습니다.

내게 이 속죄의 날은 각별한 의미가 있었습니다. 나는 바로 이 속죄의 날에 태어났기 때문입니다. 어머니는 해마다 돌아오는 이날이 내 생일이라고 생각하고 계셨습니다. 어머니는 내가 속죄의 날에 태어났다는 것을 아주 뜻깊게 생각해서, 그런 일로 막내딸인 나를 특별히 귀여워하신 게 아닌가 여겨집니다.[1]

주석에 쓰인 약호는 다음 저작들을 가리킨다.

EeS Endliches und ewiges Sein. Versuch eines Aufstiegs zum Sinn des Seins, 3. Aufl., Edith Steins Werke, Bd. II (Freiburg 1986).

F Die Frau. Ihre Aufgabe nach Natur und Gnade, Edith Steins Werke, Bd. V (Louvain-Freiburg 1959).

KW Kreuzeswissenschaft. Studie über Joannes a Cruce, Edith Steins Werke, Bd. I (Louvain 1950).

L Aus dem Leben einer jüdischen Familie. Das Leben Edith Steins: Kindheit und Jugend, Edith Steins Werke, Bd. VII (Druten-Freiburg 1985).

Renata Teresia Renata de Spiritu Sancto, Edith Stein. Eine grosse Frau unseres Jahrhunderts. 9.Aufl. (Freiburg 1963).

RI Briefe an Roman Ingarden, Edith Steins Werke, Bd. XIV (Freiburg 1991).

SB I Selbstbildnis in Briefen. Erster Teil 1916~1934, Edith Steins Werke, Bd. VIII (Druten-Freiburg 1976).

SB II Selbstbildnis in Briefen. Zweiter Teil 1934~1942, Edith Steins Werke, Bd. IX (Druten-Freiburg 1977).

VL Verborgenes Leben. Hagiographische Essays, Meditationen, geistliche Texte, Edith Steins Werke, Bd. XI (Druten-Freiburg 1987).

에디트 슈타인의 생애를 뒤돌아볼 때, 그녀가 "속죄의 날"에 이 세상에 태어났다는 것은 그 전 생애의 향방을 가리키고 있는 것처럼 생각된다. 완전한 희생은 그리스도의 십자가상에서의 완전한 번제물의 희생에 의하여 이뤄진다. 에디트의 생애도 이 성서적 조짐을 미리 보이고 있었다. 그녀 자신의 홀로코스트(대학살)에 대한 예감은 1930년 친구인 아델군디스 수녀(Sr. Adelgundis Jaegerschmid)에게 보낸 편지의 일부에도 나타나 있다.

> 나는 직접적인 영향을 줄 수 없다는 자신의 무력함을 깨달을 때마다 나 자신에게 번제물의 희생이 요구되고 있다는 것을 느끼지 않을 수 없습니다. 그러나 우리들의 지금 형편으로는 그 준비가 아직 되어 있지 않은지도 모릅니다. 그렇다면 우리들은 주님의 완전한 희생이라는 것에 대해서 과연 무엇을 알고 있는 것일까요. 어쨌든 우리들은 지금 이 자리에서, 우리들 자신의 구원과 우리들을 영적으로 의지하고 있는 이들의 구원을 성취해야만 하겠다는 것이 명백해집니다. 이렇게 함으로써 우리들은 매일, 매 시간을 기도에 의해서 영원한 것으로 만들어 나갈 수가 있는 것입니다.[2]

또 1939년, 에히트의 가르멜회 원장수녀에게 보낸 편지에서 다음과 같이 적고 있다.

> 경애하올 원장수녀님, 참된 평화가 이뤄지기를 바라셨던 예수님의 성심에 맞갖은 제물로써 이 몸을 바치도록 해주십시오.[3]

WP   Welt und Person, Edith Steins Werke, Bd. VI (Louvain-Freiburg 1962).

1. L 40-42.
2. Brief 52 vom 16.2.1930 an Sr. Adelgundis Jaegerschmid OSB, SB I 60.
   아델군디스 예거슈미트는 에디트가 프라이부르그에서 조교를 하고 있었을 때에 그녀의 철학 세미나에 출석했고, 훗썰 지도하에 철학박사 학위를 취득했다. 1921년 가톨릭이 되고, 그후 프라이부르그의 베네딕도 수녀원에 들어가 수녀가 되었으며 에디트와는 평생을 친구로서 교분을 가졌다.
3. Testament, Edith-Stein-Archiv, Karmel Köln.

에디트의 생애에서 찾을 수 있는 유대교의 영향은 그녀가 "속죄의 날"에 태어났다고 하는 것에서만 찾게 되는 것이 아니다. 무엇보다도 그녀는 유대인 가정에 태어나 유대교의 교육을 받았다는 것이다.

에디트의 젊은 시절의 일들을 더 잘 알 수 있는 자료는 그녀 자신이 쓴 자서전이다. 그녀는 이 자서전에 『유대인 가정의 생활에서』(*Aus dem Leben einer jüdischen Familie*)[4]라는 제목을 붙이고 있다. 이 자서전은 에디트가 자라난 가정과 그녀의 젊은 시절을 알기 위한 귀중한 자료가 된다. 이 자서전을 쓰게 된 것은 그녀가 쾰른의 가르멜회에 들어가기 직전인 1933년으로 그후 1939년까지 단속적으로 씌어졌다. 그녀는 자서전 속에서 자신의 성장 과정과 자신을 둘러싼 사람들, 그리고 친구들에 대하여 솔직하게 말하고 있다. 그녀가 자서전을 쓰게 된 동기에 대하여, 그 머리말에서 다음과 같이 말하고 있다.

> 나는 유대인 가정에서 자라난 사람으로 유대 민족에 대해서 배운 것들을 적어두고 싶다는 충동을 받았습니다. 왜냐하면 유대인에 관한 지식은 바깥 세계엔 거의 알려져 있지 않기 때문입니다.[5]

더욱이 그녀는 유대인이라는 것에 대하여 몇 가지로 문제를 제기하고 있다.

> 유대인의 피를 이어받아 태어난다는 것은 유대 민족에게 회피할 수 없는 결과를 가져오는 것일까요. 아무튼, 나는 유대교를 옹호할 의도로 이 책을 쓰는 것은 아닙니다. 다만, 나는 이 글 속에서 자신이 경험한 유대인의 생활에 대해서 솔직하게 말함으로써 증언하고 싶은 것입니다.[6]

에디트 자신도 밝히고 있는 것처럼, 그녀를 둘러싼 유대인의 생활 환경은 인간 형성, 종교, 정서에 다대한 영향을 미쳤다. 에디트는 태어나고 자라난 그 가정

---

4. L 3.   5. L 3.   6. L 32.

을 떠난 뒤에도 유대인과의 교류를 지속하고, 많은 유대인 철학자나 친구들과의 만남을 통하여 유형·무형의 영향을 받은 것이다. 신앙 면에서는 젊은 시절에 한때 무신론자가 되었지만 그후 가톨릭으로 귀의하고 가르멜회 수녀로서 살아나갔다. 에디트의 종교적 성숙의 과정, 그 영성생활이나 저작에도 그녀가 지닌 유대인의 피가 맥박치고 있다. 에디트는 그리스도인이 되고서도 자신의 동포인 유대 민족을 깊이 사랑하고 있다. 교황 요한 바오로 2세는 에디트 슈타인의 시복식(諡福式)에서 행한 강론 중[7] 그리스도교와 유대교의 화해의 상징으로서의 특별한 의미를 에디트 슈타인에게서 찾아 언급하고 있다.

실제로 에디트는 태어날 때부터 자신의 생애에 새겨진 특별한 사명을, 훗날 구약성서에 나오는 이스라엘의 딸, 에스델의 삶의 태도에 일치시켜 이해하고 있었다. 에디트는 에스델에 관하여 다음과 같이 말하고 있다.

> 왕과 함께 유대 백성들을 구출한 유대의 왕후, 에스델을 상기하게 됩니다. 나는 지극히 가난하고 힘없는 작은 에스델에 지나지 않습니다. 그렇지만 나를 선택해 주신 하느님은 한없이 위대하시고 자비로우신 분입니다.[8]

그것은 때마침, 제2차 세계대전의 역사적 드라마 속에서 히틀러의 유대인 박해의 폭풍이 유럽 전역을 휩쓸고 있던 시기였다. "주님, 우리를 기억하시고 우리가 고난을 받을 때에 당신을 나타내 보이소서"(에스 14,12)라고 하는 에스델의 기도를 에디트는 수없이 외웠을 것이다.

에디트가 "속죄의 날"에 태어났다고 하는 것은 나치즘에 의한 가공할 홀로코스트와 연관되는 것으로 보이는데, 홀로코스트는 히브리 말로 "쇼아"라고 하여 유대인의 조직적 학살을 의미한다. 하느님의 선민, 하느님과 유대 민족간의 계약이 홀로코스트에 의하여 크나큰 파멸을 보게 되었다는 것은 유대인의 신앙의 그 토대와 그리스도교 하느님의 존재를 그 근본으로부터 뒤엎는 것이었다. 에

---

7. Vgl. Osservatore Romano (English edition, 18, 21, 22, 1987).

8. Brief 281 vom 31.10.1938 an Petra Brüning OSU, SB II 121.

디트는, 그리스도의 십자가상에서의 완전한 희생에 의하여 인류의 죄가 사함을
받은 것처럼 자기 자신의 목숨을 유대 민족과 전인류를 위한 제물로 바치리라
다짐하게 된 것이다. 2천 년 전에 유대인의 전멸 위기를 구한 에스델의 기도는
그대로 에디트의 기도가 된 것이다.

나의 생명은 지금 위태롭게 되었습니다. 나는 어려서부터 가정에서 이렇게 배웠
습니다. 주님, 당신은 모든 민족 중에서 이스라엘을 선택하시고, 모든 민족의
선조들 중에서 우리 선조들을 뽑으시어, 영원히 당신의 백성으로 삼으셨습니다.
그리고 약속하신 대로 우리 선조들을 보살펴주셨습니다. 그러나 우리는 당신에
게 죄를 지었으므로 당신께서 우리를 원수들에게 넘기셨습니다. 만물을 제압하
는 힘을 가지신 하느님, 절망에 빠진 자들의 소리를 들으시고 악인들의 손에서
우리를 구하시고 나를 공포에서 구하소서(에스 14,4.19).

2. 어머니의 존재

자기 일생에 결정적인 영향을 미친 사람과의 만남에서 그 당장에는 그 은혜의
크기를 십분 이해하지 못하는 일이 있다. 특히 그것이 가족인 경우에는 너무나
도 자신에게 친숙하고 가까이 있는 사람이므로 그 인연이 지니는 의미를 되돌
아볼 기회가 적다. 에디트와 어머니와의 관계도 그러했다. 에디트에게 어린 시
절의 기억은 곧 어머니의 추억으로 이어진다. 아버지가 세상을 떠난 뒤에 일곱
아이들을 혼자 키워낸 어머니, 언제나 신앙의 불을 마음 속 깊은 곳에 간직하
고 있던 씩씩한 여성, 그리고 무엇보다도 마음의 지주가 되어주던 어머니 ―
어머니의 여러 모습들이 겹쳐져서 에디트의 마음은 어머니에 대한 그리움과 고
마움으로 가득 찬다. 자서전에는 이러한 어머니에 대한 추억이 여러 군데에 엮
어지고 있다.

에디트의 어머니, 아우구스테 슈타인은 15명 형제의 넷째 딸로 태어났다. 어
려서부터 일상생활의 자질구레한 일에서도 재치를 발휘하여 여섯 살 때에는 이
미 뜨개질을 할 수 있었다고 한다. 결혼 후에는 일가의 살림이 어려웠으므로
언제나 남편에게 유익한 그의 조수로 일하며 아이들을 돌보는 일에 정성을 쏟
았다.

에디트가 겨우 두 살이 되려 하던 1893년 여름, 아버지 지그프리트는 출장
중 일사병에 걸려 객사했다. 아버지의 급서라는 슬픈 소식이 전해진 것은 7월
의 무더운 여름날이었다. 별안간에 닥친 일이었으므로 온 집안이 받은 충격은
컸다. 에디트에게는 너무나도 빠른 아버지와의 사별이었다. 슈타인 부인의 슬
픔은 깊어서, 부인은 그후로 언제나 검은 옷을 입게 되었다고 한다.

전혀 뜻하지 않게 한 집안의 큰 기둥을 잃은 슈타인 부인은 남편의 사업이었
던 목재상을 이어가게 되었는데 부인은 고객들을 잘 다룰 줄 알아서 장사는 조
금씩 궤도에 오르게 되었다. 슈타인 부인은 좋은 재목들을 구하러 몸소 실레지
아 지방의 곳곳을 누비고 다녔고, 때로는 목재를 사기 위하여 발칸 지방에까지

뒤지며 다녔다. 부인의 양질 재목을 가려내는 그 감식 능력은 대단하여, 그저 기차의 창문을 통하여 나무 숲을 보는 것만으로도 거기에 좋은 목재가 있는지 없는지를 분별할 수 있었다. 슈타인 부인의 정력적인 활약에는 모두 탄복할 수밖에 없었다. 부인은 여름이건 겨울이건 매일 아침 다섯시 반에 일어나 직장으로 일하러 나갔다. 그리고 점심 때 잠깐 집에 들르는 시간을 빼놓고는, 해가 질 때까지 계속 일에 열중하는 것을 일과로 삼았다. 어머니의 일과에 대하여 에디트의 자서전에는 다음과 같이 기록되어 있다.

> 어머니는 저녁녘에 집으로 돌아오면 이미 아주 지쳐 있었습니다. 저녁식사는 빵과 버터와 차 한 잔 마시는 것으로 끝내는 것이 상례였습니다. 그리고 특별한 잔업이 없는 한은 대개 일찍 잠자리에 들었습니다. 밤이 되어 침대에 누울 때면 아주 흡족한 모습으로 "침대는 이 세상에서 가장 근사한 곳이야"라고 말하곤 했습니다. 그러고는 누군가가 책을 읽어주는 것을 좋아했습니다. 큰오빠는 어머니에게 책을 읽어주다가는 "어머니, 듣고 있어요?"라고 묻곤 했습니다. 그러면 어머니는 "그럼, 그럼, 잘 듣고 있어요"라며 대답하다가 잠들어 버리는 일이 많았습니다. 나는 여섯 살이 될 때까지 그런 어머니 곁에서 잤습니다.[9]

과부로 일곱 아이들을 혼자 키운다는 것은 실제로 쉬운 일이 아니었다. 이른 아침부터 밤 늦게까지 계속 일만 하는 어머니를 보면서 철이 든 아이들은 집안 일을 도우면서 검소하게 사는 것을 싫다고 하지 않았다. 가족의 정은 괴로움을 함께하고 서로서로 돕는 것에 의하여 더욱 끊을 수 없는 것으로 깊어 갔다. 당시의 생활상에 대하여 에디트는 다음과 같이 회상하고 있다.

> 일곱 아이들에게 충분히 먹일 것과 입힐 것을 마련한다는 것은 결코 쉬운 일이 아니었을 것이라고 생각됩니다. 그런 생활 속에서도 우리들은 굶주림을 경험하

---

9. L 31.

지 않고 지낼 수 있었습니다. 그저 그날 그날의 생활비를 될 수 있는 한 절약하며 검소하게 사는 습관을 몸에 익혀야만 했습니다. 그래서 이러한 습관은 오늘에 이르기까지 몸에 배어 있습니다. 훗날 식구들과 떨어져 생활하게 됐을 때에도 내가 입고 있는 것이 내 신분으로서는 지나치게 허술하다 해서 말썽이 났는데 난처했습니다. 그렇다고 지금까지의 습관을 뜯어 고칠 순 없었지요.[10]

아버지가 없는 가정에는 때때로 난롯불이 꺼진 것 같은 쓸쓸함이 엄습했을지 모른다. 모세가 이스라엘 백성을 이끌고 사막을 여행했을 때, 도중에 이스라엘 사람들은 지난날 옛 보금자리였던 그 땅을 그리워하였다. 그러나 인생의 여로에서 이 세상을 떠난 사랑하는 이들과 함께 지냈던 생활을 되찾고 싶어도 되돌아갈 수는 없는 것이다. 자신의 존재를 지탱해 주고 있는 이의 손길의 희미한 감촉을 마음 속에서 되새기면서 오로지 앞을 향하여 나아가야만 한다.

에디트가 훗날 자신의 삶을 봉헌하게 된 가르멜회에서 꽃핀 유명한 성녀(聖女)들의 생애를 보면, 아버지나 어머니 어느 한쪽을 어려서 여의고 자신을 키워준 한쪽 부모의 존재가 그들의 인생에 커다란 영향을 미친 경우가 많다는 사실은 흥미로운 일이다. 아빌라의 데레사 성녀는 열세 살 때, 그리고 리지외의 데레사 성녀는 네 살 때 어머니를 여의고 홀몸이 된 아버지가 키웠다. 두 사람의 데레사에게 아버지의 존재는 특별한 의미를 지니고 있었다. 또 십자가의 성 요한은 어려서 아버지와 사별했고 삼위일체의 엘리사벳은 일곱 살 때 아버지를 여의고 있다. 육친과의 사별은 어린 마음에 강하게 새겨지는 체험이 될 것이다. 또한 일찍 부모와 이별함을 경험한 어린이에게 자신을 길러준 편친의 존재는 논리를 넘어선 무게를 지니고 있어 상호간의 애정의 그 끈은 끊을래야 끊을 수 없는 것이 될 것이다. 가르멜회의 성인·성녀들의 어릴 적 사별 체험은 이 세상을 떠나 오직 하느님의 눈길을 따라 살려고 하는 소망의 싹이 되었는지도 모른다.

---

10. L 18.

　아버지의 사랑을 거의 경험하지 못했던 에디트에게, 어머니가 지닌 그 모든 것을 감싸주는 따뜻함은 삶의 기쁨의 샘이 되었던 셈이다. 그녀의 회상은 다음과 같이 계속된다.

> 겨울의 몹시도 추웠던 날에도 집으로 돌아온 어머니는 참으로 따뜻한 두 손으로 나를 안아주어 포근하게 감싸주곤 했습니다. 어머니의 온기는 그대로 가정의 따뜻함을 상징하고 있는 것같이 여겨졌습니다.[11]

　경건한 유대교 신자 집안의 전통을 이어받은 에디트의 어머니는 유대교 신자로서의 생활 규범을 충실하게 지키고, 신앙의 기반 위에 가정을 굳건하게 이뤘다. 에디트가 어린 시절을 보낸 브레슬라우의 미카엘 거리에 있는 그 집을 방문하는 사람들은 누구든지 유대교의 전통으로 길러진 가정 분위기를 느끼지 않을 수 없었다. 집의 대문 앞에는 모세의 율법(토라)의 두루마리가 걸려 있었고 집 안에는 구약성서 속에 나오는 한 장면을 그린 그림이 걸려 있었다. 그래서 그 집은 문화적으로 견실한 외양과 함께 랍비(유대교의 성직자)의 집을 방불케 하는 종교적 분위기에 넘쳐 있었다. 슈타인 부인은 유대교 신자임을 자랑스럽게 생각하고 있어서 아이들을 자기의 교육 방침에 따라 종교적 분위기 속에서 길렀다. 집에서는 식사 때의 기도를 언제나 히브리 말로 드렸고 유대교의 율법서인 「탈무드」에 기록되어 있는 계명은 꼭 지켰다. 슈타인 부인은 종교적 안락 같은 것과는 인연이 멀어서 고령으로 아주 늙었을 때까지도 유대교의 율법이 정하고 있는 단식을 꼭 지켰다. 이러한 종교적인 엄격함은 딸인 에디트에게까지 자기도 모르는 사이에 심어져 자라고 있었다. 그녀가 훗날 그리스도교로 개종을 하고 가르멜회라고 하는 가장 엄격한 봉쇄 수도회에 들어가게 된 그 밑바탕이 어려서부터 마련되어 가꿔지고 있었는지도 모른다.
　슈타인 가의 종교교육의 그 토대는 무엇보다 슈타인 부인의 산 모범에 의하

---

11. L 31.

여 마련되었다. 슈타인 부인은 하느님을 경외하는 마음과 함께 하느님의 계명을 배반하는 것에 대하여 철저하게 혐오하였다. 부인에게 있어서 이 세상의 참된 악은 죄였다. 에디트는 어머니가 가르쳐 보인 그 교육에 대하여 다음과 같이 말하고 있다.

> 가정 안에서는 교육 방침에 대해서 특별히 문제삼을 필요가 없었습니다. 왜냐하면 우리들 아이들이 어떤 몸가짐을 가져야 한다는 것은 어머니의 태도에서 확실하게 읽어볼 수 있었기 때문입니다. 어머니는 우리들에게 악에 대한 두려움이라는 것을 가르쳐 주었습니다. "어찌 생각해 봐도 내가 모든 것을 내 혼자 힘으로 해냈다고는 생각되질 않는단다"라고 어머니가 말할 때의 그 말은 어머니에게 있어서 하느님의 현존을 증거하는 말이었습니다.[12]

나이 어린 에디트의 마음 속 깊은 곳에 심어진 하느님을 향한, 흔들리지 않는 신심과 죄를 혐오하는 양심은 가정교육을 통하여 특히 어머니의 신앙에 의하여 주어진 은혜로운 선물이었다.

또한 슈타인 부인은 검소하고 엄격한 생활 속에서도 가난한 이들이 필요로 하는 것을 그들과 나눠 가지는 심성을 지니고 있었다. 가난한 직공에게는 그가 경제적으로 어려움을 겪고 있다는 것을 알게 되면 대금 지불을 면제해 주는 일이 한두 번이 아니었다. 또한 크리스마스 때가 되면 가난한 이웃들에게 무상으로 땔감을 보내는 일을 잊지 않았다. 사람들을 위하여 눈에 띄지 않는 곳에서 작은 희생을 바친다는 — 이같은 어머니로부터의 산 메시지는 나이 어린 에디트의 핵(核)을 이루는 것으로 되어 있었다.

---

12. L 32.

제2장

어린 시절

1. 다감한 소녀

봄을 기다리는 부드러운 대지에서 새싹이 돋아나 자라나듯 가정에서 온 사랑을 한몸에 받고 있던 에디트는 마음씨 드넓고 감수성이 풍부하고 총명한 소녀로 성장해 나갔다.

온 가족과 함께 찍은 어린 시절의 에디트의 사진을 보면 어른이 되었을 때 엿볼 수 있는, 의지가 강한 지적인 인상과는 아주 달리 참으로 순진하고 귀엽다. 그 큰 눈동자는 도대체 무엇을 그리고 있는 것일까. 에디트는 작은 몸집의 창백한 어린이였다. 그래서 막내인 에디트는 오빠, 언니들 속에서 언제나 특별 취급을 받으며 자라났다. 아버지가 세상을 떠난 뒤로는 아직 두 살도 채 되지 않았던 에디트를 큰언니 엘제가 주로 돌보아주었다. 그녀는 자서전 속에서 "나는 별명으로 불리며 응석받이로 온 집안 식구들의 사랑을 독차지했었습니다"라고 말하고 있다. 그중에서도 특히 어머니에게 막둥이 에디트는 귀엽기 그지없는 존재였던 것 같다. 천진난만한 에디트의 모습을 보여주는 에피소드가 자서전 속에도 자주 등장한다.

로자 언니의 별명은 사자였습니다. 로자와 함께 시내로 외출할 때 언니는 꼭 찻집으로 나를 데리고 가졌습니다. 그곳에서 우리는 하얀 크림이 듬뿍 놓인 애플파이, 그리고 여름철에는 아이스크림을 실컷 먹을 수가 있었습니다. 나는 언니더러 찻집에 데리고 가달라고 조르진 않았지만, 로자 언니는 번번이 그곳에 나를 데려가 줬습니다. 다리 근처에 있는 그 찻집 가까이를 지나가게 되면 나는 그저 그 집 창문을 슬쩍 쳐다만 봅니다. 그러면 언니는 아무 말 하지 않고 찻집으로 들어가는 것이었습니다.[1]

어느 여름 방학 때, 어머니는 나와 에르나 언니를 삼촌 댁으로 보내줬습니다. 우리는 그 집에서 가장 좋은 방에 머물면서 공주 같은 대우를 받았습니다. 거기서 우리는 시골에서 보내는 즐거움을 만끽했습니다. 소를 돌본다든지 건초더미를 쌓는다든지, 맑은 물의 시냇가에서 낚시질도 하면서 지냈습니다. 정말 신바람나는 여름휴가였습니다.[2]

에디트는 일곱 형제의 막내로서 큰오빠인 파울과는 열아홉 살이나 나이 차이가 있었다. 에디트와 제일 나이가 가까운 언니는 4녀인 에르나였고 이 둘은 함께 있는 일이 많았다. 에르나는 훗날 의사와 결혼하여 미국으로 건너갔고, 1987년의 에디트의 시복식에 참여할 수 있었던 오직 하나의 혈육이 되었다.
　다시 자서전의 기록으로 돌아가 보자.

어머니, 오빠, 언니 그리고 많은 친척들 그리고 목재상의 일 — 이것이 에르나 언니와 내가 자라난 세계의 모든 것이었습니다. 에르나 언니와 나는 꼭 쌍둥이 같았습니다. 언니는 나보다 한 살하고 8개월 위였습니다. 어렸을 때 나는 에르나가 어떤 때엔 나보다 한 살 위라 하고 또 어느 해엔 두 살 위라 하는 게 이상했습니다. 나이는 비슷했지만 에르나는 나와는 외모나 그 성격이 아주 달랐습니다. 나이에 어울리지 않게 키가 크고 딱 벌어진 체격의 에르나는 긴 갈색 머리를 두 가닥으로 땋아 늘어뜨리고 있었고 그 큰 눈동자는 갈색이었고 흰 살갗에 볼그스름한 뺨은 하얀 눈[白雪] 속의 홍일점 같았습니다. 그런 언니와는 달리 나는 작고 아주 연약해 보이는 창백한 아이였습니다. 나는 금발 — 나중에 빛깔이 진해졌지만 — 을 그대로 풀어 놓고 있거나 리본으로 묶고 있었습니다. 우리

---

1. L 24-25.　　　　2. L 17.

는 서로 외모를 비교해 보며 에르나 언니 쪽이 훨씬 더 어른스러워 보인다고 말하곤 했습니다. 오빠들이 동물원 놀이를 하고 있을 때 언니의 별명은 까마귀고 내 별명은 고양이였습니다.[3]

에르나와 에디트의 성격적 차이는 큰언니들이 붙인 이름으로도 잘 나타나 있다. 에르나는 "투명한 물"이라고 불렸고, 에디트는 "남이 못보게 일곱 가지로 봉(封)한 책"이라 불렸다. 에르나는 자신의 감정을 솔직하게 밖으로 드러내 누구나가 이해하기 쉬운 아이였는 데 비해 에디트는 이미 어려서부터 내면적으로 자기 자신의 내부로 숨으려 하는 경향을 지니고 있었음을 알 수 있다.

에디트는 일곱 살 때까지 심리적 불안으로 괴로워했다. 그녀는 무엇인가 자기 생각대로 되지 않는 일에 부딪치면 눈물이 글썽글썽해져서 화를 내기 일쑤였다. 고집세고 기승스런 아이 — 그것이 식구들과 주위 사람들의 눈에 비친 어린 에디트의 인상이다. 에디트가 유대교의 세례를 받았을 때의 대모(代母)로 에디트와 친했던 루벤 부인은 다음과 같이 회상하고 있다.

에디트는 대가족의 막둥이였으므로 제 나이보다 성숙했었다는 것은 놀랄 만한 일이 아닙니다. 에디트는 독서를 아주 좋아했습니다. 독서와 오빠·언니들과의 생활을 통해서 가지게 되는 정신적인 자극은 분명히 바람직한 것이었음에 틀림 없습니다. 그러나 한편 에디트에겐 어찌할 수 없는 자부심이 강해서 자기가 제일 잘났고 똑똑하다는 것을 표시할 수 없을 때엔 눈물을 글썽이며 감정을 폭발시켜 버리는 일이 있었습니다.

에디트는 활발하고 지식욕이 왕성한 어린이였다. 그녀의 지성의 발달은 장래의 학자를 연상시키기에 충분했다. 그녀는 연상의 오빠·언니들에 둘러싸여 자라난 탓으로 취학 전부터 많은 것을 배울 기회를 남들보다 많이 가질 수 있었다.

---

3. L 33.

에디트의 언니 에르나는 다음과 같이 회상하고 있다.

> 내 어렸을 때의 추억 속에 이런 일이 있습니다. 큰오빠 파울이 그의 방에서 에디트를 상대로 학생가를 부른다든지, 문학사(文學史)에 관한 설명을 한다든지 또는 쉴러나 괴테에 대해서 가르치거나 했을 때의 일입니다. 에디트는 놀랄 만큼 뛰어난 기억력을 가지고 있어서 모든 것을 외우고 말았습니다. 그런데 숙부·숙모들이 한패가 되어 「마리아 스튜어트」는 괴테가 쓴 것이라고 하면서 에디트를 헷갈리게 하려고 했습니다. 그래도 에디트는 아주 정확하게 모든 것을 기억하고 있었기 때문에 그들의 놀려주려던 계획은 수포로 돌아가고 말았지요.[4]

집안에서 학교놀이 같은 것을 하면서 열심히 지식을 흡수하려 하던 에디트에게도 취학기가 다가왔다. 당시 국민학교에 가기 전 유치원에 가는 것이 일반적이었다. 에디트의 유치원 혐오에 대한 재미있는 에피소드가 자서전에 나온다.[5]

> 에르나 언니가 여섯 살이 되어 학교에 가기 시작했을 때 나도 함께 갈 수 없는 것이 언짢았습니다. 나는 집안에서 아무도 상대할 사람이 없어 유치원에 갈 수속을 밟게 된 것인데 내가 유치원에 가야 한다는 것은 내 자존심에 상처를 받는 느낌이 들었습니다.

그리고 에디트의 회상은 다음과 같이 이어진다. 드디어 유치원에 가게 된 그 첫날 비가 억수같이 퍼붓고 있었다. 에디트는 울며불며 말했다.

"난 유치원에 갈 수 없어. 신발이 진흙투성이가 될 테니까."

결국 큰오빠가 그녀를 안아서 유치원까지 데리고 갈 수밖에 없었다. 오후가 되어 집으로 돌아온 에디트에게 어머니는 이렇게 꾸짖었다.

"너같이 다 큰 애가 안겨서 유치원에 가다니 꼴불견이야"라고.

---

4. Erna Biberstein, Reminiscences (New York 1949).　　　　5. L 46.

에디트는 형편없이 처량해졌다는 생각이 들어 결국 큰오빠에게 고맙다는 인사말조차 할 수가 없었다고 회상하고 있다. 그녀가 큰오빠의 머리카락을 꼭 움켜잡고 있는 동안, 큰오빠는 에디트를 어깨에 메고 그의 방으로 데리고 가, 다시 또 학생가나 포크송을 불러주는 것이었다.

"남이 못보게 일곱 가지로 봉한 책"이라는 별명에서 에디트의 인상 깊은 소녀 시절의 모습을 엿볼 수 있다.

말수가 적고 자신의 내면을 겉으로 내보이기 싫어하는 에디트. 보통 어린 나이의 어린이들은 무엇이건 주위 사람들에게 말하고 싶어하게 마련이다. 그런데 이 소녀의 마음 속에는 무엇이 숨어 있던 것일까. 그 실마리를 우리는 다시 자서전 속에서 찾아볼 수 있다. 그녀의 회상은 성장 과정을 선명하게 그려내고 있다.

자기 감정을 억누를 수 없는 심리적 불안정과 별안간에 화를 내고 마는 내적 충동 — 이같은 마음의 움직임은 에디트를 한층 더 자기의 내면세계로 향하게 한 것이다. 에디트의 자기 묘사는 이렇게 계속된다.

> 내 마음 속엔 "속 비밀의 세계"가 있었습니다. 내가 날마다 듣고 보는 모든 것은 바로 그 "세계"에서 생각하고 반성해 보곤 하는 것이었습니다.[6]

나이 어린 에디트가 아무도 알아차릴 수 없는 고독한 내면의 세계를 지니고 있었다는 것을 다음의 회상에서도 잘 알 수 있다.

> 어머니와 나는 친밀한 끈으로 맺어져 있었습니다만 그런 어머니에게조차 전면적으로 자기 마음을 숨김없이 털어놓고 얘기할 수 없었습니다. 때때로 주위 사람들은 이해하지 못할 마음의 동요를 느끼곤 했습니다. 어린 시절의 나는 들뜬 듯한 활발함을 지니고, 잠시도 가만히 있지 못하는 장난꾸러기였습니다. 그리고

---

6. L 43.

뭔가 마음에 안 드는 일이 있으면, 손을 쓸 수 없을 만큼 고집을 부리며 제멋대로 하려고 했습니다. 내가 가장 좋아한 큰언니는 어떻게 해서라도 내 버릇을 고쳐놓으려 했지만 쓸데없는 노릇이었습니다. 큰언니의 최후 수단은 나를 어두운 방에 가두는 것이었지만 막상 큰언니가 나를 가두려 하면 나는 온힘을 다해 마룻바닥에 달라붙어 완강히 저항을 한 것입니다.

동정심이 많았던 큰언니가 내 손목을 잡고 그 방에서 나를 끌어내는 데에도 또 큰 힘이 들었습니다. 어두운 방 속에 갇히고 말면, 단념하긴커녕, 힘껏 큰 소리로 울부짖으며 두 손으로 방문을 쾅쾅 두드렸습니다. 이쯤되면 어머니가 나타나 "이런 애는 집에서 나가야 해"라며 가까스로 그 방에서 나올 수 있게 하고 자유의 몸이 되게 해주었습니다.[7]

얼마간 시간이 지나면서 에디트의 격하기 쉽던 마음의 폭풍은 진정되어 갔다.

원하는 것은 어떻게 해서라도 손에 넣으려는 고집스런 의지 — 그것은 결국 자기를 다스려 가는 어른스런 의지로 변해 간다. 에디트가 몸부림치며 괴로워하던 심리적 갈등에서 조금씩 자유로워졌다고 느끼게 된 것은 일곱 살 때였다.

최초의 큰 변화는 내가 일곱 살 때 일어났습니다. 내 내면적 변화가 어떻게 해서 일어났는지, 그 외적인 이유는 알 수 없습니다. 그 어떤 충동 같은 것이 내 마음 속에서 일어났는지 잘 설명할 수가 없습니다. 아무튼 그때부터 어머니와 언니들은 내게 유익한 것을 잘 알아내어 준다고 생각하게 된 것입니다. 그렇기 때문에 나는 기꺼이 그들의 말을 따르게 됐습니다. 여태까지의 외고집은 없어지고 그때부터 나는 유순한 아이가 됐습니다. 그후론 버릇이 없거나 무례한 말대답을 했을 때엔 곧바로 잘못했다고 빌게 됐습니다. 물론 그렇게 하는 데엔 대단한 노력이 필요했지만 — 그래도 자기가 잘못한 일에 대해 용서를 빌고 나면 마음이 아주 편해지는 것이 기뻤습니다. 분노의 폭풍은 조용해졌습니다. 나는 인

---

7. L 42-43.

생의 초기 단계에서 마음의 평정을 지탱하기 위한 자제심을 그렇게 애쓰지 않고
도 지니게 됐습니다. 어떤 곡절로 이렇게 된 것인지는 모르겠습니다. 아마 남
앞에서 분노를 터뜨린다는 것은 인간으로서의 존엄성을 잃게 된다는 생각이, 나
를 차츰차츰 변하게 한 것인지도 모릅니다.[8]

이리하여 에디트는 서서히 해방되어 자유로워졌으며 자기 성격을 극복하려 하
는 그 노력은 강한 의지를 형성해 나갔다. 그리하여 그녀의 마음은 미지의 세
계를 향해 날아간다.

나는 꿈속에서 언제나 자신의 빛나는 밝은 장래를 그려 보고 있었습니다. 행복
과 명성을 꿈꾸고 있었습니다. 그래서 내가 태어나 자라난 고장과 같은, 작은
서민적 사회에 귀속되는 것이 아니라 나는 반드시 뭔가 위대한 일을 수행하도록
정해진 것이라고 확신하고 있었던 것입니다. 이같은 꿈에 대해서 남에겐 말하지
않았습니다만 내가 그렇게 몽상하고 있다는 것은 누구나가 눈치채고 있었는데
내 몽상이 너무나도 명백하게 드러날 때엔 주위 사람들은 나를 놀라게 해서 꿈
에서 깨어나게 해주었던 것입니다.[9]

에디트가 꿈꾸고 있던 "뭔가 위대한 일을 수행하도록 정해진 장래"가 과연 어
떤 것이었는지 ― 그것은 그때에는 에디트 자신에게나 가족들에게도 알려지지
않았던 것이다.

---

8. L 44.   9. L 45.

2. 인생에 대한 물음

유대인 가정에서 태어나 경건한 유대교 신자인 어머니에게서 훈육을 받은 에디트는, 드디어는 자기의 비판 정신에 눈뜨게 되고, 삶의 의미를 심각하게 탐구하게 된다.

진리에의 그칠 줄 모르는 탐구 — 그것은 에디트의 생애를 일관하는 주도적 동기가 된다. 자기 자신을 속이지 않고 끝까지 납득이 갈 때까지 스스로가 제기한 물음과 씨름하며 사색을 깊이 해나간다는 자세를 에디트는 이미 열 살 남짓한 그때부터 지니게 된 것이다.

에디트가 인생에 대하여 깊이 사색하게 된 동기는 열한 살 때 겪은 숙부의 죽음이었다. 숙부는 사업의 파산으로 궁지에 몰려 고민 끝에 스스로 목숨을 끊은 것이다. 이 사건은 에디트에게 치유될 수 없는 심적 고통을 주었다. 에디트는 이때를 돌이켜보며 이렇게 적고 있다.

당시 유대인들 사이엔 자살이라는 일이 자주 일어났습니다. 나는 자살 행위라는 것이 왜 가능한가에 대해 생각해 봤습니다. 그래서 다음과 같이 이해하게 됐습니다. 유대인들에게 가해진 경제적 제재는 이 한 해 사이에 많은 이들을 파산으로 몰아넣었고, 그것이 원인이 되어 숱한 자살 사건이 일어났습니다. 자신의 존재 기반이 무너진다는 현실에 직면해서 그것을 냉정하게 받아들이지 못한다는 것은 그 사람에게 영원한 삶에의 희망이 모자란다는 사실과 연관돼 있다고 생각했습니다. 개인의 영혼이 불멸이라는 것은 신앙 교리 같은 것이 아니지요. 인간의 온갖 노력이란 현세적인 것에 지나지 않습니다. 그 누구보다도 경건하다고 하는 사람조차 이 세상을 거룩하게 하려고 노력하고 있음에는 변함이 없습니다. 유대인은 장래 목표가 있는 한, 말할 수 없이 비참한 고난이나 생활의 궁핍에서 벗어나지 못하는 험한 막노동에도 오랫동안 견디어 낼 수가 있습니다. 그러나 장래 목표를 빼앗기게 되면 유대인은 모든 기력을 상실하게 됩니다. 그런 때에,

인생이 아무 의미가 없는 것으로 여겨져 아주 손쉽게 자신의 인생을 죽음으로 처리해 버리는 것입니다. 그렇지만 참된 신앙인은 그럴 때야말로 하느님의 뜻에 따름으로써 자신의 인생을 파멸로 이끌어가지 않게 되는 것입니다.[10]

에디트는 이때부터 철없이 천진난만하게 노는 아이들로부터 떨어져 혼자서 생각에 잠기는 일이 많아졌다. 에디트는 자기 자신에게 스스로 묻는다. "왜" — "사람은 왜 살고 있는가", "하느님은 정말 존재하는가", "우리는 어디서 와서 어디로 가는가". 이런 중대한 물음을 앞에 두고 온갖 인생의 모습은 양극으로 갈린다. 에디트에게는 살아나가야 할 그 이유도, 하느님이 존재하는 이유도, 삶과 죽음의 그 시원(始原)도 알 수 없다. 다만 이해할 수 없어 필사적으로 몸부림치고 있는 자기 자신과 대면하고 있었다. 인생에 연관되는 물음이란 에디트에게는 철두철미 실존적인 것으로 지적인 이해가 성립되기 이전의, 자기 영혼의 그 깊은 곳에 존재하는 근원적인 지향(志向)이었던 것이다.

에디트는 열세 살이 되었을 때, 여태껏 가족과 함께 실천해 온 유대교의 신앙을 버리게 된다. 그것이 갑작스럽게 일어난 결심이었는지, 아니면 서서히 일어난 내적인 변화의 표시였는지, 자세한 점에 대하여는 자서전에도 언급되어 있지 않다. 다만 훗날 그녀는 자신이 열세 살부터 스물한 살까지의 그 사이에 완전한 무신론자였음을 고백하고 있다. 그 기간, 가족과 함께 유대교의 회당에 가는 기회는 있었어도 그 전례나 예절에 참가하는 일은 없게 되었다.

무신론자인 에디트 — 우리들에게는 예상외인 그녀의 모습이다. 그러나 이런 모습에 가장 에디트다운 태도가 나타나 있다는 사실 또한 확실하다 하겠다. 스스로 자기 자신에게 던진 물음에 대하여 해답을 얻은 듯 아는 체하는 것이 아니라 일념으로 물음을 계속해 나아가는 그 준엄함을 그녀는 받아들인 것이다. 에디트가 젊어서 한때에 무신론자라고 자칭한 것은 그녀가 정신적인 허무를 살고 있었다고 한다기보다는 도리어 그녀의 한결같은 구도(求道) 자세와 지적인

---

10. L 50-51.

성실함을 보이는 자세였던 것이라고 이해해도 좋을 것이다.

　그리하여 이렇게 무신론자로서 지낸 한 세월을 거쳐 에디트의 하느님에 대한 물음은 한층 더 심화해 가는 것이다. 그녀에게 있어서는 단지 습관화된 미온적인 종교 같은 것은 의미가 없었으며, 더구나 그것을 형식적으로 실천한다는 것은 참된 삶의 태도에 반대되는 것이라고 생각되었던 것이다. 에디트는 훗날 어느 서간에 다음과 같은 말을 남겨 놓고 있다.

　　　하느님은 진리이다. 진리를 탐구하는 사람은 그런 것을 명확하게 의식하고 있지는 않더라도 하느님을 찾고 있는 것이다.[11]

이 말은 기나긴 구도생활을 거쳐, 과거의 노정(路程) 위에 헤아릴 길 없는 하느님의 인도하심이 있었음을 깨달은 바 있는 에디트의 솔직한 고백이 된다. 인생에 대한 물음으로 고뇌하고 심적 갈등으로 괴로워하고 있을 때에는 자기가 나아가는 길을 비추는 하느님의 시선을 전혀 감지할 수 없을 때가 있다. 그러나 어느 시점에서부터 신앙의 눈으로 모든 사물을 보게 되면 자신이 지나온 그 어떤 시간도 결코 보람없는 것이 아니었음을, 그리고 그 모든 것은 하느님의 뜻 속에 있었음을 이해할 수 있게 된다. 에디트가 이러한 경지에 도달하는 데에는 아직도 머나먼 도정(道程)이 필요했던 것이다.

　에디트는 신앙을 떠나게 된 때부터 자신의 장래의 진로에 대하여, 여성으로 어떻게 살아야 하는가 하는 삶의 태도에 대하여, 또한 철학적 문제에 대하여 관심을 가지게 되었다. 에디트는 자신의 내면을 응시하는 것에 의하여 자기 자신 스스로 사물을 생각하고 판단하려 하는 독자적인 자아에 눈뜨려 하고 있었다. 그녀의 회상은 다음과 같이 이어진다.

　　　나는 어머니나 언니들의 비호에서 떠나 "자립하는 인간"이 되고 싶었습니다.[12]

11.　Brief 259 vom 23.3.1938 an Sr. Adelgundis Jaegerschmid OSB, SB II 102.

12.　L 83.

이 무렵의 에디트는 그 또래 소녀들과는 어울리지 않게 지나치게 조숙하다 할
만큼 독서에 열중하고 있었다.

> 나는 자유시간의 거의 대부분을 독서로 보냈습니다. 특히 희곡에 끌리는 것을
> 느꼈어요. 그릴 팔쩌, 헷펠, 셰익스피어의 작품들은 나에게 일용할 양식이 되었
> 습니다. 나는 나를 둘러싼 일상생활의 일보다도 이러한 작품들 속에 표현되어
> 있는 인간의 풍요한 열정이나 행동이 보이는 그 큰 스케일에 더욱더 매료되는
> 것을 느꼈습니다. 그리고 드디어는 철학자 쇼펜하우어의 『의지와 이념의 세계』
> 라는 책에까지 내 손길이 닿았을 때 언니들은 내가 그 책을 읽는 것을 막았고
> 결국 나는 그 두 권의 책을 읽지 못한 채 도서관에 돌려주러 가야만 했습니다.[13]

소녀 시절의 에디트는 자신의 장래에 대하여 어떤 생각을 하고 있었을까. 그녀
가 여섯 살일 때에는 이미 교사가 되고 싶다는 희망을 가지게 되었는데 그 시
절, 큰언니 엘제가 교사 자격 시험을 받은 것에서 비롯되었는지도 모른다. 그
러나 약국을 경영하고 있던 숙부인 다비드는 에디트와 에르나에게 의사가 되라
고 권했고 장래에 둘이서 병원(클리닉)을 열면 어떻겠느냐고 제안했다. 자서전
에서 읽어볼 수 있는 에디트의 회상[14]에는, 어린 시절 아주 똘똘했던 에디트의
모습을 엿볼 수 있는 내용이 있다. 어느 날 밤, 침대에서 에디트는 에르나에게
이렇게 말하는 것이었다.

> 아저씨의 영향을 받아선 안돼. 역시 무엇보다도 자기가 제일 좋다고 생각하는
> 것을 해야지.

숙부의 설득도 있고 하여, 실제로 에르나는 의사가 되는 길을 택했다. 그러나
에디트 쪽은 단호하게 숙부의 의견에는 귀를 기울이지 않고 자기 직업은 개인

---

13. L 92.　　　　14. L 34-35.

의 재능과 기질에 따라 선택해야 하는 것이라고 생각했다.

이렇게 의연(毅然)한 태도와 강한 의지는 훗날 그녀가 가족의 반대를 무릅쓰고 가톨릭으로 개종하여 자립한 여성으로 살아나가고, 마침내는 수도생활을 선택하기에 이르는 그 원동력이 된 것이다.

에디트는 어떤 일을 결정함에 있어서도 타인의 의견을 수동적으로 받아들이는 것이 아니라 자기 자신의 내적 욕구임이 확실해질 때까지 철저하게 추궁해 나가려 하는 태도를 가지고 있었다. 자기 가슴 속의 희망이 무엇인지, 그 어떤 목적을 가지고 있는지, 그 판단의 기준을 어디에 둘 것인지 하는 것들을 참을성있게 숙고하려 하는 태도는 자기 자신을 객관적으로 이해하고, 결단과 행동이 하나로 연결되도록 하는 실존적 사고력을 키우는 과정이었다. 에디트는 자서전에서 다시 이렇게 적고 있다.

> 나는 내적 욕구가 일어나지 않는 한 행동으로 옮겨갈 수가 없었습니다. 나의 결단은 자기 자신도 억누를 수 없을 것 같은 마음 속 깊은 곳으로부터 우러나온 것입니다. 일단 일의 모양이 의식 속에서 명확해져서, 나의 사고(思考)로 확실한 형태를 취하게 되면, 어떤 일이 있어도 주저하지 않게 됩니다. 이러한 사고의 프로세스는 얼핏 보기엔 뛰어넘기 어렵다고 여겨지는, 장애물 뛰어넘기 같은 상쾌한 스포츠처럼 여겨졌습니다.[15]

자기 마음 속 깊은 곳에서 우러나오는 욕구 소리에 귀를 기울인다는 것 — 그리하여 그 소리가 너무나도 똑똑한 현실로 의식 속에 나타날 때에, 그것은 자기가 살아나갈 길로의 구체적인 선택이 된다. 에디트는 생각하는 사람인 동시에 행동하는 사람이었다.

여기서 얘기를 에디트의 학교생활 쪽으로 옮겨보자. 열네 살이 되어 고등학교 진학을 눈앞에 둔 에디트는 갑자기 학교를 그만두겠다고 하여 주위 사람들

---

15. **L** 94.

을 놀라게 했다. 공부를 열심히 하고 있던 에디트가 왜 돌연 등교 거부를 선언 하게 되었는지 아무도 알 수 없었다. 에디트는 당시의 자신을 돌아보면서 다음 과 같이 얘기하고 있다.

> 나는 학교생활에 싫증이 나 여기서 뭔가 변화가 필요하다고 생각했습니다. 칠학 년이 되어 학교에서 뜻대로 되지 않던 일도 있었고 성적은 우등생 그룹에 들어 있었지만 때론 기대하는 만큼 성취할 수 없던 때도 있었습니다. 또 학교를 그만 두고 싶어진 이유 중의 하나로 온갖 문제들, 특히 세계관의 문제에 관심을 가지 게 된 점을 들 수 있을 것입니다. 실제로 그런 문제에 대해서 학교에선 논의되 는 일이 거의 없었던 것이지요. 그러나 학교를 쉬게 된 주된 원인은 그 당시 일 어나기 시작한 내 신체적 성장 때문이었습니다.[16]

에디트 자신이 지적한 대로 그녀는 다감한 소녀 시절에 곧잘 일어나는 정신적 성장과 신체적 성장과의 불균형 때문에 고통을 받고 있었던 것 같다. 그와 같 은 에디트에 대하여 어머니는 당황하거나 언성을 높여 꾸짖는 것이 아니라 모 든 것을 받아들이려 했다. 그리하여 이렇게 딸에게 단단히 일러두는 것이었다.

> 어머니는 네게 무슨 일이건 강요하려고는 하지 않는다. 네가 학교에 가고 싶다 고 했을 때 가게 했으니까, 마찬가지로 지금 네가 그만두고 싶다면 좋을 대로 하거라.[17]

에디트는 무엇을 조르기 시작하면 다른 말은 듣지 않는 그런 아이였다. 2, 3주 후에는 서슴지 않고 학교를 그만두고 말았다. 어머니는 그녀에게 무엇인가 전 혀 다른 일을 시키는 것이 좋겠다고 생각하여 함부르그의 의사와 결혼한 큰언 니 엘제에게 보내기로 하였다. 에디트로서는 생전 처음으로 브레슬라우의 집을

---

16. L 83.　　　　17. L 83.

떠나 생활하게 되었다. 처음에는 몇 주간만 머물 예정이던 것이 십 개월이 되고 말았다. 함부르그에서의 생활을 에디트는 이렇게 말하고 있다.

> 이제 돌이켜보면, 함부르그에서 지낼 당시의 나는 누에고치 속의 번데기 같았습니다. 나는 아주 좁은 범주 안에서 생활하며 집에 있을 때보다 훨씬 더 한정된 자기의 내면세계에 처박혀 있었습니다. 집안 일에 지장이 없는 한 독서에 몰두하고 있었는데 내겐 이롭지 못한 얘기들을 듣거나, 읽거나 했었습니다. 그 집엔 형부의 전문 서적들도 많이 있었기 때문에 열다섯 살인 소녀에겐 맞지 않는 책도 읽게 되었습니다. 더구나 막스 형부나 엘제 큰언니는 모두 신앙이 없는 사람들이었습니다. 그 집엔 종교 따윈 존재하지 않았어요. 나도 잘 생각한 끝에 의식적으로 기도하는 것을 그만두었고 나 자신의 장래에 대해서도 아무것도 구체적으로 생각하질 않기로 했습니다. 그렇지만 나 자신은 무언가 위대한 일을 하도록 정해져 있을 것이라고 굳게 믿고 있었지요.[18]

에디트가 함부르그에서 체류하고 있는 동안, 어머니는 큰오빠를 그리로 보냈다. 오빠와 함께 에디트는 엘베 강을 배를 타고 내려와 북해를 여행하게 되었는데, 아마 에디트가 바다를 본 것은 이때가 처음이었을 것이라고 생각된다. 북유럽의 그 어둡고 모진 자연의 모습을 수면에 비추고 있는 북해 — 에디트는 거기서 죽음에 이르는 공포의 심연을 체험하고, 설명할 길 없는 이상한 기분에 사로잡혔던 것을 잊을 수 없노라고 말하고 있다.

당시의 에디트는 신체적 성장에 마음이 따라가지 못하는 데서 오는 언밸런스와 내적 갈등을 체험하고 있어서 자의식이 강한 에디트에게는 틀림없이 이 시기가 고통스러웠을 것이다. 그러나 이 시기를 거쳐 에디트는 소녀에서 청순한 처녀로 성장해 가게 된다. 그녀는 이러한 변화에 대하여 이렇게 말하고 있다.

---

18. L 90.

함부르그에 가 있는 동안, 보통 상태에 있던 때의 자신과 비교해서 좀 지적으로 무감동인 상태에 빠져 있었던 것 같아요. 그것과는 대조적으로 내 신체적인 성장 쪽은 굉장했습니다. 야위고 몸집이 작던 소녀는 금방 처녀 꼴이 나타나기 시작해서 금발이던 내 머리카락도 어느새 제법 짙은 빛깔로 변해 있었지요. 그래서 내가 브레슬라우로 돌아왔을 때엔 딴 사람처럼 보였던 것이지요.[19]

---

19. L 92.

3. 진로의 선택

에디트는 열 달 동안의 함부르크 체류를 마치고 브레슬라우로 돌아오자 어머니에게 다시 학교에 가고 싶은 심경이 되었노라고 말했다. 그녀는 곧바로 고등학교 과정(김나지움)의 2학년 윗 클래스의 편입시험 준비를 하기 시작했다. 이 윗 클래스는 "오버세쿤다"(Obersekunda)라는, 장래에 대학에 진학하려는 사람들이 들어가는 상급반이었다. 에디트는 보통 학생이 3년 동안 고등학교 정규 수업을 모두 마치고야 준비하는 이 시험을 월반하여 그것도 독학으로 합격하려 했으므로 그 노력은 대단한 것이었다. 다행히 에디트의 외사촌 오빠인 리하르트와 그와 잘 아는 사이인 말레크 박사가 수학과 라틴어 개인교수를 해주었던 것이다. 에디트는 3년 동안이나 뒤진 것을 단지 1년 만에 따라잡으려 했기 때문에 맹렬하게 공부하지 않으면 안되었다. 가정교사격인 리하르트와 말레크 박사는 에디트가 공부해 나가는 그 진도를 보고는 "잘 해내는 아가씨"(Gnädiges Fräulein)라고 부르며 그녀를 격려해 주었다. 이 시험 공부에 몰두하던 시기는 에디트에게 마음 속으로부터 충족감을 느낄 수 있었던 때인 것 같다.

공부에 전념하고 있던 반 년 동안은 내 생애에서 처음으로 행복한 시기였다고 생각됩니다. 그것은 내가 처음으로 맛보는 경험이었습니다. 다시 말해 하고 싶었던 공부를 위해서 내 정신적인 에너지가 전적으로 투입됐었다는 얘깁니다. 내가 혼자서 공부방 책상 위에서 공부에 집중하고 있을 때, 나 자신을 위한 공부를 하고 있다는 의식도 없었고, 또 외부세계의 일들을 완전히 잊어버리고 그저 몰두하고 있었습니다. 그리고 수학 문제를 풀고 나면 신이 나서 휘파람을 부는 것이었어요. 수학은 내게 일종의 스포츠 같은 것으로 정신적인 체조를 하기 위한 절호의 기회가 되어 주었습니다. 하지만 나는 자신이 수학에 적성(適性)이라고는 생각하질 않았습니다. 라틴 말은 특별한 과목이었는데 그것은 현대어보다 훨씬 더 재미있었고 엄밀한 규칙을 지닌 문법은 나를 매료했습니다. 라틴 말 학습은 마치 모국어를 배우듯 즐거운 것이었습니다. 이 라틴 말이 교회에서 쓰이는 언어로 훗날 이 언어로 내가 기도드리게 될 줄은 그땐 꿈에도 몰랐습니다.[20]

한동안 학교를 떠나 있었다는 것이 도리어 에디트의 공부하겠다는 의욕에 불을 지르게 된 것 같다. 1908년 4월, 드디어 에디트는 2학년의 상급 클래스에 입학하기 위한 시험을 치렀다. 필수 수험 과목은 라틴어·수학·프랑스어·영어였다. 세 사람의 수험생 중에서 에디트만이 합격했다. 1908년 4월부터 에디트는 다시 등교하기 시작했는데 2년 동안의 공백 뒤에, 학교생활의 모든 것이 에디트에게는 생생하고 신선하게 느껴졌다. 그녀는 물을 만난 고기처럼 의욕적으로 지식을 흡수해 나갔다. 당시의 고등학교에서 에디트는 어떤 과목을 배우고 있었을까. 1911년의 성적표[21]를 훑어보면 독일어·프랑스어·영어·라틴어·역사·수학·물리·화학 같은 과목들이 나열되어 있다. 특히 에디트가 잘한 과목은 독일어·라틴어·역사로 이 세 과목에서 최우수 성적을 올리고 있다.

이 시절의 에디트의 그 왕성한 지적 호기심은 학업에만 그친 것이 아니라 문학, 연극, 음악이라고 하는 정서생활의 영역에까지 미쳤다. 여기서 다시 자서전 속의 기록을 보기로 하자.

> 고등학교(김나지움) 시절은 내게 행복한 시기였습니다. 2학년의 상급 클래스의 수업을 따라간다는 것은 대단히 힘든 일이었습니다. 그렇지만 작문 숙제가 없을 때엔 다른 모든 숙제를 네 시까지 해치우고 나머지 오후 시간은 내가 좋아하는 취미생활로 채웠습니다. 그래서 내가 읽은 문학작품들은 내 생애의 보물이 됐습니다. 그것은 훗날 내가 문학을 가르치게 됐을 때에도 도움이 됐습니다. 독서 이외에도 나는 극장에 가는 것이 즐거웠어요. 당시 고전극의 광고가 눈에 띌 때마다 마치 내가 초대받은 것처럼 가슴이 뛰었어요. 그래서 연극이 상연되는 그

---

20. L 96-97.

21. Vgl. Reifezeugnis der Viktoria Schule (Breslau 3.3.1911), Edith-Stein-Archiv, Karmel Köln.

날 저녁의 극장은 가까이 다가오는 빛나는 별처럼 보였습니다. 나는 그날이 빨리 오기를 손꼽아 기다렸고 드디어 극장의 좌석에 앉아 무거운 막이 천천히 오를 땐 가슴이 두근두근거렸습니다. 시작 벨이 울리면 전혀 새로운, 미지의 세계가 눈앞에 나타나는 것이었지요. 그러고는 무대 위에서 일어나고 있는 대사의 전개에 완전히 끌려들어가 일상의 생활 같은 것은 까맣게 잊어버리는 것이었습니다. 나는 특히 고전 비극과 클라식의 오페라를 좋아했어요. 처음 본 오페라는 모차르트의 「마술 피리」였는데 우리는 이 오페라의 피아노를 위한 악보를 사가지고 와서 곧 모든 것을 외워버렸습니다. 그리고 베토벤의 오페라 「피델리오」도 내가 좋아하는 오페라였습니다. 또 바그너의 오페라도 감상하는 기회가 있었는데 그것은 바그너의 경이로운 마성(魔性) 같은 것을 느끼게 했습니다. 하지만 바그너의 작품은 「마이스터징거」를 제외하곤 그렇게 썩 좋아할 수 없었어요. 나는 바하의 작품을 가장 좋아했습니다. 그 순수함, 그리고 엄밀한 통일성이 있는 바하의 세계에 나는 깊이 매료됐습니다. 후에 그레고리안 성가를 듣게 됐을 때, 정말 마음의 평화를 느낄 수 있었고 이것이야말로 바하에게도 있던 그런 매력이었구나 하고 생각했습니다.[22]

당시의 에디트는 풍부한 정서와 예리한 비판력을 지니고 있었음을 알 수 있다. 이들 고전적인 작품들을 통하여 에디트는 숭고함과 비참함, 기쁨과 슬픔 그리고 선과 악이 엮어내는 인간성의 심연을 엿보았을 것이다. 에디트의 명석한 지성과 내면에 간직한 열정, 그리고 넘치는 감수성은 젊음을 구가하는 나날 속에서 점점 더 심화되어 갔다.

1911년 3월 — 에디트가 스무 살이 되던 봄에 고등학교 졸업시험(Abitur)이 있었다. 이 시험에는 독일어, 라틴어, 프랑스어, 영어의 어학시험과 작문 외에 구두시험도 있었다. 졸업시험을 우수한 성적으로 치르고 대학 진학을 목표로 에디트는 더욱더 열심히 시험공부 준비를 해나갔다.

---

22. L 109.

에디트의 고등학교 생활도 이제 끝나게 되고 장래의 진로를 결정할 때가 되었다. 에디트는 고등학교 때부터 장래에 문학이나 철학을 전공하고 싶다고 생각하고 있었는데, 가족들이나 주위 사람들도 에디트의 진로에 대하여는 모두들 참견을 하려 했다. 에디트의 외사촌 오빠 리하르트 쿠우란(Richard Courant)은 어느날 그녀에게 이렇게 묻는 것이었다.

"에디트, 네가 왜 꼭 철학을 전공하고 싶은지, 그 까닭을 말해주겠니?"

"글쎄, 오빠는 왜 자기가 수학을 전공하게 됐는지 설명할 수 있겠어?"

에디트는 일단 자기 마음 안에 싹튼 소망을 남의 의견에 좌우되어 바꿀 생각은 없었다. 그렇다고 하더라도, 당시에 여자가 대학에 진학하여 그것도 철학을 전공하겠다는 것이 결코 보통 일은 아니라는 것을 의식하지 않을 수 없었다. 그러는 가운데에서도 에디트의 어머니만은 언제나 조용히 딸의 소원을 들어주며 참견하려 하지 않았다. 어머니는 딱 잘라 이렇게 말했다.

> 에디트, 네가 나아갈 길에 대해선 아무도 결정할 수 없는 거야. 남의 권고라는 것은 결국 자기 진로를 좌우할 수 없는 게 아니겠니. 너는 네가 바르다고 생각하는 길로 나아가렴.[23]

이러한 어머니의 그 단 한 마디는 다른 어떤 사람의 말보다도 에디트의 마음을 울리는 조언(助言)이었다. 졸업시험이 끝났을 때 에디트는 다시금 장래의 진로에 대하여 심각하게 생각해 보았다. 자서전에는 그때의 심경이 다음과 같이 나타나 있다.

> 시험이 끝난 다음 날 아침, 나는 여느 날보다 더 오래 잠자리에 누워 있었습니다. 그러는 사이에 우편이 배달되었는데 그 편지들 속에는 성미 급한 축하편지도 있었고 또 셰미니츠로 놀러오라는 다비드 숙부의 편지도 있었습니다. 나는

---

23. L 111.

그 편지들을 그대로 잠자리에 누워 읽어가면서 다시 깊은 생각에 잠겼습니다.
시험만 끝나면 얼마나 좋을까 하고 생각하고 있었는데 좋다는 생각 같은 것은
우러나오지 않았습니다. 그러기는커녕, 내 마음은 온통 텅빈 것 같았습니다. 지
금까지 친숙했던 학교생활에 종지부가 찍히는 순간이었지요. 이제 앞으로는 도
대체 어떤 일이 나를 기다리고 있을 것인지, 내 장래의 직업에 대해서도 숙부가
제안해 줬던 것을 다시 생각해 봤습니다. 나는 정말 바른 선택을 한 것일까.

　　우리는 인류에 봉사하기 위해서 이 세상에 살고 있는 것입니다. 어떤 일을 할
때에도, 사람은 그 일을 해낼 수 있는 능력에 알맞은 직업에 종사하게 될 때에
비로소 사람들에게 봉사할 수가 있는 것이지요. 그런데 내 경우는 어떤가?[24]

에디트는 자기가 추구하고 있는 길은 무엇으로 충족될 것인가라고 생각하고 있
었다. 부(富), 명성, 지위 같은 것은 잠깐 사이에 사라지는 것으로, 최종적으
로 자기 마음의 지주(支柱)가 될 수는 없다. 에디트는 바로 이때에 마음 속 깊
은 곳으로부터 울려오는, 무엇인가 재촉하는 것 같다고나 할 어떤 것을 감지하
고 있었다. 오직 한 번뿐인 인생을 자기 자신만을 위하여 산다기보다 모든 이
들에게 봉사할 수 있는 길을 선택하고 싶다. 그러기 위하여 일생 무엇을 해야
할 것인가, 어떻게 살아야 할 것인가 — 이러한 물음에 대하여 심사숙고함으로
써 모든 이들이 행복해질 수 있는 길을 찾고 싶다. 에디트는 마음 속 깊은 곳
에서 우러나오는 그 소망에 충실하고 싶었다. 그러기 위하여 에디트는 스스로
자문하고 사색을 깊이하면서 자유로이 진로를 선택해 나갔다. 이렇게 자기 스
스로의 마음 속을 돌이켜 살펴보고 잘 알아서 분별하고 나서 일을 행동으로 옮
긴다는 태도를 에디트는 훗날 인생의 갈림길에 섰을 때에도 변함없이 지니고
있었다.

　　에디트와 함께 고등학교를 다닌 친구는 이렇게 얘기하고 있다.

---

24. L 114.

에디트와는 브레슬라우에서 오랫동안 학교를 같이 다녀서 그녀 일은 잘 알고 있
습니다. 그 당시에는 여자 고등학교에 입학하려면 어려운 입학시험을 치러야 했
기 때문에 실력이 없으면 고등학교에 진학할 수가 없었습니다. 그들 속에서 에
디트는 실력에 있어서나 지식 면에서나 뛰어나게 우수했습니다. 그럼에도 에디
트는 그때 벌써 참된 겸손이라는 것을 지니고 있었습니다. 이런 겸손이라는 것
은, 일반적으로 유대인의 특징이라곤 할 수 없는 것이었어요. 처음으로 내가 에
디트의 학적부를 봤을 때 그녀가 나와 동갑이라는 것을 알게 된 것이지요. 그때
까지 에디트는 나이로나 지식으로나 우리들보다는 위라고 생각하고 있었습니다.
에디트는 다른 애들보다 침착하고 성실한 아이였습니다. 내 기억 속에 남아 있
는 에디트는 조용하고 내향적이면서도 매우 사랑스런 아이였습니다. 잊을 수 없
는 그녀의 말이 있습니다. 에디트는 언젠가 너무나도 제멋대로 의역(意譯)이 된
번역물을 보고 심하게 비판하면서 이렇게 말하는 것이었어요. "번역하는 사람이
란, 모든 빛을 통과시키면서 자기 자신의 모습은 보이지 않는 창문 유리 같은
존재여야 해."[25]

에디트의 이 말은 번역이라는 작업의 그 핵심을 찌르고 있음과 동시에 그녀가
지닌 진리 그 자체에 대한 생각을 잘 나타내고 있다. 에디트는 대학에서 본격
적으로 철학을 공부하기 이전부터 사물을 객관적으로 이해하고 학문적인 진리
에 접근해 가는 것의 그 소중함을 알고 있었던 것 같다. 훗날 에디트는 철학
분야에서 현상학을 연구 과제로 삼게 된다. 현상학이란 독일 관념론과는 구별
되는 철학 학파로, 주관-객관이라는 도식(圖式)을 포기하고, 사상(事象) 그것
으로 육박하려고 하는 사고방식을 취한다. 에디트는 현상학에서 볼 수 있는 문
제의식의 향방성을 일찍부터 자기 자신 속에서 심화하고 있었는지도 모른다.
　에디트는 3년 동안의 고등학교 과정을 마치고 1911년 봄, 우등생의 한 사람
으로 졸업시험에 합격했다. 그리하여 학교생활의 마지막 날이 다가와 교사와

25. Renata 15.

학생들이 모여 송별 파티가 열렸다. 교사가 졸업생들 앞에서 한 사람 한 사람 제자들의 성격과 능력에 대하여 말하는 짧은 평을 읽게 되었는데, 에디트에게는 다음과 같은 평이 주어졌다.

"돌을 두드리라, 지혜가 넘친다"("슈타인"이라는 독일 말은 "돌"을 뜻한다).

총명하고 사려가 깊은 에디트 — 그 지혜의 돌이 세상에 파견되는 그날도 멀지 않았던 것이다.

제3장

대학 시절

1. 브레슬라우 대학에 입학하여

1911년 봄, 에디트는 브레슬라우 대학에 입학했다. 최고학부에서 학문의 길을 가고 싶다는 꿈으로 그녀의 가슴은 부풀어 있었다. 에디트는 자유로이 갈 길을 택하고 면학에 매진할 수 있게 된 것을 참으로 기뻐하고 있었다. 지금까지의 독일의 대학에서는 여성이 대학에서 남성과 어깨를 나란히 하고 공부할 수 있는 기회란 거의 없었다. 에디트가 대학에 입학했던 당시에 독일의 대학에서는 점차적으로 여학생에게도 문호를 개방하기 시작했던 것이다.

브레슬라우 대학은 중세에 창립된 유서깊은 대학이다. 16세기의 종교개혁 때에 그 고장에 개신교계인 프랑크푸르트 암 오델 대학이 설립되었고, 이어서 17세기에 레오폴트 1세에 의하여 가톨릭의 예수회 대학이 설립되었다. 이 두 개의 대학이 하나로 합쳐져 1811년 프리드리히 빌헬름 2세에 의해 브레슬라우 대학 — 정식 이름은 슐레지아의 프리드리히 빌헬름 대학교 — 이 설립되었다. 마침 그때 에디트가 이 대학에 입학한 1911년은 브레슬라우 대학 창립 100주년이 되는 해였다. 브레슬라우 시의 한복판을 흐르는 오델 강변에 벽돌로 세워져, 그 풍격이 당당해 보이는 대학의 교사가 서 있다. 이 대학 건물의 외관은 제2차 세계대전을 거쳐 복구되어 지금도 당시의 옛 모습을 간직하고 있다. 옛 독일의 슐레지아 주(州) 청사가 있던 브레슬라우 시는 이 대학을 빼놓고는 얘기가 되지 않는다. 이 소도시의 거의 중앙에 위치한 대학 근처, 오델 강변 중간 지점쯤 되는 곳에 시의 심벌인 대성당이 우뚝 서 있다. 이 대성당은 초기 고딕 건축의 걸작 중의 하나로, 이 대성당 주변을 둘러싼 듯 "성 십자가 성당", "성 마태오 성당" 등의 교회들이 산재해 있다. 신앙과 학문이 조화되어 있는 이 마을의 분위기는 그곳에서 생활하는 사람들이 정신적인 탐구를 하도록 자극하는 것이었다.

에디트는 모교인 브레슬라우 대학을 "은총이 가득한 어머니"(alma mater)라고 회상하며 진심으로 사랑하였다. 이곳에서의 대학생활을 통하여 에디트의 지성과 정서는 점점 더 깊어갔고 장래의 학문적인 기초가 마련된 것이다.

대학에 입학하고 나서, 에디트의 학문에 대한 탐욕스러운 탐구심과 진리에 매진하려는 마음은 한층 더해갔다. 대학에서 기초 과목으로 정해진 독일어, 역사, 그리스어 외에 에디트는 이전부터 흥미를 가졌던 철학과 심리학을 전공과목으로 정했다. 그리하여 그녀는 첫 학기부터 세미나에 참가했다. 그중 하나는 미국인인 스턴(William Stern)이 지도하는 심리학 입문이었고, 다른 하나는 회니그스발트(Richard Hönigswald)가 지도하는 자연철학이었다. 에디트는 철학의 세미나 쪽에 더 흥미를 갖게 되었는데 회니그스발트 교수의 강의는 칸트 철학을 모르면 따라가기가 어려웠고 세미나 때 제시되는 내용도 그 수준이 높았다. 에디트는 이 세미나에 의하여 논리적인 사고방식을 배웠다. 철학에 점점 더 흥미를 갖게 된 에디트는 계속하여 회니그스발트 교수의 철학사 강의를 수강하게 되어 철학에 대한 기초적 이해를 더해갔다.

에디트는 자기가 좋아하는 과목을 선택하고 마음껏 공부에 몰두할 수 있는 학문적 자유를 누리고 있었다. 그녀는 그때를 회상하며 이렇게 말한다.

> 내게 주어진 자유엔 결코 괴로움이 따르지 않았습니다. 나는 매일 빈틈없이 꽉 짜여진 스케줄에 익숙해지는 데 만족하고 있었습니다. 나는 마치 맑은 물속을 따뜻한 햇빛을 즐기며 헤엄쳐 나가는 고기 같았습니다.[1]

이 시절의 에디트는 대학생활의 대부분의 시간을 공부하는 것으로 보냈다. 강

---

1. L 188.

의가 없는 자유시간 때에도 에디트는 도서관이나 아무도 없는 강의실에서 혼자 공부를 하는 것이었다. 이렇게 공부에만 몰두하는 에디트를 보며 어머니 슈타인 부인은 신앙을 떠나 추상적인 사색에 빠져 있는 딸의 모습이 크게 걱정이 되었다. 확실히 그 당시의 에디트의 관심사는 오로지 지적인 면에만 편중되어 있었던 것 같다. 그러나 그러했기 때문에 에디트는 풍부한 지식, 정신적인 강인함과 자유로운 생각을 지닐 수 있었던 것이다.

에디트는 대학에서 철학을 전공하고 싶다고 생각하고 그 소망을 먼저 어머니에게 털어놓았다. 슈타인 부인은 딸의 관심이 점점 더 관념적인 것으로 기울어가는 것이 걱정되었지만, 그래도 딸의 마음 속 소망은 이해할 것 같았다. 그래서 여느 때와 마찬가지로 이렇게 말하는 것이었다.

> 에디트, 마음이 놓이질 않지만, 나는 네 진로에 대해서 이러쿵저러쿵 말할 순 없단다. 네가 바르다고 생각하면 무엇이든지 하렴. 자기가 무엇을 해야 하는가 하는 것은 너 자신이 제일 잘 알고 있을 테니까.[2]

딸의 의지를 존중하고 딸이 희망하는 길을 걷게 하려는 슈타인 부인의 자세는 에디트가 어렸을 때부터 언제나 변함이 없었다. 이렇게 장한 어머니의 따뜻한 이해를 받으면서 에디트는 철학의 길로 나아갈 것을 결심한 것이다.

에디트의 대학생활에서 면학이 차지하는 그 위치는 확실히 컸지만, 대학에서 여러 종류의 친구들과 사귀는 일이라든지, 또 그룹 활동에 참여한다든지 하는 것은 그녀를 또 다른 의미에서 성장하게 했다. 에디트는 교육에 관계되는 그룹에 참여했는데, 그녀의 친구인 로제 구트만(Rose Guttmann)의 소개로 들어가게 되었고 이 그룹 활동을 통하여 얻은 그 결실은 브레슬라우 대학 시절을 통틀어 가장 큰 것이었다고 회상하고 있다. 교육적인 그룹의 멤버들은 주로 심리학의 스턴 교수의 세미나에 참가하고 있던 남녀 학생들로 구성되어 있어서

---

2. L 187.

매주 한 번씩 밤 여덟시부터 열시까지 모임을 가졌다. 거기서는 주제 제공자로 여러 학교의 교사들이나 대학의 교수들이 초청되고 강의가 끝나면 모두들 토론을 함으로써 교육 현장의 문제점을 알게 되어 서로가 교육에 대한 의식을 높이려 한 것이다. 토론은 종종 밤 열시가 되어도 끝나지 않아 카페로 자리를 옮겨 거기서 다시 토론을 계속하는 것이었다. 이 그룹을 조직하고 그 중심적인 리더였던 후고 헤름젠(Hugo Hermsen)은 에디트의 선배로 당시 스물일곱 살인 청년이었다. 그의 기품이 넘치는 용모와 마음 저 밑바닥에서부터 울려오는 것 같은 그의 목소리는 그녀에게 강한 인상을 주었다. 네 학기가 끝나 에디트가 브레슬라우 대학에서 괴팅겐 대학으로 전학하게 되었을 때 가진 송별회를 마친 뒤 헤름젠은 그녀를 집에까지 데려다주고 헤어지면서 이렇게 말하는 것이었다.

> 괴팅겐에서 당신에게 어울리는 사람이 나타나길 빕니다. 여기선 당신이 좀 지나치게 비판적이었던 것 같으니까요.[3]

에디트는 그의 이러한 솔직한 말에 충격을 받았다. 그때 일을 이렇게 적고 있다.

> 그의 이같은 말은 나를 당황하게 했습니다. 나 자신의 일을 비난받는 것에 나는 익숙질 못했었지요. 내 친구들은 모두들 내게 애정과 칭찬을 쏟아 줄 뿐이었습니다. 그러므로 나는 내가 늘 옳다고 하는 어리석고도 고지식한 확신 같은 것을 가지고 있었던 것이지요. 그런 일은 윤리적인 이상주의를 내걸고 살고 있는, 신앙을 가지고 있지 않은 사람들에게서 흔히 볼 수 있는 것입니다. 사람은 선(善)이라고 하는 것에 열중하게 되면 마치 자기 자신이 선하게 살고 있는 것처럼 착각해 버립니다. 나는 내게 부정적으로 생각되는 모든 것을 비판하거나, 남의 약점이나 잘못이나 결점 같은 것을 가끔 경멸하듯 비꼬듯 하며 가차없이 지적하고 있었으므로 이같은 나를 아주 짓궂다고 생각하고 있는 이들도 있었는데 하필이

---

3. L 130.

면 내가 존경하며 좋아한 남성으로부터 석별을 나누는 자리에서 듣게 된 이 말
은 내 가슴을 아프게 찔렀던 것입니다. 하지만 그렇다고 나는 그에게 화를 내진
않았고 또 지나친 중상(中傷)의 말이라며 맞서려 하지도 않았어요. 그 말은 내
게 반성을 하도록 한 최초의 경고의 말이 됐습니다.[4]

당시의 에디트는 이상을 추구하려 한다는 것이 지나쳐 타인에 대하여 지독히
비판적이었음을 엿볼 수 있다. 그러나 동시에 어떤 이가 자기에 대하여 솔직하
게 말해주면 그것을 있는 그대로 거역하지 않고 받아들이며 반성하려 하는 유
연한 자세를 지니고도 있었던 것 같다.

브레슬라우 대학 시절의 에디트는 학문적인 것에 전념하고 있었지만, 한창
나이의 처녀가 바라고 꿈꾸는 것과 같은 일에는 마음이 기울지 않았던 것일까.

에디트가 브레슬라우에서 친하게 지냈던 한 남자가 있다. 대학 때 함께 공부
한 동창생인 에드워드 메티스(Eduard Metis)로, 그와의 교제는 에디트가 괴팅
겐으로 전학한 다음에도 계속되었다. 자서전 속에서 읽어볼 수 있는 기록에 의
하면[5] 에디트는 에드워드와는 남녀관계에 관한 문제들을 서로 얘기하거나, 또
함께 자주 산책을 하거나 하면서 우정을 깊게 했던 것 같다. 그러나 에디트는
두 사람의 교제를 남녀 사이의 특별한 관계로보다는 우정관계에 그대로 두고
싶다는 뜻을 어느 날 분명히 그에게 전했던 것이다. 그후 에디트가 방학 때 브
레슬라우에 돌아와서 그와 함께 공부하는 기회를 가지기도 했는데, 에드워드는
에디트가 괴팅겐으로 돌아가 있는 그 동안에도 계속하여 매주 편지를 써 보냈
다. 그러나 두 사람의 친밀한 교제는 오래 계속되지를 않았고 에드워드는 그후
한동안 교단에 서 있었는데, 에디트가 프라이부르그에서 생활하고 있던 1917
년경 폐렴으로 세상을 떠나고 말았다.

이 시절의 에디트가 결혼에 얽힌 자기의 포부에 대하여 이렇게 말하고 있는
것을 읽을 수 있다.

---

4. L 130.　　　　5. L 139-143.

나는 대학 시절, 공부에만 몰두하고 있었는데 그래도 마음 속엔 멋진 사랑과 행
복한 결혼에 대한 동경을 품고 있었습니다. 그때 가톨릭의 교리나 신앙 또는 윤
리 같은 것엔 전혀 영향을 받지 않았지만, 가톨릭적인 결혼의 이상이라고 하는
것엔 아주 마음이 끌렸습니다. 그 무렵 내 동료들 중에서 내가 좋아하게 됐거나
장래의 내 반려(伴侶)가 됐으면 하는 그런 사람도 나타났습니다. 그렇지만 상대
방 사람들은 그런 내 마음을 전혀 알아채지 못한 것 같아요. 왜냐하면 내가 그
들에겐 서먹서먹해 보여서 접근하기가 어려운 여자처럼 보였기 때문입니다.[6]

에디트가 사랑이나 결혼 같은 것을 생각해 보게 된 동기의 하나는 아마도 두
살 위인 에르나 언니와 한스 비버슈타인(Hans Biberstein)의 교제와 결혼 때
문인 것 같다. 한스는 에디트가 보아도 대단히 매력적인 남성이었다. 언니는
한스와의 교제에 대하여 얘기해주지 않았기 때문에 에디트에게 처음 한동안은
어색해했지만, 에르나와 한스 두 사람은 누가 보아도 잘 어울리는 사이좋은 커
플이었다. 1913년 12월, 그 두 사람은 슈타인 가에서 유대교식 결혼식을 올렸
다. 에르나 언니가 아주 아름다운 신부였던 일이나 신혼여행의 행복한 모습을
알리는 언니의 소식이 전해졌던 일 등이 자서전에 나온다.[7] 어려서부터 늘 함
께 지냈던 두 살 위의 언니가 새로운 인생을 향해 떠나간 일을 에디트는 마음
속 깊이 사무치게 느꼈으리라.

에디트에게 브레슬라우에서의 대학생활은 하루하루가 새로운 만남의 연속이
었다. 에디트는 마음껏 공부에 전념할 수 있는 것을 무엇보다도 기뻐했고, 마
음 속으로부터 충족감을 느끼고 있었다. 에디트의 진리 탐구의 여로는 단지 지
적인 활동에 멈추지를 않고 언제나 자기가 살아나가야 할 길을 묻고 생각해 나
가는 그런 길이었다. 그녀의 진리 탐구를 향하는 한결같은 마음은 철학 연구에
대한 철저한 대결 같은 양상으로 나타나고 있었다.

에디트는 어려서부터 한번 마음 속에 품은 일은 끝까지 추구하지 않고는 못

---

6. L 227.　　　　7. L 162-164.

배기는 그런 기질을 가지고 있었다. 하고 싶다고 생각하는 것은 하고야 마는 것 — 그것은 젊은 날의 에디트에게 있어 결코 방종(放縱)이 아니라 자기 자신의 가능성에 대하여 도전하는 것을 의미하고 있었다. 젊음이 그 한없는 미래를 향하여 불타오를 때 사람은 자기가 지니고 있는 역량을 최고로 발휘하게 되는 것이다.

에디트에게 젊음의 그 모든 것은 철학이었다. 무엇보다 슬기〔智〕를 사랑하고 진리를 찾는 학문 — 철학의 탐구는 철들고 인생에 대한 물음에 눈뜨게 되었을 때부터 그녀의 마음 속 깊은 곳에서 고요히 성숙해 가고 심화해 갔다. 에디트에게 자기의 내적 성장 과정과 철학 탐구의 길은 끊을래야 끊을 수 없는 깊은 연관을 가지고 있었다. 에디트의 인생에서 철학이 차지하는 그 위치는 그녀의 학문에만 한정되어 있지 않았다. 에디트는 훗날 교육자가 되고서도 또한 그리스도인의 길을 걷게 되고서도 언제나 철학자로서 묻고 생각하려 하는 자세를 일관했다. 인간은 살아 있는 한, 사랑한다는 것, 믿는다는 것 그리고 진리의 의미에 대해 묻기를 계속하는 존재이다. 진실로 산다는 것과 철학한다는 것은 에디트에게 하나였다.

그러나 시대적인 배경으로 미루어본다면, 여성이 대학으로 진학한다는 것조차 희귀한 일이었을 뿐 아니라 더구나 철학이라고 하는 지극히 논리적이고 사변적인 학문을 향해 여성이 나아간다고 하는 것에 대하여 세상의 편견은 심했었다. 그러한 상황 속에서도 철학을 지망한 에디트는 남다른 열의와 용기 그리고 자기 능력에 대한 자신을 지니고 있었음에 틀림없겠다.

브레슬라우 대학 재학중, 에디트의 철학적 관심은 여태까지의 막연한 것에서 더 명확한 방향을 확인해 가는 것으로 되었다. 입학 당초에 에디트는 철학부의 실험심리학과에 적을 두고 심리학을 전공하는 것에 의해 인간의 정신을 해명하고 싶다고 생각하고 있었다. 그러나 에디트는 차츰 "영혼이 없는 심리학"에 실망하게 되었다. 에디트가 탐구하려 한 진리는 자연과학적인 방법에 의해 해명될 수 있는 그런 것이 아니었다. 그러한 사정에 대하여 에디트는 다음과 같이 설명하고 있다.

나는 심리학 박사학위를 취득하려는 생각이 당초부터 잘못돼 있었던 것이라고 느끼게 됐습니다. 심리학을 공부해 보고 이런 학문은 유치한 것에 불과하다는 것을 깨닫게 됐습니다. 다시 말해서 심리학엔 명석한 근본 개념이라는 것이 모자라 이러한 학문적 방법으론 본질적 기초를 쌓을 수 없다고 생각한 것입니다. 반면 내가 현상학에서 배우는 것에 대해서는 퍽 흥미를 가질 수 있었습니다. 현상학에선 사물을 명석판명(明晳判明)한 것으로 해나가야 함이 요청됐고 그러한 작업을 통해서 우리는 정신적 능력을 단련해 나갈 수가 있는 것입니다.[8]

에디트는 철학 공부를 하기 시작한 지 얼마 안되는 이 시기에 현상학이 탐구하려 했던 철학적 과제에서 자기 학문이 나아갈 향방을 보았다. 에디트가 심리학 연구를 그만둔 것은 심리학은 객관적인 학문으로서의 근본적인 짜임이 모자란다고 하는 것과 실증과학의 기초로서의 인간 이성의 활동이 전제되어 있지 않다고 하는 점이었다. 이런 점에 대하여 현상학은 온갖 학문적 방법과 정신적 활동의 그 기초를 세우려 하는 점에 새로운 철학적 방향성이 제시되어 있었다.

에디트가 현상학과 만나 자기의 연구 과제로 삼게 된 것은 브레슬라우 대학에서의 연구생활 2년이 끝나가려 하던 무렵이었다. 에디트는 철학 연구를 더 해나가기 위해 다른 대학으로 옮길 것을 진지하게 고려하기 시작하고 있었다. 그 당시의 심경에 대하여 에디트는 다음과 같이 말하고 있다.

나는 브레슬라우 대학에서 네 학기(2년)를 보냈습니다. 모교에서의 생활은 참으로 충실한 것이었고 그런 대학생활에 깊은 애착을 느끼고 있었으므로 브레슬라우를 떠나리라곤 생각지도 않고 있었습니다. 그러나 나는 여태까지 강한 애착을 지니고 있던 것을 아주 간단히 잘라버리고 마치 작은 새가 여태껏 편히 살아온 그 보금자리에서 훌쩍 날아가듯, 새로운 곳으로 길을 떠나는 법을 익히게 됐지요. 그렇게 해서 하나의 전기(轉機)를 맞는 일은, 내 인생에서 훗날에도 자주 일

---

8. L 150.

어났습니다. 그 대학에서 두 해가 지나가려 할 무렵의 브레슬라우에서의 생활은 이제 더 이상 내게 많은 것을 주지 않으리라고 깨닫게 된 것입니다. 그래서 내 겐 새로운 도전이 필요한 것이라고 생각하게 됐습니다.[9]

에디트가 태어나 자라난 브레슬라우를 떠나게 된 것은 방금 떠오른 착상도 아니었고 또 새로운 자극을 찾기 위한 자리옮김도 아니었다. 에디트는 바야흐로 철학도로서 전문적인 연구를 깊게 할 자리를 찾고 있었던 것이다.

마침 그때 에디트의 사상적 행보를 결정하게끔 한 만남이 이루어졌다. 에디트는 1911년부터 1913년에 걸쳐 스턴 교수가 지도하는 사고심리학(思考心理學)의 세미나에 참가하고 있었는데, 그때 레포트를 쓰기 위한 참고 문헌 리스트 속에서 훗썰[10]의 『논리학 연구』라는 책을 만나게 된 것이다.

어느 날 내가 공부하고 있는데 모스키비치 박사가 다가와서는 이렇게 내게 말하는 것이었습니다. "다른 책 같은 건 모두 다 잊어버리고 훗썰의 『논리학 연구』만을 읽어요. 바로 이 책에서 많은 철학자들이 많은 것을 통찰하게 된 거야" 하고 말입니다. 박사는 훗썰과 개인적으로 잘 알고 있어서 훗썰이 있는 괴팅겐으로 돌아가 연구하기를 바라고 있었습니다. 그리고 모스키비치 박사는 이렇게 덧붙여 말하는 것이었어요. "괴팅겐에서의 생활은 낮이나 밤 할 것 없이 또 식사 때나 거리를 거닐 때에도 온통 철학 얘기뿐이고, 화제가 되는 것은 약속이나 한 듯 언제나 '현상학' 얘기뿐이지."[11]

---

9. L 146.

10. Edmund Husserl (1859~1928): 현상학을 제창한 독일 철학자. 괴팅겐 대학교, 프라이부르그 대학교 교수로서 철학계에 다대한 영향을 주었고 그의 제자들은 현상학의 학파를 형성하고 그들 중에서는 우수한 학자들이 배출됐다. 에디트가 최초로 정리한 훗썰의 저작, 『논리학 연구』는 경험주의적인 심리학을 비판하여 순수논리학, 보편학으로서의 현상학을 제창한 저작이다. 훗썰은 많은 저작들을 남겼지만, 유대인이었기 때문에 만년은 나치 정권하에서 고고한 생애를 보냈다.

11. L 146-147.

모두들 하루 24시간을 철학에만 몰두하고 현상학 얘기만 한다는 괴팅겐이란 과연 어떤 곳일까 생각만 해보아도 에디트의 가슴은 뛰었다.

곧바로 1912년의 크리스마스 방학을 맞자 에디트는 훗썰의 『논리학 연구』를 독파하는 일에 전념했다. 『논리학 연구』는 훗썰이 창출한 현상학의 근본 개념을 세상에 묻는 기념비적인 저작으로 철학 분야뿐 아니라 인접 영역의 학회에도 커다란 파문을 불러일으키고 있었다. 그것에는 "논리학 연구"라는 제목이 붙어 있었지만, 일반 논리학에 관한 연구서가 아니었다. 훗썰이 의도하는 논리학이란 모든 학문적 인식의 그 기초가 되는 것으로서의 논리학이며 그 기초 위에서 학문적 인식, 개념, 명제, 진리가 비로소 가능하게 되는, 근본적인 여러 조건이 해명되는 것이다. 이러한 훗썰의 의도는 1900년에 출판된 『논리학 연구』제1권의 초판에 실린 그 머리말에 다음과 같이 나타나 있다.

> 여러 해에 걸친 연찬(研鑽) 속에서 태어난 "순수논리학"과 "인식론"의 "새로운 기초 마련"을 위한 그 시도를 공개한다.

훗썰이 이렇게 주장하는 순수논리학의 방법론은 경험적인 심리현상에서 보편적인 법칙을 추구해 나가는 심리학주의를 비판하려는 의도도 가지고 있었다.

에디트가 현상학에 흥미를 가지게 된 것은, 당시의 사상적인 유행을 좇는 것과 같은 경솔한 이유에서 비롯된 것은 아니었다. 에디트는 인생에 대한 물음에 눈뜨게 되었을 때부터 인간이 경험하게 되는 온갖 인식과 판단의 그 원천이 되는 것, 다시 말해 모든 것을 제거해 버리고도 의심할 수 없는 것을 탐구하고 있었다. 가장 확실한 것이라고 확신할 수 있는 그 근거는 무엇이냐고 묻는다면, 일상생활 속에서 사람들이 암묵 속에서 받아들이고 있는 갖가지 의견, 주의, 신앙도 다시금 음미해 보아야 한다. 에디트에게 지적인 성실함이란 그대로 철학의 탐구에 직결되는 것이었다. 철학은 감정이나 주관적 자의(恣意)나 개인적 열광에 좌우되는 것이어서는 안된다고 그녀는 생각하고 있었다. 감성적인 경험에 의거하는 것이 아니라 엄밀하게 모든 학문의 전제가 되는 것을 음미해

나간다고 하는 학문적 방법은 현상학이 과제로 하고 있는 것이었다.

에디트는 훗썰의 『논리학 연구』를 읽고 나서 훗썰이야말로 "현대의 철학자"임을 알게 되었다고 말하고 있다. 그렇지만 당시의 에디트는 아직 충분한 전문적 지식을 갖추고 있지 않았기 때문에, 현상학이라는 고고(孤高)의 산을 눈앞에 둔 여대생이 아무 방비도 없이 운동화만을 신은 채로 그 정상에 도전하려 하고 있던 것이나 다름없는지 모른다. 그렇다고 해도 훗썰의 저작에 접한 것이 계기가 되어, 에디트의 철학 지망은 점점 더 확대된 것이다. 에디트는 브레슬라우를 떠나 괴팅겐으로 가, 훗썰의 문하에서 공부할 결심을 굳혔다.

1912년이 저물자 에디트는 대학 친구들과 연말 파티를 함께 즐겼다. 거기 참가한 한 사람 한 사람에 대해 노래를 지어 불렀는데, 에디트에게는 다음과 같은 노래가 불렸다.

> 보통 아가씨들은 붓썰(Busserl, 오스트리아의 사투리로 키스)을 꿈꾸는데, 에디트는 훗썰(Husserl)을 바란다네. 이제 곧 괴팅겐에서 훗썰과 마주치면 그이가 어떤 사람인지 알게 되겠지, 뭐.[12]

실제로 에디트에게 있어 철학에 대한 열정은 곧 훗썰에 대한 흠모와 불가분의 관계가 있었다. 철학의 스승 훗썰에 대한 에디트의 존경심은 그후에도 생애를 통해 변하지 않았다. 에디트는 훗썰의 지도 아래 공부하고 싶다는 일념으로 괴팅겐으로, 그리고 다시 훗날에는 프라이부르그로 학구의 길을 계속 걸어 갔다.

---

12. L 148.

2. 괴팅겐 대학에서의 학구생활

1913년 4월 17일, 에디트는 괴팅겐에 도착했다. 괴팅겐은 독일의 중심부에 위치한 아담하고 유서 깊은 대학도시이다. 이 도시는 심한 전화(戰禍)를 입지 않았기 때문에 오늘날까지도 에디트가 생활하고 있던 시절의 모습을 연상시키는 건물이나 장소가 얼마쯤은 남아 있다. 시가지 한복판에 있는 란게 가이스말 거리에는 에디트가 하숙하고 있던 그 집이 아직도 있는데 그 집에는 "에디트 슈타인, 철학자 1913~1916"(Edith Stein, Philosophin 1913~1916)이라고 적혀 있는 기념 문패가 붙어 있다. 에디트는 베를린에서 철학을 공부하기 위해 괴팅겐으로 온 여대생, 로제 블룸-구트만(Rose Bluhm-Guttmann)과 함께 이 집에서 하숙하게 된 것이다. 에디트와 로제는 괴팅겐 대학에 입학할 수 있었던 첫번째 세대의 여대생이었다.

에디트는 괴팅겐에서 생활을 시작한 그 첫날부터 이 소도시가 아주 마음에 들었던 모양이다. 자서전에서 괴팅겐 대학생활을 그리고 있는 장(章)의 서두는 이렇게 시작이 된다.

> 친애하는 괴팅겐! 현상학의 괴팅겐 학파가 가장 활발했던 1905년부터 1914년에 걸쳐서 이곳에서 배워본 자들만이, 괴팅겐이 어느 만큼의 의미를 지니고 있는지를 알고 있을 것입니다.[13]

말할 필요도 없이 에디트는 현상학을 연구하기 위해 괴팅겐에 온 것이지만, 괴팅겐에서의 새로운 생활을 통해 풍부하고도 폭넓은 교양과 정서를 함양할 기회 또한 가지게 되었다.

괴팅겐의 거리마다의 그 분위기는 풍치가 있었고 창조적인 활동을 하는 데

---

13. L 165.

알맞은 환경이었다. 에디트의 하숙은 성(聖) 알반 성당 근처에 있어서 그 성당의 삼종(안젤루스) 소리를 날마다 세 번씩 들었던 일도 자서전에 나온다. 시가지의 중심에는 독일의 전통적인 건물들에 둘러싸인 광장이 있고 고딕 양식의 시청 건물은 유달리 아름답다고 그녀도 쓰고 있다. 괴팅겐의 유명한, 거위와 함께 있는 소녀의 분수대는 지금도 옛 모습 그대로 남아 있다. 그리고 그 고장에서 가장 맛있는 케이크로 이름이 나 있었다고 에디트가 말하고 있는 "크론란츠" 제과점은 지금도 똑같은 간판을 내걸고 있다.

에디트는 괴팅겐에 체류하고 있는 동안 교외의 숲이나 주변 도시에도 나가 보며 아름다운 자연과 독일 문화의 유산에 접하는 기회를 가졌다. 휴일에는 친구들과 하르츠의 많은 산 쪽으로 소풍도 갔으며 고슬라우, 커쎌, 바이마르, 아이제나하 등 여러 곳으로 여행을 하며 괴테, 쉴러, 루터 등과 연관이 있는 명소들을 눈여겨보기도 했다. 에디트는 24시간 종일 책상에만 붙어 철학 서적을 탐독하고 있는 그런 학생은 아니었다. 가파르지 않은 기복의 언덕에 빽빽히 들어서 있는 나무 숲이 쭉 퍼져 있는 괴팅겐 교외의 전원 풍경을 에디트는 특별히 사랑했다. 딱딱한 철학 공부를 계속하는 동안 이러한 숲이 보여주는 푸르름과 상쾌한 햇살의 그 빛남은 에디트의 마음 속 풍경이 되고 또 안식을 주는 것이 되었다.

에디트와 같이 하숙을 한 동창으로, 괴팅겐에서 함께 철학을 공부한 로제 블룸 구트만은 이렇게 회상하고 있다.

우리들은 괴팅겐에서 신나는 여름 학기를 보냈습니다. 나는 철학과 수학을, 에디트는 철학 외에 역사도 수강하고 있었습니다. 내 옛 친구였던 릴리 베르그 프라토우는 괴팅겐에서 의학을 공부하고 있었는데 에디트의 언니인 에르나와도 친해졌습니다. 우리들에게 공부는 가장 중요한 일이었지만 흔히 보통 젊은이들처럼 즐길 줄 아는 여유도 있었습니다. 신바람나는 소풍도 갔고 댄스도 즐겼고 또 음악을 감상하기도 했었지요. 방학이 되면 나와 에디트, 릴리, 에르나, 넷이서 함께 가까운 곳으로 여행도 갔습니다. 에르나와 릴리, 그리고 나와 에디트가 쌍

이 되어 두 방을 나눠 숙박했습니다. 그러고는 밤이 깊도록 얘기를 나누며 낮에는 철학 서적을 읽으며 지냈습니다. 우리가 나눈 얘기는 철학이나 교육에 관한 것만이 아니고 민주적인 정당(政黨)이라든지 여성의 직업 같은 것도 들어 있었지요. 나와 에디트가 함께 하숙하고 있던 그 작은 아파트 방에는 침실과 서재 그리고 부엌이 있었고 점심은 밖에서 먹었지만 아침과 저녁 식사는 하숙방에서 해먹었어요. 에디트는 내게 뒤지지 않을 만큼 요리도 청소도 잘 했습니다. 에디트는 내가 평생 동안 만난 비범한 여성들 중에서도 아주 뛰어난 재원(才媛)이었습니다.

에디트는 진리에 대한 깊은 사랑을 가지고 있었습니다. 그녀는 진리가 분명해질 때까지 철저하게 하나의 문제와 맞붙어 나가는 창조적인 정신의 소유자였습니다.[14]

---

14. Rose Bluhm-Guttmann, Gespräche, Edith-Stein-Archiv, Karmel Köln.

3. 훗썰의 문하생

에디트가 괴팅겐에서 얻을 수 있었던 최대의 수확은 위대한 철학의 스승 훗썰을 비롯한 수많은 우수한 학자들과의 만남이었다. 1900년, 훗썰이 그의 기념비적인 작품이라 할 수 있는 『논리학 연구』를 공적으로 발간한 이래 수많은 철학자들에게 영감을 불러일으키고 있었다. 1901년에 훗썰이 괴팅겐으로 옮겨와 1905년에 괴팅겐 대학 철학부의 정교수가 되면서 그의 명성은 더욱 드높아졌고, "괴팅겐 학파"(Göttinger Schule)[15]라 불리는 현상학파가 형성되어 수많은 준재들을 배출해 냈다. 1905년에는 뮌헨의 심리학자 테오도르 립스(Theodor Lipps), 훗썰을 돕는 개인강사가 된 아돌프 라이나하(Adolf Reinach), 훗썰의 문하생이 된 모리츠 가이거(Moritz Geiger)나 한스 테오도르 콘라트(Hans Theordor Conrad) 등 많은 이들이 대거 괴팅겐으로 몰려왔다. 에디트가 괴팅겐에 체류한 1913년부터 1915년 사이에 훗썰의 문하생들 속에는 앞서 열거한 라이나하나 콘라트 외에도 디트리히 폰 힐데브란트(Dietrich von Hilde-brand), 로만 인가르덴(Roman Ingarden), 막스 셸러(Max Scheler), 알렉산드르 코이레(Alexandre Koyré), 한스 립스(Hans Lipps), 헤트비히 콘라트 마르티우스(Hedwig Conrad Martius) 등이 있었다. 이들 우수한 선배들과 함께 공부하는 것에 의하여 에디트는 그녀의 철학적 자질을 크게 꽃피워 나간 것이다.

학우들과의 교분도 그러했지만, 무엇보다 에디트의 학구생활에 결정적인 영향을 끼친 것은 훗썰과의 만남이었다.

에디트가 훗썰을 처음 만나게 되었을 때의 그 장면과 인상에 대해 자서전에는 이렇게 적고 있다.

---

15. Vgl. Herbert Spiegelberg, The Phenomenological Movement, third revised and enlarged edition (The Hague 1982), 166-239.

대학의 게시판에 훗썰 교수가 새로운 학생들을 선발하기 위해서 면접을 한다고 공시돼 있었습니다. 그 면접시험 때 나는 처음으로 훗썰 교수가 실제로 어떤 분 인지 보게 된 것입니다. 교수의 용모는 고매해 보여 교수다워 보였지만, 그토록 강렬하게 우리들을 압도하는 듯한 느낌은 아니었습니다. 그분은 중간 키로 그분 의 머리와 수염은 위엄을 느끼게 하고 용모는 당당해 보여서 인상적이었습니다. 그분의 말투로 그분이 오스트리아 출신임을 곧 알 수 있었습니다. 훗썰 교수는 모라비아 출신으로 비엔나에서 공부한 분이었고 그분이 지닌 고귀함은 지난날의 그 아름답던 시대의 비엔나의 분위기를 연상시키는 것이었습니다. 그때의 교수 의 나이는 쉰넷이었습니다.

　신입생과의 일반적인 면접이 있은 뒤에 한 사람 한 사람씩 따로 불리어 개인 면접이 있었는데, 내가 내 이름을 대자 교수는 "라이나하 박사에게서 당신 얘기 를 들었습니다. 내가 쓴 책들은 어느 정도 읽었나요?" 하고 묻는 것이었어요. 나 는 즉시 "『논리학 연구』를 읽었습니다" 하고 대답했습니다. 그러자 교수는 "『논 리학 연구』를 전부 읽었단 말입니까?" 하고 재차 물었습니다. "네, 두 권 다 전 부 읽었습니다" 하고 내가 대답하니까 "아니 두 권 다 읽었다구요? 대단한 실력 이군요" 하며 미소지었습니다. 그리해서 나는 훗썰의 문하생이 된 것입니다.[16]

이리하여 에디트는 훗썰의 세미나에 참가하게 되었는데 훗썰의 문하에서 배운 학생들은 교수와 개인적으로도 사귈 수 있는 기회가 있었던 모양이다. 에디트 가 자서전에서 훗썰의 개인적인 생활에 대하여 언급하고 있는 대목은, 일세를 풍미한 위대한 철학자의 일면을 알게 한다는 면에서 귀중한 증언이 되고 있다.

훗썰 교수는 호엔 가에 집이 있었습니다. 그분의 서재는 이층에 있었고 그분이 명상하는 장소로 쓰고 있던 작은 발코니도 거기 있었습니다. 그분의 방에서 가 장 소중한 가구는 오래된 가죽 소파였는데, 그분이 할레에서 교수 자격증을 얻

---

16. L 174.

었을 때에 이 소파를 구입한 것 같습니다. 대체로 나는 이 소파의 구석에 앉았습니다. 훗날 프라이부르그로 이사하고 나서도 나는 이 소파에 앉아 관념론에 대해서 교수와 토론했던 것입니다. 훗썰 교수의 문하생들은 교수를 "선생님" (der Meister)이라고 부르고 있었습니다. 그분은 자기가 그렇게 불리고 있는 것을 알고 있었는데 "마이스터"라고 불리는 것을 정말 달가워하지 않는 것 같았습니다. 우리들은 우리들끼리 교수의 부인에 대해서 얘기할 때엔 마르비이네라고 하는 시적(詩的)인 퍼스트 네임으로 부르고 있었지요. 부인은 키가 작고 마른 편으로 철학적인 소양이란 전혀 없는 분이었습니다. 교수의 세 자녀들도 모두 철학은 전공하지 않고 맏딸 엘리는 미술사 전공이고, 장남인 게르하르트는 법률 전공, 그리고 차남이고 막내인 볼프강은 그 당시 중학생이었습니다. 훗썰 교수나 마르비이네 부인이나 모두 유대인으로 젊어서 루터교로 개종한 분들이었습니다.[17]

3년여에 걸친 괴팅겐에서의 학구생활은 에디트에게 철학적인 사색을 깊게 하고 종교적인 것에 눈뜨게 하는 기회를 가지게 했다.

　에디트가 훗썰과 그의 연구팀을 통하여 배운 것은 참된 철학자의 혼 — 다시 말해 진리를 향해 스스로 정신을 열고 나가는 끊임없는 탐구심과 지적 성실함이었다. "사실 그 자체로 돌아오라"라는 모토는 훗썰이 제창한 현상학에서 되풀이되어 강조되고 있다. 사상(事象) 그것으로 향해 나아가는 근본적인 자세는 사물을 있는 그대로 파악하는 성실함과 확실한 것의 최종적인 그 근거를 조리를 통해 밝혀 구명해 나아가려 하는 논리성을 요구한다. 이러한 기본적인 자세는 현상학이 시도한 철학적 방법론임과 동시에 학문에 대한 자세 그것이었다. 훗썰은 이러한 현상학적인 자세를 그의 제자가 된 연구원들에게도 요구하고 있었음을 에디트의 말에서도 엿볼 수 있다.

---

17. L 175-176.

훗썰 교수는 우리들에게 다음과 같은 것을 가르치기 위해서 최선을 다하고 있었
습니다. 그분이 언제나 강조하고 있던 것은 엄밀한 객관성과 철저함 그리고 "근
본적인 지적 성실함" 그것이었습니다.[18]

만일 철학자가 사상(事象)을 있는 그대로 파악하려 한다면 먼저 자기가 가지고
있는 편견과 억견(憶見)을 버려야 한다. 여기서 사물(객관)이 존재하고 그것을
인식하며 이해하는 인간의 의식(주관)이 있다고 하는 그런 도식(圖式) 그 자체
를 되물어야 한다. 다시 말해 모든 사물(객관)은 나(주관)에 의해 의식되고 있
는 것이지만, 그 주관의 인식이 바르다고 알고 있는 그 근거는 무엇인가. 훗썰
은 확실하게 근거가 밝혀진 사상(事象) 이해를 철저하게 추구하려 한다. 인간
은 자기가 옳다고 하는 것, 의심할 바 없다고 생각하고 있는 것을 자기의 의식
(주관) 밖으로 나와서 검증할 수 없는 것이다. 예를 들면, 어떤 사람이 별의
실재를 확신하고 있다고 하면 그 이유는 무엇일까. 별의 실재를 의심하지 않는
암묵(暗默)의 그 신빙(信憑)의 뿌리, 즉 확신의 조건을 인간 의식의 내적인 구
조 그 자체에서 찾아내야 한다. 훗썰이 본질 원리라고 부르고 있는 것은 암묵
속에서 믿고 그 근거로 삼고 있는 것을 제거한, 순화(純化)한 의식에 주어지는
그것이다. 이 순수한 의식은 한없이 투명하게 진리에 대하여 열려 있다.

훗썰의 철학적 자세를 끝까지 파고든다면, 우리들의 진리 탐구의 길이란 자
기 자신의 내적인 의식이 지녀야 할 본연의 자세를 다시 뜯어보는 것에서부터
시작될 것이다. 그러한 내적인 세계의 깊이로 들어가면 우리들은 인간의 정신
에 직접으로 주어진 명증(明證)적인 의식, 순화한 자아라고 하는 것에 다다르
게 된다. 훗썰이 순수의식이라고 부르고 있는 것이야말로 모든 진리를 가능케
하는 그 근거가 되어 있는 것이다. 훗썰은 순수의식, 선험(先驗)적 주관이라고
할 때에 거기서부터 하느님, 초월자와의 관계를 도출해 내고 있지 않다. 그러
나 인간의 실제적 정신생활에 비추어본다면, 훗썰이 설파하고 있는 순수의식이

---

18. L 182.

란 신앙이라고 불리는 것과 극히 가까워지는 것이다. 어떤 의미에서 신앙이란 자기 자신의 유한하고 불확실한 지식을 초월하려 하는 정신의 개방인 것이다. 이때에 하느님의 인도와 부르심이 선행되는 것이 아니면 우리들의 진리 탐구와 신앙은 헛된 것이 된다. 에디트는 『세계와 인격』이라고 하는 저서 속에서 이렇게 말하고 있다.

> 정신생활이란 밖으로부터 움직여지는 것이 아니고 "위로부터" 인도되는 것입니다. "위로부터"의 것은 동시에 "안으로부터"의 것이기도 합니다.[19]

에디트의 정신적인 생활에 깊은 영향을 미치게 된 철학자들에 대하여 알아보자. 철학자로서의 길을 걷기 시작한 에디트에게 결정적인 영향을 준 철학자로서, 훗썰 외에 괴팅겐에서 훗썰을 돕는 개인강사직을 맡고 있던 아돌프 라이나하와 괴팅겐 학파의 현상학자로 활약하고 있던 막스 셸러가 있다. 아주 흥미로운 것은 에디트가 존경하고 지도와 조언을 구했던 세 사람의 철학자들이 모두 다 유대인이었다는 사실이다.

훗썰은 열여덟 살 때 유대교에서 개종하여 루터 교회의 신자가 되었다. 그러나 훗썰에게 종교란 철학적 진리 탐구의 길과는 전혀 상관없는 것이었기 때문에, 그는 공적인 장소에서의 예배나 기도에 참여하는 일은 없었다고 전해지고 있다. 훗썰은 현상학과 그리스도교와의 관련성을 추구하지 않았지만, 현상학은 많은 학자들에게 그 철학적인 시야를 넓혀주고 객관적인 진리를 원점으로 돌아서서 탐구하는 길을 개척하게 하였다. 그렇기 때문에 현상학적인 사유의 영향을 받아 훗썰의 많은 제자들은 그리스도교로 인도받은 것이다.

에디트는 종교적 확신을 가지고 살아가고 있는 사람들과의 만남을 통하여 여태까지는 마음을 닫고 있던 신앙의 세계로 눈을 돌리게 되어 있었다. 그리스도교의 진리는 단지 인식되는 것에 멈추지를 않고 그것을 산다는 것임을 에디트

---

19. WP 138.

에게 가르친 것도, 신앙에 뿌리를 두고 살고 있었던 훗썰 문하인 몇 사람의 철학자들이었다.

그들 중 한 사람으로 오랫동안 훗썰과 함께 일을 해온 아돌프 라이나하[20]가 있다. 라이나하가 신앙의 길에 들어서게 된 것은 제1차 세계대전의 최전선에 나가 있던 1915년의 일이었다. 회심에서 한 해가 지난 1916년, 라이나하는 그의 아내인 안나와 함께 세례를 받고 개신교회 신자가 되었다. 라이나하는 철학자로서, 또한 성실한 그리스도인으로서의 장래를 보장받고 있었지만, 세례를 받은 다음해 1917년에 프란돌에서 전사하고 말았다.

에디트가 라이나하와 알게 된 것은 1913년에 괴팅겐에서 생활을 하기 시작한 때의 일이다. 당시 라이나하는 훗썰을 돕는 개인강사로 문하생들의 뒤치다꺼리나 지도를 맡고 있었다. 공부에 대하여 상담하기 위해 처음으로 라이나하를 찾아갔을 때의 그 인상을 에디트는 이렇게 말하고 있다.

> 라이나하와의 첫 대면이 있은 후 내 마음은 아주 행복감에 넘쳐 깊은 감사의 정으로 가득 찼습니다. 그분처럼 진심으로 선의를 가지고 나를 만나준 사람을 여태껏 만나본 일이 없는 것같이 생각됐습니다. 오랜 세월을 두고 사귀어 온 친척이나 친구에게 애정 깊은 태도를 보이는 것은 당연한 일이겠지만, 내가 라이나하와의 만남에서 체험한 것은 뭔가 전혀 색다른 것이었습니다. 그것은 참으로 새로운 세계를 처음으로 엿보게 하는 것 같은 경험이었습니다.[21]

에디트의 라이나하에 대한 흠모는 대단했던 것 같다. 그의 집 서재에서 행해진 철학 세미나 시간은 에디트에게 괴팅겐에서의 생활 가운데에서도 가장 행복한 때였었다고 한다. 라이나하의 철학에 대한 열의와 그 성실함 그리고 사람들에

---

20. **Adolf Reinach** (1833~1917): 괴팅겐 대학교에서 훗썰 아래에서 개인강사직을 맡았던 현상학자. 제1차 세계대전 때 전사. 에디트는 라이나하의 유고 논문, 「운동의 본질에 관하여」를 1921년에 편집하여 출판했다.

21. L 173.

대하여 열린 태도는 사사로움이 없는 순수한 사랑을 증거하고 있는 것이라고 에디트는 느꼈다.

1917년 11월, "라이나하 전사"라는 비보(悲報)는 에디트의 마음에 큰 슬픔을 안겨주었다. 그러나 이 일이 계기가 되어 에디트는 이 세상 삶을 넘은 실재라고 하는 것을 생각하기에 이른 것이다. 마침 그때에 에디트는 라이나하 부인으로부터 죽은 남편의 유고(遺稿) 정리를 도와달라는 부탁을 받게 되었는데 에디트는 어떤 마음가짐으로 미망인을 만나면 좋을지 몰라 아주 망설이고 있었다. 그러나 라이나하 부인과의 만남으로 절망과 슬픔의 밑바닥에 있던 에디트의 마음은 깊은 위로를 받게 되었다. 안나 라이나하 부인은 수년 전에 남편과 함께 개신교의 세례를 받았었는데, 이때 에디트 앞에 나타난 부인은 깊은 슬픔 속에 있으면서도 절망으로 찌부러지지 않고 신앙에 의한 위로와 정화를 스스로 자기 안에서 이루고 있었다. 라이나하 부인의 표정은 사랑하는 남편이 하늘로부터 받은 그 천명을 다 살고 지금은 하느님의 평화 속에 쉬고 있다고 하는 한없는 신앙에 넘쳐 있었다. 이때에 미망인을 지탱해 주고 있던 그 슬픔 속의 신앙과 그리스도의 십자가가 주는 위로의 힘은 에디트의 마음을 크게 흔들어 놓는 것이었다. 이리하여 라이나하 부인과의 만남은 에디트를 신앙으로 눈뜨게 한 것이다. 훗날 에디트는 그때의 경험을 네덜란드의 에히트에서 알게 된 예수회의 노타(Jan Nota) 신부에게 다음과 같이 얘기하고 있다.

> 그때 나는 십자가가 그것을 짊어지는 이에게 주는 신성한 힘에 처음으로 접한 것입니다. 그리스도의 구원적 수난에 의해서 태어난 교회가 죽음의 가시를 쳐부수는 현실을 생전 처음으로 이 눈으로 확인했던 것입니다. 그건 내 불신앙이 무너지고 유대교가 후퇴하고 그리스도가 나를 압도한 순간이었습니다. 그때에 참으로 십자가의 신비 안에 계시는 그리스도가 나타나셨던 것입니다.[22]

---

22. **Renata** 63.

만일 하느님이 존재하는 것이라면, 하느님은 죽음도 뛰어넘는 생명의 충일(充溢)이어야 한다. 라이나하 부인을 통하여 계시된 십자가의 힘에 에디트는 압도될 뿐이었다. 에디트는 여기서 복음의 핵심에 접한다. 그리스도의 십자가상에서 실현된 하느님의 사랑, 그리고 십자가에 의해 비로소 발견되는 참된 희망 — 이것이야말로 새로운 도표(道標)가 된 것이다. 십자가의 신비는 에디트가 신앙의 세계에 마음을 열기 시작한 그 최초의 순간부터 그녀의 마음 속 깊은 곳에 깊이 새겨져 있었던 것이다.

에디트가 괴팅겐에서 학구생활을 보내고 있는 동안, 가톨릭의 신앙 세계에 마음을 연 철학자 중 한 사람으로 훗썰 아래에서 현상학을 연구하고 있던 준재, 막스 셸러[23]가 있었다. 셸러도 유대인으로 태어났지만, 종교교육은 받지 않은 채 자라났다. 셸러가 가톨릭 신앙에 눈뜨게 된 것은 그의 집에서 일하고 있던 한 가톨릭 여성의 영향과 뮌헨의 김나지움에서 종교를 가르치고 있던 한 가톨릭 사제의 감화에 의한 바가 크다고 한다. 셸러는 1889년, 열다섯 살 때에 가톨릭의 세례를 받았다. 그후 셸러는 이혼녀와 결혼한 일도 있어서 한동안 교회로부터 멀어지고 있었는데, 1916년에 다시 가톨릭 교회로 돌아왔다.

에디트가 괴팅겐에서 셸러를 알게 된 1913년경, 그는 신앙생활로 복귀하려 하고 있었다. 때마침 셸러는 그의 대표작이 된 『윤리학에서의 형식주의와 실질적 가치윤리학』을 발표하여 당시 철학계에 새바람을 불어넣고 있었다. 셸러는 훗썰이 제창한 현상학적 방법을 계승하면서도 훗썰과는 분명히 구분되는 철학을 전개하고 있었다. 훗썰이 사상(事象) 그것으로 돌아간다는 모토에 의해 진리를 탐구하려는 데 대하여 셸러는 가치윤리학을 추구하고 있어서 추상적인 것에 대해 말하는 것이 아니라 인격적 삶에 관계되는 가치나 사랑의 문제에 적극적으로 맞붙고 있었다. 이러한 셸러의 관심은 당시의 많은 철학자들에게 영향을 주어 특히 젊은 학생들은 그의 인품에서 감화를 받는 일이 많았던 것 같다.

---

23. **Max Scheler (1874~1928)**: 독일의 철학자로 1911년에 괴팅겐으로 이주. 현상학 운동에 공헌했다. 괴팅겐 시대에 「현상학 연보」의 공동 편집자가 되어 「연보」의 제1, 제2권에 「윤리학에 있어서 형식주의와 실질적 가치윤리학」을 발표했다. 그후 훗썰과는 방향이 다른 철학을 전개했다.

이렇듯 에디트는 날카로운 판단력의 학자, 막스 셸러를 통해 지금까지는 생각지도 못했던 가톨릭의 세계관과 신앙에 대해 생각하게 되는 것이다. 에디트는 지적 고찰에 의해서만 신앙 문제에 부딪치려 한 것이 아니고 인격적 만남과 친교를 통하여도 차츰 신앙에 대한 실존적 이해와 내성(內省)을 더해가게 된다. 셸러와의 교분을 통해 열려진 심경에 대하여 에디트는 이렇게 말한다.

괴팅겐에서의 몇 해 동안 셸러에게서 받은 감화는 많은 다른 이들과 마찬가지로 내게도 철학의 영역을 넘는 곳으로까지 다다르게 하는 커다란 의미를 지니게 됐습니다. 나는 셸러가 언제 가톨릭 교회에 귀의했는지는 모릅니다. 내가 셸러를 만난 것은 그의 회심과 거의 때를 같이하고 있던 것이라고 생각됩니다. 어떻든 그 당시 셸러는 가톨릭 사상에 열중하고 있어서 그만이 지닌 특유의 재치와 달변으로 가톨릭의 이념을 옹호하고 있었습니다. 셸러가 제시하는 가톨릭의 이념은 지금까지 전혀 알지 못했던 세계에 눈을 뜨게 해줬습니다. 하지만 그때의 나는 아직 신앙에는 이르지 못했습니다. 그렇다 해도 이젠 더 이상 눈을 감고 뛰어넘어 갈 순 없는 "현상"의 영역으로 눈뜨게 해준 것이지요. 우리들은 모든 사물을 편견없이 보고, 모든 암묵의 이해를 제거해야 함을 현상학 속에서 수없이 배워왔습니다. 현상학을 공부하면서도 나는 나도 모르는 사이에 합리주의적인 편견에 사로잡혀 있었습니다만, 지금 이러한 편견의 틀이 벗겨져서 신앙의 세계가 내 앞에 나타난 것입니다. 내가 매일 만나고 있던 사람들, 또 내가 존경하며 흠모하던 사람들은 모두가 다 이같은 신앙의 세계에 살고 있었던 것입니다. 적어도 그러한 사람들이 살고 있는 신앙 세계의 일을 진지하게 생각해 볼 필요가 있었지만 나는 당장 신앙의 문제를 체계적으로 이해하는 일에 착수하진 않았습니다. 내겐 다른 과제들도 있어서 시간적인 여유도 없었지요. 나는 내 주변에서 오는 자극을 아무 저항없이 받아들였습니다. 그리하여 나는 자기도 모르는 사이에 자꾸 변해간 것입니다.[24]

---

24. L 183.

에디트는 셸러의 지도를 받으면서 현상학의 정신을 인격적으로 이해해야 한다는 그 중요성을 깨닫게 되었다. 실제로 셸러는 에디트의 말에 의하면, "현상학의 정신을 그이만큼 체현하고 있는 사람을 본 일이 없다"고까지 일컬어지는 철학자이다. 에디트는 셸러로부터 인격적인 훈도(薰陶)를 받았을 뿐 아니라, 철학적으로도 크게 계발되었던 것이다. 셸러는 1913년에 『공감의 현상학』(이 책은 1926년에 『공감의 본질과 여러 형식』이라고 개명되어 출판되었다)을 막 출간했다. 이 저작 속에서 셸러는 타인의 실재와 그 이해 가능의 문제를 공감이라고 하는 개념을 적용하여 설명하면서, 공감이란 인식적 · 정신적인 삶의 근본적인 현상이라고 역설하고 있다. 당시 괴팅겐에 있던 현상학자들 속에서 테오도르 립스[25]도 이러한 문제에 관심을 가지고 미적 감정이입에 대하여 연구하고 있었다.

에디트는 현상학을 배워가고 있는 가운데, 훗썰이 "감정이입"에 대해 논하고 있는 점에 흥미를 가지게 되었다. 셸러도 공감이라고 하는 개념에 주목하여 독자적인 생각을 전개하게 되었지만, 그러한 문제의식의 밑바닥에는 자기와 타인과의 관계의 존재양식과 그 인식이라고 하는 테마가 있다. 이러한 감정이입을 둘러싼 문제는 그 수년 뒤에는 에디트의 박사논문의 테마가 되어 더욱 면밀하게 연구하게 되었다.

훗날 에디트는 국내외에서 요청을 받아 여성론을 연구하게 되어 그 참신한 아이디어에 의해 많은 이들을 고무했다. 에디트에 의하면 여성에게 가장 소중하고 생활의 중심이 되는 것은 타인과의 관계인 것으로 여성은 타인의 반려가 되는 것에 의해 자기를 완전히 실현할 수가 있다는 것이다. 에디트는 이러한 여성론의 그 골격이 되는 통찰을 훗썰의 감정이입에 관한 연구를 통하여 얻은 것은 아닐까.

우리들이 타인이나 자연계와 관계를 맺게 될 때, 그 인식에 대한 신빙과 확신을 어떻게 함으로써 얻고 있는 것일까, 타인과 자연계를 접할 때 부지불식간

---

25. Theodor Lipps (1851~1914): 독일의 심리학자, 철학자. 1905년부터 괴팅겐에서 현상학 운동에 참여, 감정이입에 관한 박사논문을 발표, 에디트의 연구 과제에 영향을 미쳤다.

에 주관 쪽에서 나오는 지향성을 투입하는 것에 의하여 타아(他我), 또는 사물을 인식하고 있는 것은 아닐까. 훗썰은 주관의 외부에 있는 것을 인식한다고 하는 의식작용을 자기 투입(Einfühlung, 보통 "감정이입"이라고 번역되고 있지만, 훗썰의 경우는 감정이라고 해석하고 있지 않다)이라는 생각에 의해 해명하려 했다.

에디트는 감정이입의 문제에 관한 박사논문 준비에 착수했다. 훗썰도 이 테마에 관한 연구를 계속해 나가는 것을 찬성하며, 우선 테오도르 립스의 감정이입에 관한 이론과 대비하도록 하여, 훗썰의 사상을 객관적·종합적으로 분석하도록 권했다. 에디트는 이 연구를 관철하도록 하는 강인한 의지를 가지고 연구에 집중하는 나날을 보냈다. 그녀 자신의 회고에 의하면, 에디트의 일과는 이른 아침 여섯시부터 자정에 이르는 가운데 식사를 취할 시간조차 아끼며 연구에 몰두하는 것이었다고 한다. 너무나 연구에만 전념한 나머지 당시의 에디트는 불면증에 걸릴 정도였던 것 같다. 그토록 연구에 심혈을 쏟는 가운데 에디트는 어머니가 늘 입버릇처럼 하던 말이 생각났다.

> 어머니가 마음에 늘 새기던 말씀이 문득 생각이 나서 그것이 내 마음 속에 무게를 지니게 됐습니다. "성취하려고 뜻한 일은 꼭 실현이 된다", "사람이 노력을 하면 하느님께선 필요한 도움을 주신다".[26]

에디트가 괴팅겐에서 보낸 스물셋에서 스물네 살에 걸친 그 시기는 그녀가 학문과 신앙 사이를 왔다갔다하던 때이기도 하다.

> 괴팅겐에서 나는 신앙의 문제와 함께 신앙을 가지고 살고 있는 이들을 소중히 여기게 됐습니다. 여자 친구들과 함께 몇 번인가 개신교회 쪽에 가 본 일도 있었지요(하지만 그 교회에서의 설교는 종교와 정치를 뒤섞고 있어서 나를 순수한

---

26. L 196.

신앙으로 인도해 주는 것은 아니었습니다). 그 시절의 나는 아직 하느님께로 향하는 길을 찾아내지 못했던 것입니다.[27]

신앙에 살고 있던 유대인 철학자와의 만남과 그녀의 철학적 관심은 그녀가 신앙의 세계로 들어가게 하기 위한 불빛이 되어주었음에 틀림없을 것이다. 한 줄기 은혜의 빛이 마침 구름 사이로부터 비추었지만, 아직은 에디트의 삶의 태도를 그 밑바닥으로부터 뒤집어엎을 만큼의 빛은 되지 못했다. 에디트는 결코 느즈러지지 않는 구도(求道) 정신과 강한 인내심으로 대망하는 자세로 신앙의 길로 깊이 들어갔다. 스무 살 반이 되려 하던 나이에 에디트는 뛰어난 학자들, 학우들과의 교분 속에서 철학적인 사색을 연마해 나갔다. 중후한 선현(先賢)들에 의해 배양되어 온 독일의 철학계에서도 당시에는 여성이 철학의 길에서 입신한다고 하는 것은 극히 드물게 보는 일이었다. 자기 속에 있는 에너지의 전부를 학문에 쏟아붓고 있던 에디트에게, 여성이 철학자로서 자립하기가 어려웠음은 도리어 그녀의 비범한 재능을 꽃피게 한 원동력이 되었던 것이다. 여성으로서의 직업과 자립, 또 여성의 사회 참여라고 하는 것에 대해 진지하게 생각하고 있던 에디트는 1915년 1월, 괴팅겐에서 고등학교 교사 자격을 얻기 위한 국가시험을 치렀다. 그녀는 장래에 어느 쪽에서건 교직생활에 몸담고 싶었기 때문이다. 에디트가 선택한 교직 과목은 철학개론, 역사학, 독일어로 이들 과목의 자격 취득시험에서 가장 우수한 성적으로 합격할 수 있었다.

1914년, 유럽에서는 제1차 세계대전이 발발했다. 에디트가 있던 대학에서도 교수나 학생들이 차례로 전쟁터로 나갔다. 에디트도 전쟁이라고 하는 역사적 파도에 직면하여 조국에 대하여, 그리고 인간 존재의 위기에 관한 생각을 깊이하게 되었다. 에디트는 박사논문을 준비하고 있던 중이었지만, 학업을 중단하고 조국을 위해 봉사하고 고통받고 있는 이들을 도와야겠다는 사명감을 가지게 되었다. 자기 마음 속에서 우러나오는 촉구에 언제나 충실하게 따르는 타입의

---

27. L 229.

여성이었던 에디트는 단호한 결단을 내려 적십자의 간호원으로 종군하기로 자원했다. 이때의 심경을 에디트는 이렇게 말하고 있다.

> "나는 나 자신을 위한 생활을 단념하자"고 스스로에게 다짐했습니다. "전쟁이라는 대사건을 목전에 두고 내가 할 수 있는 최선을 다하자. 그리고 전쟁이 끝나 내가 만일 살아남는다면 그때엔 다시 한번 나 자신의 일을 생각해보기로 하자"고 결심한 것입니다.[28]

에디트는 형제애의 정신과 함께 조국애의 충성심으로 불타고 있었다. 그녀는 유대인임과 동시에 독일인임을 자랑스럽게 여기고 평생을 조국 독일에 대해 깊은 애정을 지녔다. 그러했기에 훗날 히틀러가 독일 민족의 이름으로 유대인을 박해하게 된 사실을, 에디트는 자기 자신의 아픔으로 받아들이게 되는 것이다.

1915년 4월부터 수개월 동안 에디트는 오스트리아의 메에리쉬 바이스킬헨의 야전병원(전염병 전문)에서 일하며 환자와 부상자의 간호에 종사했다. 에디트는 수많은 사람들의 생명이 위기에 처한 현실을 눈앞에 두고, 이 차안(此岸)의 삶을 초월하는 것에 대해 생각하게 되었다. 또한 병원에 근무하고 있는 동안에 만난 여러 사람들 — 부상자, 의사, 간호사 들과의 교분은 에디트를 한층 폭넓은 인간으로 성장하게 한 것이다.

---

28. L 214.

4. 프라이부르그에서의 조수 시절

거의 한 해 동안 대학을 떠나 있던 에디트는 1916년에 다시 괴팅겐으로 돌아가, 훗썰의 지도하에 박사논문을 완성할 결심을 새삼스럽게 했다. 마침 그때, 1916년 2월, 에디트의 지도교수였던 훗썰은 프라이부르그 대학 교수로 전임하게 되어 괴팅겐 대학을 떠나게 된 것이다. 에디트에게 훗썰의 갑작스런 전임은 그녀에게 또다시 새로운 고장에서 생활을 시작해야 할 기회를 제공했다. 에디트는 박사논문을 훗썰에게 제출할 모든 준비를 해가고 있었으므로 훗썰과 함께 프라이부르그 대학으로 옮길 수밖에 없었던 것이다. 이렇게 하여 에디트의 연구생활은 프라이부르그에서 새로운 생산적인 시기를 맞게 된다.

프라이부르그는 독일의 서남부의 숲에 둘러싸인 아름다운 도시다. 도시의 중앙에 우뚝 선 대성당의 아름다운 종탑이 선명하게 하늘가에 솟아 있고 널리 퍼지는 숲이 멀리 또는 가까이에 그 모습을 드러내고 있다. 유서 깊은 대학이 시가지의 중심부에 자리잡고 있어서 격조 높은 문화의 향기가 그윽하다. 합스부르그 왕가의 지배하에 있던 당시의 분위기가 지금도 그대로 숨쉬고 있는 것 같은 풍정(風情)의 도시다.

아마도 에디트는 그녀의 일생에 살아본 도시 중에서 고향 브레슬라우를 제치고는 프라이부르그를 가장 사랑한 것같이 여겨진다. 프라이부르그를 떠난 뒤에도 에디트는 가끔 친구들에게 프라이부르그에서 생활하고 있던 때의 즐겁던 시절의 추억을 얘기하고 있다. 프라이부르그에 있던 4년 동안 에디트는 교외에 있는 귄터스타알(Günterstal)에 하숙하고 있었다. 귄터스타알은 사방이 숲으로 싸인 골짜기에 있어서 고요하고 아늑한 느낌이 드는 마을이라 에디트는 공부하다 틈이 나면 검은 숲(쉬바르츠바르트, 독일 서남부에 널리 퍼져 있는 침엽수의 나무 숲)을 산책하거나 명승지로 짧은 여행을 즐기기도 했다.

높은 나무들이 빽빽한 숲속으로 들어가면 거기서는 속세에서 격리된 것 같은 깊고 그윽한 신비의 세계가 있다. 수목들 사이로 비치는 부드러운 햇빛은 숲속의 어두운 공간을 뚫고 명암의 선명한 콘트라스트를 자아낸다. 어두운 숲의 내부 공간은 빛에 의하여 더욱 깊숙해 보인다. 숲 — 그것은 내면의 길, 명상적인 고요에로 우리를 부르는 곳이다.

그 깊숙한 숲에 안긴 프라이부르그라는 도시에서 훗썰, 하이데거, 부르트만, 라너 같은 위대한 철학자·신학자 들이 뛰어난 사상을 창출한 것도 결코 우연은 아닐 것이다. 에디트에게도 프라이부르그 주변의 아름다운 자연은 사색과 창조적 에너지를 축적하는 원천이 되었다. 에디트는 아무리 연구에 열중할 때에도, 언제까지나 책상에만 붙어 있는 책벌레 타입의 철학자는 아니었다. 친구들과 함께 산행도 즐겼으며 숲속에서 조촐한 식사 — 검은 빵과 소시지, 과일과 초콜릿 — 를 좋아했다. 그리고 어떤 때에는 풀밭에 핀 아름다운 들꽃에 시선을 멈추거나, 펠드베르그(Feldberg)의 산꼭대기에서 스위스 알프스의 웅대한 풍경에 넋을 잃거나 하는 것이었다. 이러한 자연과의 접촉을 통하여 에디트의 내부에 있는 격정이나 풍부한 감수성은 더 균형이 잡혀 가는 것이었다.

1914년부터 1918년에 걸쳐 유럽은 제1차 세계대전의 소용돌이 속에 있었는데, 괴팅겐에 있던 많은 철학자들도 전쟁터에 나가 전사한 이들도 많아, 훗썰과 함께 프라이부르그 대학으로 옮겨온 연구원들로는 박사논문 제출 예정자인 에디트와 로만 인갈덴 두 사람뿐이었다. 프라이부르그 대학에 전부터 적을 두고 있던 그밖의 학생들은 현상학에 익숙한 사람이 드물었기 때문에 훗썰에게는 조교 채용이 급선무가 되었다. 이러한 상황 속에서 에디트는 훗썰의 요청을 받아 1916년 10월부터 프라이부르그 대학에서 그의 조수로 일하게 된 것이다.

괴팅겐 시절부터 에디트와 동료로서 교분이 있었던 로만 인갈덴은[29] 「에디트 슈타인의 철학 연구에 관하여」[30]라는 제목의 논문에서 다음과 같이 썼다.

---

29. Roman Ingarden (1893~1970): 폴란드의 크라카우 태생의 철학자로 1912년부터 1916년까지 괴팅겐에서 훗썰의 지도하에 현상학을 공부했다. 그후 프라이부르그 대학교로 옮겨 에디트와 친한 학우가 되었다. 1918년 「앙리 베르그송에 있어서의 직관과 지성」으로 박사학위를 취득, 레베르그 대학교와 크라카우 대학교에서 가르쳤다.

30. Roman Ingarden, Über die philosophischen Forschungen Edith Steins, in: Freiburger Zeitschrift für Philosophie und Theologie 26 (1979), 456-480.

에디트 슈타인은 온갖 공적인 임무를 수행하면서, 스스로 헌신적으로 열정을 가지고 학문 연구에 임하고 있었습니다. 바로 이러한 헌신(Hingabe)이야말로 그녀의 지적 생활의 그 축(軸)이 되는 것이었습니다.[31]

인갈덴이 에디트의 학문에 대한 태도를 "헌신"(Hingabe)이라는 말로 나타내고 있듯이, 그녀에게 학문이란 단지 지식의 레벨에 멈추지를 않고 몸과 마음을 다하여 대처해야 하는 대상이었다. 오랫동안 철학의 스승으로 존경해 온 훗썰의 조수로서의 일에도 에디트는 헌신적인 자세로 임했다. 에디트가 조교가 된다는 얘기를 훗썰 쪽에서 먼저 끄집어냈는지 또는 상황을 보살핀 에디트 쪽에서 자발적으로 자원했는지에 대하여는 잘 알 수 없다. 그러나 『서간』 속에 다음과 같은 얘기가 나온다.

> 프라이부르그에 도착해서 두 주간쯤 지났을 무렵 훗썰 교수에게 내 논문을 읽어달라고 집요하게 부탁했으므로, 선생님은 불쾌한 모양이었습니다. 어느 날 저녁 선생님이 힐베르트 교수처럼 조수가 필요하다는 얘기를 부인으로부터 들었습니다. 선생님의 머릿속엔 여러 가지 생각들이 줄줄이 떠오르기 때문에 그분은 언제까지나 원고를 완성할 수가 없노라고 마이어 교수도 우리들에게 말한 적이 있었습니다. 나는 그때 마음 속으로 내가 그분의 일을 돕겠다고 나설까 하고 생각하게 된 것입니다.[32]

또 에디트의 자서전에는 이렇게 적혀 있다.

> 나는 훗썰 교수와 함께 드라이잠 강을 건너려 하고 있었습니다. 선생님은 프리드리히 다리의 한가운데에 서서 기쁨을 숨길 수가 없다는 듯 내게 이렇게 말했습니다. "나와 함께 일해 주겠습니까. 난 당신과 함께 일하고 싶은데."[33]

---

31. Ibid., 457.　　　　　　32. Brief 1 vom 16.8.1916 an Fritz Kaufmann, SB I 11.
33. L 290.

에디트는 훗썰의 요청을 주저없이 받아들이고 1916년 10월부터 프라이부르그 대학에서 조수의 일을 맡게 되었다. 당시 독일 철학계에 그 이름을 날리고 있던 훗썰의 첫번째 조수로 에디트 슈타인이 선발된 것이어서 에디트는 사람들의 주목을 받게 되었다. 그 당시에는 철학을 연구하는 여성이 극히 드물었는데 그런 시대에 고도의 학문적인 능력을 필요로 하는 그 자리에 여성이 기용된 것이기 때문에 사람들의 뜨거운 시선이 에디트에게 쏠린 것은 당연한 일일 것이다. 에디트는 냉정하면서도 애정이 풍부한 그 인품과 함께 이해력, 종합력, 집중력과 강인한 의지를 겸비하고 있어서 훗썰의 조수로는 안성맞춤의 적임자였다.

에디트는 높은 능력과 전문 지식으로 프라이부르그 대학에서 훗썰의 철학입문 세미나를 담당했다. 이 세미나는 훗썰의 사상이나 방법에 익숙지 못한 초보 대학생들을 지도하는 예비 코스였는데, 이를 에디트는 "철학의 유치원"이라는 유머러스한 이름으로 불렀다. 에디트는 훗썰의 조수가 된다는 것을 사회적 지위나 생활 설계를 위한 수단으로 본 것이 아니라 그저 훗썰의 협력자로서 일하는 것이라고 이해하고 있었던 것으로 보인다. 실제로 훗썰이 슈타인에게 떠맡긴 일과 그녀에 대한 그의 신뢰는 대단했다. 그는 에디트에게 원고 정리뿐만 아니라 텍스트의 추고와 경우에 따라서는 취사선택하여 간행할 수 있게 하는 마무리일까지 일임하고 있었다. 인갈덴의 증언에 의하면,[34] 훗썰의 원고를 손질하여 완성시킨다는 그런 막중한 책임이 맡겨진 것은 에디트가 그 첫번째 사람으로, 후에 역시 조수로 채용된 루드비그 란드그레베(Ludwig Landgrebe)와 오이겐 핀크(Eugen Fink) 그리고 마르틴 하이데거[35]로 이어졌다.[36] 훗썰의 조

---

34. 훗썰의 조수 시절의 에디트의 활동에 대해서는 다음 논문을 참조. Vgl. Roman Ingarden, Edith Stein on Her Activity as an Assistant of Edmund Husserl, in: Philosophy and Phenomenological Research XXIII, no.2 (Buffalo 1962), 155-175.

35. Martin Heidegger (1889~1976): 하이데거는 1915년부터 프라이부르그 대학교의 개인강사직에 있었는데, 훗썰이 1916년 프라이부르그에 부임하고부터는 현상학에 관심을 가지게 되어 훗썰의 개인지도를 받게 된다. 에디트의 뒤를 이어 1919년에 훗썰의 조수가 되었다. Vgl. Edith Stein, Martin Heideggers Existentialphilosophie, in: WP 69-135.

36. Roman Ingarden, Edith Stein on Her Activity as an Assistant of Edmund Husserl, in: Philosophy and Phenomenological Research XXIII, no.2 (Buffalo 1962), 157.

수로 취임한 이래로 에디트에게 처음으로 주어진 일은 『이데엔』의 제2, 제3권 원고의 정리와 편집이었다. 『이데엔』의 제2, 제3권은 1913년에 간행된 『이데엔』의 제1권에서 발표된 훗썰의 초월론적 순수의식의 철학을 구체적으로 응용하여, 실재의 여러 영역이나 심리학, 실재론과의 관계로까지 발전시켜 논구하고 있는 훗썰의 중요한 저작이다. 이 방대한 양의 원고가 맡겨진 에디트에게 원고 전체를 훑어보고 편집하는 이런 작업이란, 상당한 끈기와 정력이 필요했을 것임은 상상하기 어렵지 않다. 1917년 4월, 인갈덴에게 보낸 그녀의 편지에는 이렇게 적혀 있다.

> 조수로서의 내 일에 요청되고 있는 것은 대단히 막중한 것이기 때문에 이 일 이외의 다른 일에 손을 댄다는 것은 거의 불가능하다고 생각합니다. 동시에 내가 장래에 조수로서의 이 책무(責務)를 저버린다는 것은 생각조차 할 수 없는 일입니다. 왜냐하면 훗썰 교수는, 내가 이 일을 저버린다면 이젠 원고를 출판할 수 없게 되기 때문입니다. 그분의 저작을 공간(公刊)한다는 일은 내가 장차 이 세상에 내놓게 될 그 어떤 일보다도 중대한 것이라고 생각하고 있습니다.[37]

에디트는 훗썰의 조수로 일하고 있던 그 2년 동안 이미 괴팅겐 시절부터 준비해 온 「감정이입의 문제에 관하여」라는 박사논문 외에는 거의 아무것도 발표하고 있지 않다. 에디트의 후임으로 훗썰의 조수직에 취임한 하이데거나 란드그레베, 개인강사를 맡고 있던 프리츠 카우프만[38]은 훗썰 아래에서 일하는 것을 발판으로 하여 독자적인 철학적 입장을 구축하고 대학교수직을 얻게 된 데 반해, 에디트의 훗썰에 대한 그 헌신적인 작업의 성과는 끝내 세상에 알려지는 일이 없었다. 괴팅겐, 프라이부르그에서 교수직에 있는 동안의 훗썰은 인갈덴

---

37. Brief 17 vom 27.4.1917 an Roman Ingarden, RI 53.

38. Fritz Kaufmann (1891~1958): 괴팅겐, 프라이부르그 시절, 에디트의 학우로 에디트와 친한 교우관계를 가졌다. 에디트가 쾰른의 가르멜회에 들어가고 나서도 카우프만은 에디트를 두 번 방문하고 있다. 1938년 이후는 미국의 여러 대학에서 철학 강의.

의 표현에 의하면 "출판에 대해서는 언제나 일종의 공포심을 가지고 있었기" 때문에 출판된 저작이 별로 없었던 것이다. 에디트가 정력적으로 정리한 『이데엔』의 제2, 제3권도 훗썰의 생전에는 결국 출판되지 못했고, 공간된 것은 그로부터 25년이 지난 뒤였던 것이다. 에디트가 정리하고 편집한 원고에는 앞서 말한 『이데엔』 제2, 제3권 이외에 『논리학 연구』의 제6 연구와 훗날 란드그레베의 편찬으로 출판된 『경험과 판단』의 기초가 된 판단론에 관한 강의 초고 등이 포함되어 있다. 또한 에디트는 훗썰의 옛 원고들을 훑어보고 있어서 미정리 상태로 방치되어 있던 "시간의식"에 관한 합본을 재발견하여 그 출판을 서두르고 있던 일이, 1917년 여름 인갈덴 앞으로 보낸 편지에서 읽어볼 수 있다.

> 요즘 훗썰 교수가 건네준 그분의 초고를 훑어보고 있어서 지금 막 "시간의식"의 그 합본을 찾아내게 됐습니다. 이 문제가 얼마나 중요한 것인지는 당신도 잘 알고 있을 것입니다. 훗썰 교수의 "시간의식" 이론은 베르그송 그리고 나아톨프와의 대결을 위해서도 주목해야만 할 자료입니다.[39]

이리하여 "시간의식" 합본의 총정리에 열중하고 있던 에디트는 1917년 8월말까지에는 상당한 분량의 작업을 마치고 있었음을 그후의 서간에서도 읽어볼 수 있다. 이 원고의 재발견이 계기가 되어 1917년 가을에는 훗썰 자신이 새로이 현상학적 시간의 문제에 열중하게 되는 것이다. 그러나 이 원고도 에디트의 이름으로는 발간되지를 않고, 1928년 그녀가 정리·편집한 그 원고 거의 그대로 하이데거 편 『내적 시간의식의 현상학』으로 발간되기에 이르렀다.

에디트는 인갈덴 앞으로 보낸 편지 속에서 종종 언급하고 있듯이[40] 훗썰은 거의 수습할 수 없을 정도의 숱한 초고(草稿)들을 쌓아놓고 있으면서 편집하여 출판할 수 있도록 준비를 하고 있는 그 사이에도 연달아 새로운 아이디어와 직관이 떠올라 수정해야 할 점이 자꾸 생겨서 출판을 자꾸 연기하게 되어 있었던

---

39. Brief 20 vom 6.7.1917 an Roman Ingarden, RI 59.

40. Vgl. Brief 3 vom 28.1.1917 an Roman Ingarden, RI 31-34.

것이다. 이같은 훗설 때문에 에디트가 얼마나 고생했는지 모른다. 에디트에게
건넨 대부분의 초고들은 훗설의 속기에 의한 노트들로 거기에는 주로 그의 직
관을 적어놓은 것이라든지, 강의록의 합본 같은 것도 포함되어 있어서 다시금
철저하게 연구하고 그 위에 재음미하지 않고서는 출판될 수 있는 것이 못되었
다. 에디트는 자주 인갈덴에게 어떻게 작업을 해나갔는가, 또 거기에서 어떤
어려움이 발생했는지를 알리고 있다.[41] 이때문에 훗설과 에디트 사이에서는 철
저한 토론이 있게 되어 많은 시간이 소모되었다.[42]

에디트는 훗설의 조수로서 대단히 분주한 나날을 보내고 있었음에도 불구하
고 자기의 학문 연구를 위해서도 시간과 정력을 쪼개어 최선을 다하고 있었다.
에디트는 괴팅겐에 있었던 그때 이래로 박사논문에 주력하고 있었으므로, 프라
이부르그로 옮겨온 그 무렵에는 논문이 거의 완성 단계에 있었다. 박사논문의
테마는 "감정이입의 문제에 관하여"[43]라는 것이었는데 1917년 3월에 드디어 에
디트는 최우수(Summa cum laude) 평가를 받아 프라이부르그 대학으로부터
철학박사 학위를 받았다. 에디트가 철학을 지망한 지 6년의 세월이 지나 바야
흐로 그녀는 우수한 여성 철학자로 세상에 나오게 된 것이다. 박사학위 취득은
에디트에게 오랫동안 목표로 해온 것의 성취임과 동시에 철학박사, 에디트 슈
타인으로서의 새출발을 의미하고 있었다.

에디트의 박사논문 「감정이입의 문제에 관하여」는 1917년 여름 할레에서 공
간되었다. 훗설은 사물, 인간이라는 일체를 괄호 속에 넣는 (현상학으로 환원
하는) 것에 의하여 순수의식을 확보하려고 한 것인데, 이것이 독아론(獨我論)
에 빠지지 않기 위해서는 감정이입에 기초를 둔 타아경험(他我經驗)의 구성을
필요로 하는 것이었다. 에디트의 논문은 이 점을 추구한 것인데 훗설이 이 문
제를 오직 인식론적 관점에서만 취급한 데 대하여 에디트는 이 감정이입 문제

---

41. Vgl. Brief 1 vom 12.1.1917 an Roman Ingarden, RI 28-30; Brief 3 vom 28.1.1917 an
    Roman Ingarden, RI 31-34; Brief 6 vom 3.2.1917 an Roman Ingarden, RI 35-38.

42. Vgl. Brief 3 vom 28.1.1917 an Roman Ingarden, RI 31-34.

43. Edith Stein, Zum Problem der Einfühlung (Halle 1917).

를 인격 구조의 본질로까지 파고들어 해명하려 했다. 훗썰은 감정이입이란 타 아인식에 있어서의 자기 투입으로서 이해하지만, 에디트는 감정이입을 정신적 인 개인이 타인을 지각하는 행위 그 자체라고 생각한다. 나에 대한 현존으로서 의 타인의 존재가 지각될 때 거기에는 신체성의 문제가 개재하는 것에 에디트 는 주목한다. 에디트의 독창적인 통찰은 물질적인 것으로서의 신체(Körper)와 외부의 대상을 지각하는 것으로서의 생생한 신체(Leib)를 구별하여 논하는 데 까지 이르고 있다. 신체성에 관한 에디트의 논구는 훗날 프랑스의 철학자 메를 로 뽕띠가 그의 중심적인 테마로 취급한 지각(知覺)의 현상학, 신체성 개념의 그 선구(先驅)가 된 연구로서 평가되고 있다.

한편 조수 일을 정력적으로 다하고 있던 에디트는 철학의 스승으로 흠모하는 훗썰 아래에서 학문 연구에 전념할 수 있음을 무엇보다도 기뻐하고 있었다. 사 회적 지위라든지, 생활 설계라든지 하는 문제는 에디트에게 2차적인 문제였다. 실제로 훗썰은 에디트의 헌신적인 공헌에 대하여 용돈 정도의 보수밖에 지불할 수가 없었다. 에디트는 이러한 일련의 사정에 대하여 이렇게 말하고 있다.

> 그 당시의 나는 아직 자활할 수가 없었습니다. 하지만 어떻게 해서 생계를 유지 해 나갈까 하고 고민한 적은 없습니다. 만일 자활할 필요가 있었으면, 나는 어 떻게 해서라도 그것을 실현했을 것입니다. 내 도움은 미력한 것에 지나지 않았 지만 훗썰 교수는 당대의 철학자들 중에서 걸출한 존재였습니다. 나는 교수가 역사에 길이 남을 철학자의 한 사람이라고 생각하고 있었습니다.[44]

그러나 프라이부르그 대학에서 조수로 일하는 생활도 2년째에 접어들면서 차 츰 에디트는 훗썰에 종속하는 일만 해나간다는 것에 견딜 수 없는 것을 느끼게 되었다. 충분한 생활비를 벌 수 없다는 것보다도 자기의 연구를 더 깊이 할 시 간이 없었기 때문이다.

---

44. L 219.

이 시기로부터 훗썰과 에디트의 협력관계에는 금이 가기 시작한 것 같다. 에디트는 초고를 둘러싸고 훗썰과 서로 의논하고 있을 때 자주 의견 충돌이 일어났다고 말하고 있다.[45] 더욱이 에디트는 훗썰과의 관계를 학문적인 레벨에서는 대등한 입장에 있는 협력관계라고 생각하고 있었기 때문에 반론이나 비판을 서슴지 않았던 것이다. 특히 에디트가 받아들이기 어려웠던 점은 『이데엔』 제1권 이후로 훗썰이 초월론적 관념론으로 기울게 된 것이다.[46] 에디트는 1917년경부터 차츰 그리스도교의 신앙에 가까워지게 되었다. 이러한 내면적인 변화 또한 점차 에디트의 철학에 대한 사고방식에 영향을 주어, 에디트는 철학의 출발점을 초월론적으로 순화한 의식에 구하는 훗썰의 관념론적 현상학에 납득할 수 없는 점을 찾아내게 된 것이다.

훗썰과 에디트의 관계에 알력이 생기게 된 그 결정적인 갈림길은, 두 사람의 협력관계라는 것에 대한 각자의 생각이 달랐다는 데 있었다. 1918년 2월에 인갈덴에게 쓴 편지 속에는 이렇게 적혀 있다.

> 나는 조수라는 위치에서만 앞으로도 프라이부르그에서 연보(年報)의 편집이나 그밖의 원고 정리 같은 일을 계속하고 싶지 않다는 뜻을 훗썰 교수에게 전했습니다. 근본적으론 한 사람에게 종속되어 그 사람의 의향대로 일을 계속해야만 한다는 것을 나는 더 이상 견딜 수 없게 된 것입니다. 나는 누군가에 대한 사랑을 위해 모든 것을 하고 싶다고 생각합니다. 하지만, 어떤 이에게 종속되어 봉사한다는 것은 불가능한 일입니다. 만일 교수가 내 일을 작업상의 협력자로서 받아들여 주지 않는다면 나는 교수와 이대로 계속해 나갈 수 없을 것입니다.[47]

결국 1918년 2월, 에디트는 훗썰의 조수직을 사임했다. 이것에 의하여 훗썰과

---

45. Vgl. Brief 3 vom 28.1.1917 an Roman Ingarden, RI 31-34; Brief 9 vom 20.2.1917 an Roman Ingarden, RI 42-44.

46. Brief 9 vom 20.2.1917 an Roman Ingarden, RI 42.

47. Brief 28 vom 19.2.1918 an Roman Ingarden, RI 69.

에디트의 작업상의 협력관계에는 그 종지부가 찍혔지만, 그후에도 에디트의 훗설에 대한 존경심에는 변함이 없었고 그녀의 논문을 「현상학 연구 연보」에 투고하며, 두 사람의 학문적 교류는 평생에 걸쳐서 지속되었다. 그러나 에디트의 철학에 의한 진리 탐구의 길은, 신앙을 차단하고 오직 자연적 인식에 의하여만 논구하려 하는 현상학의 입장을 넘어 철학의 절대적 출발점을 제일의 진리인 하느님에게서 구하는 입장으로 옮겨간 것이다.[48] 훗설의 조수라는 일이 에디트에게 최종적인 헌신의 대상이 될 수 없었던 것처럼 에디트의 철학 또한 초월론적으로 순화한 의식으로서의 주관을 철학적 탐구의 그 중심에 두는 자아중심적인 방향을 지니는 현상학의 입장에서 점점 멀어져간 것이다.[49]

그러나 에디트가 훗설의 조수직을 그만둔 직접적인 이유는 훗설과의 인간관계에 있었다고 생각된다. 1919년에 그녀의 친구인 철학자 카우프만에게 보낸 편지 속에서 훗설에 대한 진정을 이렇게 털어놓고 있다.

> 더욱더 괴로워하는 것은 훗설 교수 자신일 것입니다. 왜냐하면 그분은 학문 연구를 위해 인간다움을 희생해야만 했었기 때문이지요. 그렇지만 그러함에도 내게 훗설 교수는 그 인간적인 약점과는 상관없이 언제나 "스승"이십니다.[50]

1919년 1월, 에디트의 후임으로 하이데거가 훗설의 철학 제1 연구실의 조수로 임명되었다. 하이데거의 임명은 훗설 자신이 선출한 것이지만, 훗설의 하이데거에 대한 높은 평가는 훗날 공간된 하이데거의 저서 『존재와 시간』의 주해(註解)를 보면 명백해진다.

훗설의 조수가 에디트에서 하이데거로 옮겨진 또 하나의 이유도 미루어 헤아려 볼 수 있는데, 훗설은 에디트가 가톨릭의 신앙에 기울게 되어 멀지 않은 장

---

48. Vgl. Edith Stein, Husserls Phänomenologie und die Philosophie des hl. Thomas v. Aquin, in: Jahrbuch für Philosophie und phänomenologische Forschung (Husserl-Festschrift 1929), 315-338.

49. Vgl. Husserls transzendentale Phänomenologie, WP 33-35.

50. Brief 32 vom 22.11.1919 an Fritz Kaufmann, SB I 44.

래에 개종하리라는 것을 인갈덴을 통해 알게 되었다. 훗썰은 1921년에 인갈덴에게 보낸 편지에서 이렇게 쓰고 있다.

> 에디트 슈타인에 대해서 당신이 내게 알려준 것은 나를 괴롭힙니다. 내 속마음을 직접 그녀에게 전할 생각은 없습니다만, 신앙에의 귀의는 불행한 일입니다. 그것은 영혼의 내적 비참을 나타내고 있기 때문입니다. 참된 철학자는 언제나 자유로워야 합니다. 철학의 본질은 가장 궁극적인 자율에 있는 것입니다.[51]

에디트가 이 시기에 종교적인 진리에 접근해 간 것은 확실하다 할 수 있겠다. 그녀의 신앙을 향한 행보에 대하여는 뒤에 상세히 논하기로 하고 여기서는 에디트의 종교적인 진리에의 접근으로 훗썰의 철학적 입장과 결별을 가져오게 되었다는 점만을 지적해 두고 싶다.

---

51. Edmund Husserl, Brief 17 vom 25.11.1921 an Roman Ingarden, Phenomenologica 25 (The Hague 1968), 22.

5. 친구들과의 친교

여기서 얘기의 앞뒤가 뒤바뀌게 되는데, 프라이부르그에서 훗썰의 조수생활을 하던 때의 에디트는 철학을 하는 동료들과의 친교를 통해 우정을 두텁게 하는 기회도 가지게 되면서 그런 중에서도 친밀한 남녀관계도 싹튼 것같이 보인다. 특히 에디트의 동료였던 로만 인갈덴과의 교분에 대하여는 얘기 안할 수 없을 것이다. 에디트 자신은 인갈덴과의 교우관계에 대하여 많은 것을 말하고 있지 않지만, 인갈덴 앞으로 보낸 에디트의 전 서간이[52] 1991년에 발간됨으로써 두 사람의 교우관계가 어떤 것이었는지 어느 정도 밝혀지게 되었다.

이 서간집에는 1917년부터 1918년까지의 사이에 에디트가 인갈덴에게 보낸 161통의 편지가 수록되어 있다. 특히 에디트가 훗썰의 조수로 일하고 있던 1917년부터 1918년 사이에는 편지 왕래가 빈번했으며 그때 에디트가 인갈덴 앞으로 보낸 편지는 63통에 이르고 있다. 앞서도 언급한 것처럼, 괴팅겐 대학에 있던 현상학자들 중에서 훗썰의 뒤를 좇아 프라이부르그로 온 학생이라면, 인갈덴과 에디트 두 사람뿐이었으므로 1916년에서 1917년에 걸쳐 훗썰, 인갈덴, 에디트 세 사람 사이에서 활발한 철학적 논의가 교환되었다.[53] 에디트의 서간에서도 밝혀져 있듯이 에디트와 인갈덴 사이의 공통되는 화제는 철학과 훗썰에 관한 것이었다. 실제로 서간의 대부분은 학문적인 내용이나 일의 진행 같은 얘기들이 차지하고 있으나 그 행간(行間)에서는 단지 학우로서만이 아닌 친밀한 관계를 추측하게 하는 내용들을 엿볼 수 있다. 1917년 1월의 편지를 보자.

지금 『이데엔』의 완성을 위해서 선생님이 최근 발표한 『프로그노제』를 훑어보고 있습니다. 나는 결혼할 때까진 다른 일은 모두 제쳐놓고 선생님 곁에 있어야 하

---

52. Edith Stein, Briefe an Roman Ingarden 1917~1938, Edith Steins Werke, Bd. XIV (Freiburg 1991).

53. 당시의 상황에 관해서는 『フッサール書簡集 一九一五～一九三八 フッサールからインガルデンへ』 桑野耕三, 佐藤眞理 역(せりか書房 1982) 177-8쪽 참조.

겠지요. 그러다가 언젠가는 훗썰의 조수가 될 만한 사람과 결혼을 하고 태어나는 아이들도 장래엔 똑같이 선생님의 조수가 되길 바라고 있습니다. 도저히 가능할 것 같진 않지만 … 시간을 도외시하며 예측해 봐도 그렇게 되는 데 필요한 전제조건은 갖추어질 것 같질 않군요. 비록 먼 장래라 해도 나와 결혼하기를 주저하지 않는 사람이 선생님의 조수가 되리라는 것 같은 일은 본질적으로 불가능할 것으로, 전혀 고려해 볼 만한 일이 아닐 것이라고 생각하고 있습니다.[54]

이 서면은 완곡한 표현으로 씌어지고 있지만 에디트의 인갈덴에 대한 구혼의 말이라고 생각할 수 있다. 1917년초, 에디트의 인갈덴에 대한 호감은 그 절정에 달한 것처럼 보이지만, 그후 그녀가 인갈덴에게 써보낸 편지를 보면 인갈덴은 에디트와의 관계에 분명한 선을 긋고 있는 것으로 보인다. 인갈덴 쪽에서 에디트 앞으로 보낸 편지들은 남아 있지 않아 그가 어떤 답장을 에디트에게 써 보냈는지는 알 수 없다. 그러나 1918년에 들어서자 인갈덴에 대한 감정을 억제하는 듯한 투로, 화제를 철학적 의견 교환 쪽으로 집중시키고 있는 것으로 미루어보아, 아마도 인갈덴은 에디트의 호의를 받아들이지 않은 것이라고 짐작된다. 1918년에 인갈덴은 「앙리 베르그송에 있어서의 직관과 지성」이라는 제목의 박사논문을 완성하고, 그후 그의 고국인 폴란드로 돌아가 에디트와는 멀리 떨어진 곳에서 살게 된다. 인갈덴이 폴란드로 귀국한 직후의 에디트의 편지에는 다음과 같이 적혀 있다.

나는 당신 앞에선 가끔 억제가 말을 듣지 않는 감정적인 인간이 되어버리는 것처럼 여겨집니다. 아무 이유없이 나는 그렇게 돼버리는 것입니다. 이러한 내가 당신에게 그런 인상을 지워버리기 위해서 말씀드린다면 당신 앞에 있으면 내 속에 있는 비이성적인 것이 노출되는 것이지요. 그런 뜻에서 당신은 유일의 희생자입니다. 대체로 나는 대단히 이성적으로 행동하고 있습니다만 …[55]

---

54. Brief 3 vom 28.1.1917 an Roman Ingarden, RI 32.
55. Brief 38 vom 5.7.1918 an Roman Ingarden, RI 87.

1919년 가을, 인갈덴은 결혼을 하고, 이 시기를 전후로 에디트는 괴팅겐 시절부터 친구였던 한스 립스[56]와 새로운 우정이 싹트게 된다.[57] 에디트는 괴팅겐에서 알게 되던 때의 그 인상을 이렇게 말한다.

> 한스 립스는 다른 동료들 중의 그 누구보다 깊은 인상을 주었습니다. 그 당시 그는 스물세 살이었지만 실제의 나이보다 젊어 보였습니다. 아주 키가 크고 마른 편이었지만 건장한 체격을 가지고 있고 풍채 좋고 표정이 풍부한 사람이었습니다. 그 커다란 둥근 눈은 어린이 같은 호기심으로 넘쳐 있었습니다. 언제나 그는 자기 의견을 간략하게 그리고 아주 명확하게 말하는 것이었습니다.[58]

에디트가 립스와 사귀게 된 것은 1919년부터 1920년 사이이다. 립스는 괴팅겐 대학에 제출할 교수 자격 논문의 지도를 훗썰에게 받기 위하여 몇 번인가 프라이부르그로 찾아왔었다. 에디트는 그의 논문 작성을 도와 주거나 산행을 함께 하거나 하면서 교분이 두터워져 립스와 장래를 함께하고 싶다는 소망을 품게 되었던 것 같다. 립스와의 교제에 관한 몇 통의 편지만을 읽어본다면[59] 에디트가 립스와의 결혼을 참으로 바라게 되었던 것은 사실인 것 같다. 괴팅겐에서 에디트와 함께 현상학을 공부하고 후에 에디트가 세례를 받게 되었을 때 그녀의 대모(代母)가 된 헤트비히 콘라트 마르티우스[60]는 이렇게 회상하고 있다.

---

56. Hans Lipps (1889~1942): 괴팅겐에서 훗썰에게서 현상학을 공부했고 에디트와는 아주 친했었다. 현상학을 철학적 인간학의 방향으로 전개, 딜타이의 해석학을 채용; 주저에는 『인식의 현상학』(*Phänomenologie der Erkenntnis*)이 있다. 프랑크푸르트에서 철학교수가 되었지만, 군의로 제2차 세계대전에 출정, 1941년 러시아에서 전사했다.

57. Vgl. Waltraud Herbstrith, Hans Lipps im Blick Edith Steins, in; Dilthey-Jahrbuch für Philosophie und Geschichte der Geisteswissenschaften 6 (1989), 31-51.

58. L 178.

59. Vgl. Brief 33 vom 2.2.1920 an Fritz Kaufmann, SB I 45. Brief 36 vom 31.5.1920 an Fritz Kaufmann, SB I 47.

60. Hedwig Conrad-Martius (1880~1966): 괴팅겐의 현상학자들의 주요 멤버로 남편인 테오도르 콘라트도 철학자였다. 헤트비히는 개신교 신자였지만, 에디트가 가톨릭으로 세례를 받을 때 대모가 되었다. 평생 에디트와는 학문적·영적 교분을 깊이했다.

그녀는 현상학파 그룹의 한 사람이었던 한스 립스를 대단히 사랑하고 있었습니다. 만일 립스가 그녀와 결혼하자고 했다면 그녀는 그와 결혼했음에 틀림없을 것이라고 나는 굳게 믿고 있습니다. 하지만 립스는 그것을 바라지 않았습니다. 1921년 여름, 내 별장에 체류하고 있을 때 그녀의 책상 위엔 — 그것이 유일한 사진이었지만 — 립스의 사진이 놓여 있었습니다.[61]

에디트와 립스와의 친밀한 관계는 1920년 8월, 립스가 이혼 경력이 있고 아이가 딸린 여성과 갑작스레 결혼하게 됨으로써 끝이 났다.

에디트의 인생에서 인갈덴이나 립스와의 관계가 결실을 맺지 못했다는 것은 그녀에게 무엇을 가져왔을까. 분명히 에디트는 지적 활동에서는 경험하지 못했던 것 같은 감정의 동요와 앙양 그리고 이성(理性)으로는 억제할 수 없는 애정 심리, 남성을 사랑하는 것에 의해 내부에 있는 여성적 측면이 인출되는 것을 경험하고, 인간적으로 더 성숙해지는 기회가 주어졌을 것이다. 그러나 그녀의 사랑에 일방적으로 종지부가 찍히게 되었다는 경험은, 지금까지 학문적으로나 다른 일의 분야에서나 성공만을 거두어 온 에디트에게 처음으로 입힌 마음의 큰 상처였음에 틀림없겠다. 훗썰의 조수직을 사임하고 인갈덴이나 립스와의 우정이 그 결정적인 결실을 맺지 못함을 안 에디트는 1920년 고향인 브레슬라우로 돌아가 실의와 갈등 속에서 나날을 보내고 있었다. 자서전을 보자.

이 한 해 동안 나는 계속 브레슬라우에 머물러 있었습니다. 그곳에서 나는 안절부절못하고 있었지요. 나는 내적 위기에 빠져 있었습니다. 그런 일을 가족들에겐 숨기고 있었지만 집 안에 있다고 진정이 되는 그런 것은 아니었습니다. 당시 내 건강 상태도 좋지 않았지만 그건 아마도 영혼의 갈등 때문이었을 것이라고 여겨집니다. 이러한 위기를 나는 남들에겐 완전히 알려지지 않도록 하고 누구의 도움도 받을 생각 없이 그저 견디어 나가야만 했습니다.[62]

<hr>

61. Brief im Nachlaß von Hedwig Conrad-Martius in der Bayerischen Staatsbibliothek München. Vgl. Hanna-Barbara Gerl, Unerbittliches Licht (Mainz 1991), 54.

에디트는 실의의 밑바닥에 있었어도 새로이 자기의 인생을 어떻게 형성해 갈 것인가, 자기가 생애를 바칠 수 있는 대상은 무엇인가라고 하는 근본적인 물음에 봉착하지 않을 수 없었던 것이다.

에디트는 이 시기의 정신적 실의를 어떻게 하여 극복해 나갔는가 하는 것에 대해 말하고 있는 편지가 있다. 1925년에 이미 가톨릭의 신앙의 길에 들어선 뒤에 인갈덴에게 보낸 것이다.

> 프라이부르그에 있었던 시절을 뒤돌아보면, 나는 당신이 결혼했다는 소식을 들었어도 그렇게 동요하진 않았습니다. 그땐 이미 한스 립스와 사귀고 있었던 때였으므로 그 소식을 새로운 인상으로 받아들인 때문입니다. 립스와의 교제 또한 당신과의 그것과 아주 비슷했으므로 여기서 상세하게 재론하는 것은 생략하겠습니다. 립스와의 교제를 통해서 경험한 것은 과거의 그것과 마찬가지로 대단히 고통스런 것이었습니다. 그러나 그 실의를 극복하기 위한 내적인 강인함이 이전보다 더 마련돼 있었으므로 나는 비교적 쉽게 그 벽을 뛰어넘을 수가 있었습니다. 나는 실의를 극복하는 것을 통해서 비로소 내적 자유가 주어지는 것이라고 생각합니다. 나는 지금 자기가 소속하고 있는 곳에 와 있는 것이라고 확신하고 있습니다. 이러한 길을 거쳐서 무언가를 단념함이 없이 크나큰 기쁨에 넘친 봉헌을 함으로써 현재의 길을 걷게 된 것에 다만 감사드릴 뿐입니다.[63]

헤트비히 콘라트 마르티우스는 이렇게 말하고 있다.

---

62. L 161-162.
　　이 시절의 에디트의 정신적 위기는 교우관계의 파국에 의한 것만은 아니라고 여겨진다. 에디트는 이 무렵, 대학교수 자격 취득을 시도하여 대학에서 강의할 곳을 찾았지만 받아들일 대학이 결정되지 않았다.
　　본인의 논문, 「エディット・シュタインの生涯に見られる一つの試み ── 大學敎授資格(Habilitation)の取得をめぐつて」 ノートルダム淸心女子大學キリスト敎文化研究所 『年報』 XII, 1990년 3월 참조.

63. Brief 93 vom 29.11.1925 an Roman Ingarden, RI 166-167.

에디트 슈타인의 발자취를 뒤돌아보면 다음과 같이 이해할 수 있을 것입니다. 친숙하게 사랑한 사람과의 관계가 결실을 맺지 못했다는 그 깊은 실의는, 확실히 그후 회심과 수도생활을 택하게 하기 위한 한 디딤돌이 되었을 것입니다. 그러나 한편으로 그녀의 인생에서 겪은 좌절만이 회심으로의 유일한 동기라고는 생각되질 않습니다. 하느님의 은혜는 하느님께서 부르신 사람들을 하느님 자신에게 끌어들이기 위해 인생의 온갖 기회를 사용하는 것입니다.[64]

이 시절을 즈음하여 그리스도교의 신앙으로 가까이 간 에디트는 오로지 하느님의 사랑에만 자기를 바치는 길, "지상에 있는 것들에 마음을 두지 말고, 천상에 있는 것들에 마음을 두는 세계"(골로 3,2-3)에 들어가기를 생각하기 시작하고 있었다. 에디트에게 생애의 반려는 그리스도였다. 그때부터 그녀의 장래를 가늠하는 사정(射程)에서 결혼이라는 길은 더 이상 그녀의 마음을 끄는 것이 되지 못했다.

에디트는 프라이부르그 대학에서 조수직을 사임한 뒤 철학자로서의 길을 자기의 직업으로 생각하게 되었는데 그래서 1919년 그녀는 대학교수 자격 취득에 도전[65]하게 되었다. 독일의 대학에서는 대학의 교직에 몸둘 사람에게 박사학위 외에 또 하나의 대학교수 자격(Habilitation)이라는 것을 요구한다. 이 자격을 취득한다는 것은 실질적으로는 대학교수의 지위를 획득함을 뜻한다.

먼저 에디트는 모교인 괴팅겐 대학에서 강사직에 취임할 것을 시도했다. 이때 훗썰은 에디트의 능력을 높이 평가하여 다음과 같은 추천장을 쓰고 있다.

오랫동안 괴팅겐 대학과 프라이부르그에서 나의 지도 아래 연구한 에디트 슈타인 박사는 1916년 여름 학기에 프라이부르그 대학에서 최우수(숨마 쿰 라우데)

---

64. Brief im Nachlaß von Hedwig Conrad-Martius in der Bayerischen Staatsbibliothek München. Vgl. Hanna-Barbara Gerl, Unerbittliches Licht (Mainz 1991), 54.

65. 독일의 대학에서 박사학위를 가진 자가 교수의 추천과 인정에 의하여 취득하게 되는 대학교수 자격을 가리킨다. 일반적으로는 대학교수의 지위를 얻는 것을 의미한다.

성적으로 철학박사 학위를 취득했습니다. 그녀는 감정이입의 문제를 둘러싸고 우수한 논문을 쓰고, 이 논문이 발간되자마자, 학자들의 관심을 불러모았습니다. 그후 슈타인은 18개월 동안에 걸쳐 나의 조수직을 맡았습니다. 그녀는 내 원고를 정리하여 출판하도록 준비했을 뿐 아니라 학문적인 교육에서도 나의 일을 도왔습니다. 이러한 목적을 위하여 그녀는 철학 입문자들을 위하여뿐만 아니라 더 나아가 고급반 학생들을 위한 철학 강의도 담당했던 것입니다. 나의 강의를 받고 있던 학생들의 연구 성과도 그러했지만 그 학생들에 의한 개인적인 증언에 의하여 슈타인의 협력이 뛰어난 결과를 낳았다는 것은 명백합니다. 슈타인 박사는 보기 드물게도 심원한 철학에 대한 지식을 스스로 갖추고 있어 전문적인 학문 연구와 교수직에 필요한 충분한 자격을 지니고 있다는 것은 의심할 여지가 없습니다. 만일 학문적인 직업에 여성이 취업한다는 것이 여성에게도 개방되는 날이 온다면 그때에 나는 슈타인 여사를 그 최초의 교수직에 임명하고 교수 자격의 인정을 내려주도록 진심으로 추천하겠습니다.[66]

이러한 홋썰의 추천장에는 에디트의 대학교수직 취득에 대한 긍정적인 의견이 표명되고 있지만 홋썰 자신이 에디트에게 교수 자격을 수여할 가능성에 대하여는 전혀 언급되어 있지 않아 그런 의미에서는 홋썰의 에디트를 위한 추천장에는 교수 자격 취득에 대한 그의 소극적인 의견이 병존하고 있는 것이라고 이해할 수도 있겠다.

1919년 11월, 에디트는 교수 자격 심사의 대상이 되는 논문「심리학의 철학적 기초와 정신의 과학」[67]을 괴팅겐 대학에 제출했다. 대학교수 자격을 취득하기 위하여 독일에서는 박사논문에 덧붙여 하나의 논문을 더 제출하도록 요구하고 있었다. 에디트의 괴팅겐 대학교수 자격 취득을 지원한 카우프만은 그녀가

---

66. Edmund Husserl, Empfehlung für eine Habilitation Edith Steins, in: Edith Stein, Ein neues Lebensbild in Zeugnissen und Selbstzeugnissen (Freiburg 1983), 77.

67. Edith Stein, Beiträge zur philosophischen Begründung der Psychologie und der Geisteswissenschaften. I.: Psychische Kausalität, II: Individuum und Gemeinschaft (Tübingen 1970).

교수 자격을 쉽게 취득하리라 낙관하고 있었다. 그러나 상황은 예상한 이상으로 아주 어려웠다. 괴팅겐 대학의 철학 및 심리학 교수였던 뮐러(Georg Elias Müller)는 에디트의 논문이 당시의 괴팅겐에서 가르치고 있던 심리학을 비판하는 것이라고 말했다. 에디트가 카우프만에게 보낸 편지에는 이 논문이 전혀 심사의 대상이 되지 못했다고 적혀 있다.[68] 에디트의 괴팅겐 대학에서의 교수 자격 취득이 거부된 또 하나의 이유는 그녀가 여자였다고 하는 것이었다. 당시 괴팅겐에서 학술, 예술, 시민 교육기관의 간부직에 있던 헤르만은 에디트 앞으로 보낸 서신 속에서[69] 여성이 대학교수가 되는 것을 허락한다는 것은 아직은 곤란함을 확실하게 통고하고 있다. 이 서신을 받고 에디트는 과거에 괴팅겐 대학에서 여성의 수학교수가 그 지위에 취임되도록 허용되었던 예외적 조처가 있었음을 지적하고, 그간의 사정 설명을 구하는 편지를 헤르만에게 보내고 있다.[70] 그 당시 독일에서 여성이 대학교수가 된다는 것은 예외 중의 예외였음을 이해할 수 있을 것이다.

괴팅겐 대학의 교수 자격 취득을 단념한 에디트는 친구인 숄츠(Heinrich Sholz)가 철학교수로 재직하고 있던 키일(Kiel) 대학, 그리고 한때 브레슬라우에서 심리학 교수였지만 1919년 당시에는 함부르그(Hamburg) 대학에서 가르치고 있던 스턴을 찾아가 교수 지위에 오를 수 있는 가능성을 타진해 보았지만 그 어느 경우도 성공하지를 못했다.[71]

1920년, 전도가 꽉 막힌 에디트는 고향 브레슬라우로 돌아와 그곳에서 개인적으로 철학, 현상학을 가르치곤 하면서 장래의 길을 모색하게 된 것이다.

---

68. Brief 31 vom 8.11.1919 an Fritz Kaufmann, SB I 42.

69. Prof. Hermann, Brief vom 29.10.1919 an Edith Stein, in: Aus der Tiefe leben (Hrsg. Waltraut Herbstrith, München 1988), 84.

70. Brief vom 12.12.1919 an Prof. Hermann, in: Aus der Tiefe leben (Hrsg. Waltraut Herbstrith, München 1988), 84-85.

71. Vgl. Beat W. Imhof, Edith Steins philosophische Entwicklung, Leben und Werk (Basel 1987), 101.

신앙에의 입문

1. 십자가와의 만남

프라이부르그에서 철학박사 학위를 최우수 성적으로 취득하고 그후 훗썰의 조수로서 활약하며 학문의 길로 매진하고 있던 에디트는 막 서른 살을 맞이하려 하는 시기가 되자 재차 내면적인 위기와 영혼의 갈등에 직면하게 되었다. 그것은 에디트가 원하고 있던 대학교수 자격과 그 강좌를 얻지 못했다고 하는 생활면에서의 좌절만이 아니라 그녀의 존재 기반을 온통 뒤흔들어 놓는 것 같은 정신적 위기이기도 했다. 인간적인 사랑이 결실을 맺지 못했다고 하는 데에서 오는 깊은 실망도 있었다. 그때까지는 자기의 노력과 능력에 의하여 이상적인 인생을 걸게 되리라고 자부하고 있던 에디트는 자기 자신이 결정적으로 깨짐을 경험한 것이다. 그리하여 자기 힘으로 모든 것을 획득하려 하는 자기 중심의 가치관이 뒤엎어지고 새로운 경지가 열리게 된 것이다. 이때의 심경을 에디트는 이렇게 얘기한다.

하느님 안에서 쉬게 되어 모든 지적 활동이 완전히 정지되는 상태라는 것이 있습니다. 이러한 상태에 있을 때에, 사람은 그 어떤 계획도 결단을 내릴 수가 없어 행동하는 것까지 한때엔 멈추고 마는 수가 있습니다. 그래서 오직 하느님의 뜻에 자기의 미래를 의탁하고 "자기를 완전히 섭리에 맡기는 것"입니다. 이런 상태를 나 자신도 어느 정도 경험했습니다. 그것은 내 역량과 정신적인 원천이 완전히 흡수되어 버려 행동할 수 있는 온힘을 빼앗긴 뒤에 경험한 일입니다. 생명력의 결여가 원인이 되어 활동할 수 없는 것과는 달리 "하느님 안에서 쉰다"

는 것은 전혀 새롭고 독특한 경험이었습니다. 생명력이 없어진다는 것은 말하자
면 "죽음의 고요함"인 데 대해 하느님 안에서 쉰다는 것에선 자기가 완전히 떠
받쳐지고 있다는 느낌이 들었습니다. 하느님 안에서 쉬는 것에 몸을 맡기게 되
면서 그와 함께 나는 생명으로 충만해지는 것입니다. 이 생명의 힘의 유입(流
入)은 나 자신에 의하지 않는 활동성으로 나타나는 것처럼 여겨졌습니다.[1]

이러한 "하느님 안에서 쉰다"는 경험은 에디트에게 중요한 의미를 가져다주는
것이었다. 자기가 하느님을 탐구한다고 하는 자세를 고집하기를 중지하고 하느
님의 품안에 쉬는 것에 의하여 에디트는 차츰 수동적이 되고 유순해져 거역하
지 않게 되어갔다. 하느님께 결정적으로 자기 자신을 의탁한다는 것은 자력에
의하는 삶의 태도를 포기하고 하느님 안에서 새로이 살아나는 자기를 선택하는
것이기도 했다. 그때에 비로소 에디트 앞에 하느님의 현실성, 새로운 삶이 나
타난 것이다. 에디트로 하여금 하느님께 결정적으로 의탁하도록 하는 시간이
다가왔다. 하느님의 직접 개입이야말로 에디트가 바라고 기다려 온 유일한 돌
파구가 되었던 것이다.

　이렇게 에디트가 점차로 그리스도교로 접근해 간 것은 단지 학문적인 관심에
서 비롯된 것은 아니었다. 생애를 통하여 변함이 없던 에디트의 진리 탐구의
길은 철학자로서의 에디트를 살아 있는 사상으로 마주서게 한 것이고 그러했기
때문에 에디트의 그리스도교와의 만남은 추상적인 레벨의 것에 머물지 않고 무
엇보다도 영혼의 해후(邂逅), 인격적인 친교로 심화해 간 것이다.

　에디트가 라이나하나 셀러 같은 뛰어난 그리스도교 신자, 철학자들과의 교분
을 통하여 이러한 사람들의 생활과 사상의 그 밑바탕이 되고 있는 그리스도교
의 진리에 가까이 가게 되었으리라는 것은 틀림없을 것이다. 인격적인 만남과
친교를 통하여 전해진 그리스도교의 메시지는 단지 개념이나 이상에 그치지 않

---

1. Edith Stein, Beiträge zur philosophischen Begründung der Psychologie und der Geistes-
   wissenschaften, in: Jahrbuch für Philosophie und phänomenologische Forschung 5 (1922),
   43.

는, 인간 존재의 궁극적인 목적과 연관되는 것을 보여주는 것이라고 에디트에게는 생각되었던 것이다.

에디트에게 깊은 감명을 준 그리스도교와의 만남은 그 근저에서 기도라는 것과 연결되어 있다. 에디트가 그리스도교의 기도에 처음으로 접하게 된 것은 브레슬라우에서 독일어를 공부하고 있을 때의 일이다. 에디트는 "주의 기도"를 고대 독일어인 고트어로 읽을 기회가 있었다. 이 기도에는 인간생활의 모든 것에서 절대적인 이니셔티브를 잡는 것은 아버지인 하느님임을, 그리고 하느님과 사람과의 관계의 그 원점은 무엇인가 하는 것을 단순명쾌하게 응축된 형태로 표현하고 있다. 에디트는 이때의 "주의 기도"와의 만남을 단지 언어상의 이해만이 아닌 그것을 초월한 하나의 계시였다고 말하고 있다.

또 괴팅겐에서 그 근처의 산으로 도보여행을 했을 때에 우연히 보게 된 장면은, 에디트에게 그리스도교 신자의 기도가 어떠한 것인지를 깊이 깨닫게 했다. 친구와 함께 여행을 떠난 그녀는 마을에서 떨어진 산속의 한 농가에서 하룻밤을 묵게 되었는데, 새벽녘이 되어 그 집 주인과 일꾼들이 함께 아침기도를 드리고 하느님의 축복을 기구하고 나서 그날의 일터로 떠나는 광경은 에디트에게 깊은 감동을 주지 않을 수 없었다. 기도가 사람들의 기쁨의, 힘의 원천이 되고 있다고 하는 확실한 현실을 목격하고서 에디트는 점점 기도를 갈망하게 된 것이다.

또 어느 날 우연히 들른 가톨릭 성당에서 그녀가 경험한 바를 자서전에서는 이렇게 쓰고 있다.

> 우리는 지나가는 길에 잠깐 성당에 들렀었습니다. 경외하는 마음으로 조용히 성당 안에 우리가 서 있었는데, 그때 장바구니를 든 한 부인이 들어와서는 짧은 기도를 드리기 위해 꿇어앉았습니다. 그것은 내가 생전 처음 겪는 미지의 세계였어요. 지난날 가본 일이 있는 유대교의 회당이나 개신교의 예배당에선 교회란 으레 예배나 예식을 위해서만 사용되고 있었습니다. 그런데 성당에선 저자를 보러 가다 그 틈을 타, 마치 친한 사람과 얘기를 나누듯이, 아무도 없는 성당에서

기도드리는 사람들이 있었던 것입니다. 나는 그때의 그 광경을 잊어버릴 수가 없습니다.[2]

이렇게 기도의 진수(眞髓)와 신앙의 증거에 접한다는 경험은 에디트의 인생에 커다란 전기(轉機)를 가져오게 하는 시발점이 되고 있었다.

앞서 본 것처럼 에디트의 구도생활은 인생에 대한 물음에 눈뜨게 된 십대 중반 때부터 이미 시작되고 있었다고 보아도 좋겠다. 훗날 에디트는 "진리 탐구는 나의 끊임없는 기도였습니다"라고 회상하고 있다. 철학을 공부하게 된 에디트는 진리를 철저하게 알고 싶다는 그 소망을 깊이해 갔지만, 마음 속 깊은 곳에서는 자기를 긍정적으로 가득 채워주는 것에 대한 갈증을 느끼고 있었음에 틀림없다. 에디트의 마음 속 갈증에 궁극적으로 응답해 낼 수 있는 진리는 단지 지식으로서의 진리가 아니었다. 사랑할 수 있는 진리, 인격화한 진리 외의 것은 아니었다. 에디트가 그리스도교 신앙에 접근하게 되고도, 결정적인 그 회심의 때를 맞기까지에는 5,6년의 세월이 더 지나가고 있다. 에디트의 회심으로 이르는 그 과정은 하느님에 대해 묻고, 하느님과 대결하고 있던 영혼을 끝내는 하느님께서 직접 결정적으로 포섭하는 그 궤적을 멋지게 보여주고 있다.

에디트에 대한 하느님 개입의 그 은혜는 그러한 계기가 되는 것과 오묘할 정도로 연관되고 있다. 에디트에게 처음으로 그리스도 십자가의 신비가 나타난 것은, 전사한 아돌프 라이나하의 미망인의 얼굴에서 슬픔의 그 밑바닥에 있으면서도 가슴 가득히 그리스도의 십자가에 대한 신앙과 하느님께 모든 것을 의탁한 사람이 가지는 마음의 평화를 에디트가 엿보게 되었을 때였다. 에디트는 그때의 그 일을 뒤돌아보고 "참으로 십자가의 신비 안에 계시는 그리스도가 나타난 것입니다"라고 고백하고 있다.

이러한 십자가의 신비에 접하지 않고서는 에디트의 신앙에의 길은 한 발짝도 앞으로 나아갈 수 없었을는지 모른다. 그런 의미에서 에디트의 회심을 유대교

---

2. L 282.

에서 무신론으로, 그러고는 무신론에서 그리스도교에로 단지 그 소속을 바꾸는 것과 같은 것으로 이해해서는 안될 것이다. 도리어 에디트의 생애 전체의 방향을 본다면 그녀가 겪은 온갖 인생 편력을 통하여 오로지 그리스도의 십자가에서의 하느님과 사람과의 원관계(原關係)에 한결같이 집중되고 있음을 보게 된다. 그녀의 한평생을 일관하는 이러한 집중은 아무런 흐림도 없으며 투명하고 시종 동일한 방향의 직선인 것이다.

에디트는 신앙에의 길을 걷기 시작한 그 최초의 순간부터 십자가의 축복을 감지하고 있었다. 그리스도의 십자가는 유대교를 부정하는 것이 아니라 오히려 화해를 가져오고 하느님의 구원사업을 완성시키는 것으로서 존재한다고 하는 것을 에디트는 깨달아가며 나아가고 있었다.

2. 회 심

에디트는 마음 속으로는 이미 그리스도를 받아들인 사람이 되어 있었지만, 구체적으로 어떤 교회에 속할 것인가 하는 데 대하여는 그 최종적인 결단을 내리지 않고 있었다. 그녀 주위에는 가톨릭과 프로테스탄트 양쪽 친구들이 있었다는 점도 선뜻 어느 쪽 교회에 나갈 것인지 결정하지 못하게 한 이유 같아 보인다. 그러나 근본적으로는 그리스도인으로서의 삶의 태도를 어떤 길에서 실현해 나가야 할까 하는 것이 에디트에게는 중요한 문제였다. 에디트는 여기까지 와서도 쉽게 길을 선택하지 않았던 것이다. 어디까지나 하느님의 뜻을 대망하고 그것에 충실하려 했다. 이렇게 함으로써 에디트의 내부에는 "사람이 많은 계획을 세워도 성사는 야훼의 뜻에 달렸다"(잠언 19,21)는 확신이 깊어간 것이다.

바야흐로 에디트의 삶의 태도를 근본적으로 새롭게 할 무엇인가가 계시되려 하고 있었다. 하느님께서는 하느님의 뜻에 맞갖은 때와 장소를 에디트를 위하여 마련한 것이다. 그것은 가로막혔던 에디트의 눈앞을 빛으로 밝혀주며 하느님의 친밀한 사랑이 넘치도록 에디트에게 쏟아진 그때였다.

에디트의 결정적인 회심은 1921년에 있게 되었다. 그해 여름, 에디트는 철학자이며 친구인 콘라트 마르티우스 부부가 살고 있던 라인 지방의 베르그차베른에 있는 어느 농장에 체류하고 있었다. 마르티우스 부부는 괴팅겐 시절부터의 친구로 훗설의 제자이기도 한 열심한 현상학자들이었다. 에디트는 그들의 집에서 휴가를 보내는 것을 즐겨, 낮에는 과수원 일을 돕고 밤에는 셋이서 철학적인 것을 화제로 얘기를 나누며 지내고 있었다. 어느 날 밤 그들 부부가 외출하게 되어 혼자 집을 지키게 되었는데, 헤트비히 콘라트 마르티우스 부인은 에디트에게 그들의 도서실을 마음대로 써도 좋다고 말하고 갔다.

이때 받은 계시에 대하여 에디트는 거침없이 이렇게 말한다.

나는 정말 우연히 한 권의 두꺼운 책을 끄집어 냈습니다. 그 책은 『아빌라의 성녀 데레사의 자서전』이라는 것이었는데 나는 그 책을 읽기 시작하자마자 완전히 그 책에 마음을 뺏겨 마지막까지 다 읽지 않고서는 그 책을 덮을 수가 없었습니다. 그리하여 전부 다 읽고 났을 때 나 자신에게 이렇게 말한 것입니다. "이것이야말로 진리다"[3]라고.

에디트는 밤을 새워가며 읽은 『아빌라의 성녀 데레사의 자서전』 속에 틀림없이 자기가 살아나갈 길이 계시되어 있음을 깨달은 것이다. 다음날 아침 에디트는 시내로 나가 가톨릭 교리서와 미사 전례서를 사가지고 곧 그 내용을 알아보고 공부하기 시작했다. 그녀는 그 교리서를 통하여 가톨릭의 가르침에 대해 배워 익혔다. 그리하여 에디트는 처음으로 미사에 참례하기 위해 인근 교회로 간 것이다. 에디트의 회상은 계속된다.

내가 이해할 수 없는 것은 아무것도 없었습니다. 사전에 충분히 공부하고 간 덕분에 미사의 자초지종을 이해할 수 있었습니다. 위엄있는 노사제가 제단에서 공손되이 미사를 드리고 있었습니다. 미사가 끝난 뒤 사제가 감사의 기도를 마치는 것을 기다렸다가 나는 사제관으로 가서 단도직입적으로 세례를 주십사고 부탁했지요. 사제는 놀란듯이 나를 쳐다보다가 세례를 받으려면 준비가 필요하다고 대답을 하고는 "당신은 가톨릭의 신앙에 대해 어느 만큼 배웠고 또 누구에게 배웠습니까" 하고 물었습니다. "그럼 신부님, 제게 가톨릭의 교리에 대해서 무엇이든지 물어봐 주십시오"라며 나는 간신히 대답할 뿐이었습니다.[4]

그후 그 사제는 가톨릭의 교리에 대해 많은 질문을 던져보았는데, 에디트가 가톨릭의 가르침에 대하여 완전한 지식을 가지고 있음을 알게 되어 그저 감탄할 뿐이었다. 에디트 위에 하느님의 은혜가 가득함을 알아차린 사제는 에디트의

---

3. Renata 55   4. Renata 46.

소망대로 세례를 받을 수 있도록 허락한 것이다.

세례를 받기까지 에디트는 기도 속에서 자기의 모든 것을 하느님께 바칠 준비를 했다. 헤트비히 마르티우스 부인의 기억에 의하면 에디트는 매일 아침미사에 참례했다고 한다. 에디트는 가톨릭의 성체성사를 보며 하느님과의 친밀한 교의(交誼)를 더욱 깊게 해나갔다. 성체 안에 계신 그리스도의 현존은 하느님과의 신비롭고 실재적인 교의와 일치에로 우리를 인도한다. 지난날 라이나하 부인을 통해 그리스도의 십자가가 그녀를 사로잡았을 때보다도 한층 더 실재적이고 확실한 사랑에 충만한 현존이 성체성사 속에 있었다. 그리하여 하느님 사랑의 분류(奔流)에 몸을 던지고 그리스도의 부르심에 응답하여 주님의 성체를 받아모실 수 있는 그날을 에디트는 마음 속으로 몹시 기다리고 있었던 것이다.

1922년 1월 1일, 에디트는 세례를 받았다. 그날은 그리스도가 성부께 자기 수난의 첫 이삭을 바친 예수 할례 축일에 해당하는 날이었다. 에디트가 세례를 받은 베르그차 베른 교회의 세례자 교적에는 다음과 같은 기록이 남아 있다.

> 1922년 1월 1일, 에디트 슈타인은 세례를 받았음. 30세, 철학박사, 1891년 10월 12일 브레슬라우에서 출생. 지그프리트 슈타인과 아우구스테 슈타인의 딸. 그녀는 충분한 준비와 공부 끝에 유대교에서 개종. 세례명은 데레사 헤트비히. 대모는 헤트비히 콘라트 마르티우스 박사. 이상 여기 증명함. 주임신부, 오이겐 브라이틀링(Eugen Breitling).[5]

에디트의 세례 대모가 된 헤트비히 마르티우스는 개신교 신자였지만, 에디트의 간청으로 주교의 허락하에 대모로 정할 수 있었다. 헤트비히의 증언에 의하면, 세례 때 에디트는 세례 희망의 표명, 신앙고백을 단호한 결의를 보이며 라틴어로 외웠다고 한다. 그리고 "에디트는 어린이처럼 행복감에 넘쳐 있어서 그것은 아름다운 광경이었습니다"라고 회상하고 있다.

---

5. Fotokopie aus dem Taufbuch von Bergzabern, Eintragung vom 1.1.1922, Edith-Stein-Archiv, Karmel Köln.

세례를 받은 후 에디트는 첫영성체를 했고 그녀의 전 존재는 그리스도의 현존으로 충만되어 있었다. 그날부터 그리스도의 성체는 에디트의 빵, 생명의 양식이 되었고 그 다음날 2월 2일 봉헌축일에 에디트는 쉬파이어의 주교에게서 견진성사를 받았다.[6]

에디트의 회심에로의 그 여로와 그에 따른 세례와 신앙생활은 본질적으로 하느님과 자기와의 관계 안에만 두어 둘 수 있는 일이었다. 그러므로 에디트는 자기의 내면에 대하여 많은 것을 말하려 하지 않았다. 어떤 이가 "어떻게 해서 회심으로 인도받았습니까" 하고 물었을 때, 에디트는 "내 비밀은 나만의 것입니다"(Mein Geheimnis ist für mich)[7]라고 대답했다고 한다. 하느님만 알고 계시면 되는, 자기 내면의 거룩한 영역이라 해도 좋을, 그런 것을 에디트는 소중히 간직하고 있었던 것이다. 인간에게는 아무리 언어로 표현하고 싶다 해도 표현해 낼 수가 없는 그런 부분이 있다. 그것은 그 어떤 명확한 물음이나 의식에도 호소할 수 없는, 신비라고밖에 말할 수 없을 마음의 깊이인 것이다. 에디트의 회심도 말로는 할 수 없는 마음 속 깊은 내밀한 곳에 하느님께서 하느님 스스로를 나타내 보이신 사건이었을 것이다. 온갖 언어가 침묵을 하는 그곳에서 사람은 하느님과 만나는 것이다.

에디트가 아빌라의 데레사 성녀의 자서전을 읽고 난 뒤 "이것이야말로 진리다"(Das ist die Wahrheit)라고 한 말은 무한의 신비 앞에서 말을 잃고 침묵하며 두손 모아 경배하기 일보 직전의 최후의 한 마디였었다. 그것은 합리적 인식에서 나온 것도 아니었고 또 감정적인 부르짖음도 아니었다. 에디트의 심적 원천이 하느님의 현실과 일체가 되었을 때 우러나온 말이었던 것이다.

오랜 동안 에디트에게 "진리"란 묻고 생각하는 대상이었다. 진리를 탐구하고 싶다는 소망에 충동을 받아 에디트는 한결같이 철학 연구의 길을 걸어왔다. 여기에 도달하여 진리는 알고 생각하는 대상에 그치지 않고, 믿고 사랑하는 길이

---

6. Firm-Zeugnis, Speyer, 5.5.1933, Edith-Stein-Archiv, Karmel Köln.

7. Waltraut Herbstrith (Hrsg.), Edith Stein. Ein neues Lebensbild in Zeugnissen und Selbstzeugnissen (Freiburg 1983), 89.

된 것이다. "나는 길이요 진리요 생명이다"(요한 14,6)라고 하는 그리스도의
말씀을 이제 에디트는 현실의 그것으로 실감케 되었다. 에디트가 회심 때 깨달
은 진리는 자기 손안에 언제까지나 둘 수 있는 것 같은 그런 것이 아니라 도리
어 그후의 삶의 태도의 출발점이 되는 그것이었다. 에디트에게 "진리"란 그리
스도 안에서 인격화한 진리에 다름없었다. 그러하기 때문에 에디트는 아빌라의
데레사 성녀의 생애가 사랑 속에서 그리스도를 따른다는 가장 철저하며 순수한
그리스도인의 길임을 확신한 것이다.

에디트가 회심을 앞두고 아빌라의 데레사 성녀의 생애에 강하게 끌리는 것을
느꼈다는 사실은 하느님의 특별한 인도의 일단을 보여주고 있다. 아빌라의 데
레사 성녀와 에디트는 생활한 그 시대나 자라난 환경이 달랐지만 여성으로서의
성격 면에서는 상통하는 바를 볼 수 있을 것이다. 데레사 성녀는 애정 깊은 열
정을 지닌 여성이었던 것 같다. 수녀원의 울타리 속에만 틀어박혀 있지 않고
작열하는 태양 아래, 새로운 수녀원 창립을 위해 스페인 각지를 도보로 여행한
다고 하는 유별난 행동력과 적극성을 지니고 있었다. 한편 에디트는 철학 연구
를 위해 독일 각지를 전전하면서 남다른 능력과 노력으로 철학계의 일선에서
활약했다. 그러한 열의와 행동력은 데레사 성녀에 비길 만한 것이었다. 이 두
여성에게 공통되는 것은 그리스도의 길을 따르기 위해서라면 그 어떤 십자가도
마다하지 않는, 온전한 자기 봉헌이라는 삶의 태도였으며 철저하게 하느님께
귀의하는 길 — 그것은 데레사 성녀에게서나 에디트에게서나 가르멜 수도회의
기도생활 안에서 실현되는 것이다.

에디트의 회심은 그리스도에 대한 전적인 순종과 기도생활로 부르시는 하
느님의 메시지를 받았던 그때에 있었던 것이다. 하느님의 손에 모든 것을 의탁
하고 "그대로 이뤄지이다"라고 대답할 수는 있어도 실제로 그 길을 산다고 하
는 것은 쉬운 일이 아니었다. 에디트 앞에는 아직도 머나먼 도정이 기다리고
있었다. 그러나 "이것이야말로 진리이다"라고 하는 그 말이 튀어나온 최초의
순간, 그리고 세례 때의 성수가 이마에 부어진 그 순간 에디트를 비춘 그 해맑
은 빛은 언제 어디서나 교단에 설 때도 수녀원에서 기도할 때도 그리고 이 세

상에서 최후를 맞을 때에도 결코 사라지는 일이 없었다.

에디트는 세례를 받고 가톨릭 신자가 되었을 때부터 몸과 마음 그 모든 것을 하느님께 바칠 결의를 하고 있었다. 새로운 생활은 에디트에게 하느님 사랑 안에 산다고 하는 깊은 기쁨을 안겨줌과 동시에 그리스도의 십자가를 스스로 짊어지고 간다고 하는 고난도 동반하는 것이었다. 십자가의 신비를 깨닫는다는 것보다 십자가의 길을 끝까지 살아나간다는 것이 에디트에게는 훨씬 더 무거운 것이 되었다.

세례를 받은 후 에디트가 처음으로 받아들이게 된 십자가는 딸의 세례를 알게 된 어머니의 비탄하는 모습이었다. 어머니 — 이 세상에 태어난 이래 에디트에게 마음 속 가장 깊은 곳에서 맺어진 분, 자애 속에서 키워준 따뜻함의 샘, 신앙으로 이끌어 준 손 … 서로가 아무리 바쁠 때에도 한 주에 한 번은 꼭 편지를 주고받는 사이였다. 그토록 가장 사랑하는 어머니와의 사이에 균열이 생기려 하고 있었다.

에디트는 자기가 가톨릭으로 개종했음을 어머니에게 알리기 위해 고향 브레슬라우로 돌아왔다. 두 사람의 대면은 감동적이었다.[8] 에디트는 어머니 앞에 무릎을 꿇고 이렇게 고백한 것이다. "어머니, 난 가톨릭 신자가 됐습니다." 일순 침묵이 지배하고 어머니의 입에서는 질책이나 의절(義絶)의 말은 나오지 않았다. 어머니는 전혀 입을 열지 않은 채, 두 손을 부들부들 떨면서 울음을 터뜨린 것이다. 에디트는 지금까지 어머니가 자기의 감정을 드러내며 우는 것을 본 일이 없었다. 어머니는 다른 사람 앞에서는 결코 눈물을 보인 일이 없는 강한 여성이었다. 그러나 그녀에게 가장 소중한 유대교 신앙을 떠나 다른 길로 들어서려 하는 딸을 보았을 때 어머니는 하염없이 눈물을 흘리는 것이었고 에디트도 함께 울었다. 어머니와 딸은 이제 서로 헤어져야만 하는 곳에 서 있음을 느끼지 않을 수 없었으리라. 그래도 두 사람은 마음 속 깊은 곳에서 굳게 결합되어 있음을 같이 울면서 확인하고 있었다.

---

8. Renata 58.

에디트의 가족 중 한 사람은 이렇게 말하고 있다.

> 우린 모두 에디트가 가톨릭이 된 것을 알고 아연실색했습니다. 에디트의 행동과
> 어머니의 반응, 그 어느 쪽 때문에 더 놀랐는지는 모릅니다. 우리가 알기로는
> 가톨릭이란 이 지방에선 가장 비천한 사회 계층의 인간들이 믿는 종교이며 그래
> 서 그저 무릎을 꿇기만 한다든지 사제의 발에 입맞춘다든지 하는 그런 짓거리나
> 하는 것들이라 생각하고 있었지요. 우리는 에디트같이 고귀한 영혼의 소유자가
> 어떻게 그토록 미신적인 종교에 뛰어들었는지 도대체 이해할 수가 없었습니다.[9]

제2차 바티칸 공의회를 거친 오늘날조차, 그리스도교와 유대교는 — 특히 가톨
릭 쪽에서는 — 서로 화해의 손짓을 보이고 있기는 해도 제2차 세계대전 후 유
럽의 일반인들은 두 종교를 서로 적대시하는 종교라고 생각하고 있었던 것이
다. 에디트는 유대인의 가정에서 태어나 유대교 신앙을 가진 경건한 어머니 아
래 자라난 순 유대인이었다. 가톨릭 신자가 된 에디트는 이때부터 유대교와 그
리스도교의 균열을 자기 몸으로 지탱하며 이렇게 대립하는 두 신앙세계의 분열
을 결합시켜 주는 것은 그리스도교의 십자가밖에 없다는 것을 예견하고 있었던
것이다. 에디트가 가톨릭의 세례를 받은 것이 그녀에게 유대 민족과의 연대성
을 깨뜨리는 것을 의미하는 것은 아니었다. 그리스도인이 되는 것으로 에디트
는 이전보다 더욱더 자기가 이스라엘 백성에 속하고 있다는 것의 그 깊은 의미
를 깨닫게 된 것이다. 에디트는 이렇게 말하고 있다.

> 나는 열네 살 때 유대교 신앙을 실천하는 것을 그만뒀습니다. 그리고 그 뒤에
> 하느님으로의 신앙으로 돌아섰을 때 자기가 이스라엘 백성, 유대인이라는 것을
> 자각했습니다. 나는 자기가 영적으로만이 아니라 그 혈통에 의해서도 그리스도
> 에 이어지는 민족에 속하고 있다는 것의 의미를 숙고하게 됐습니다.[10]

---

9. Renata 57.

에디트는 유대교를 부정하고 그리스도교 신앙으로 들어선 것이 아니라 가톨릭의 세례를 받는다는 것이 그녀에게는 하느님께로 향하는 전면적인 귀환이었던 셈이다. 하느님에 대하여 "예스"라고 표명하고 그리스도를 통한 하느님의 구원과 그 성취를 믿게 되면서 에디트는 새로운 눈으로 그리스도교와 유대 백성과의 연결을 차츰 이해하게끔 되었던 것이다.

1922년 브레슬라우로 돌아온 에디트는 그녀의 가톨릭으로의 개종을 알게 된 어머니의 그 심적 고통을 위로하기 위해, 그로부터 반 년 동안 집에서 지냈다. 에디트는 자기가 가톨릭이 되었다고 하여 이스라엘의 하느님을 배반한 것이 아님을 자기의 매일매일의 생활을 통해 어머니가 알아주기를 바랐던 것이다. 그래서 에디트는 몇 번이고 어머니와 함께 회당으로 가 유대교의 예절에 참례했다. 에디트는 회당에서 히브리어의 시편을 사람들이 기도할 때면 가톨릭의 성무일도를 슬며시 끄집어 내어 라틴어로 씌어 있는 똑같은 대목의 시편을 기도했다. 에디트의 어머니는 자기가 가장 사랑하는 막내딸이 기도에 깊이 잠심하는 모습을 보고는 대단히 감동하여 이렇게 말했다고 전해진다. "나는 에디트처럼 기도하고 있는 이를 본 적이 없습니다." 온몸과 마음을 다하여 기도드리는 에디트의 모습은 어머니의 마음을 움직이지 않을 수가 없었던 것이다.

또 슈타인 가의 한 친지로 가톨릭 신자인 어떤 이는 이렇게 회상하고 있다.

슈타인 부인은 내게 이렇게 말해줬습니다. 부인은 에디트에게 일어난 변화와 에디트의 전신이 초자연적인 빛을 받고 있음을 인정하지 않을 수 없었던 것입니다. 신심 깊은 여성이었던 슈타인 부인은 딸에게서 넘쳐 흘러나오는 뭔가 거룩

---

10. 이 말은 에디트가 1941년 에히트의 수녀원에 있을 당시 알게 된 예수회 사제로 신학교수였던 요하네스 히르슈만(Johannes Hirschmann, SJ 1908~1981)에게 한 말로 남아 있다. 에디트는 1941년 5월에 히르슈만 신부의 지도하에 이냐시오의 영적 수련에 바탕을 둔 피정을 하고 있다.
　Waltraut Herbstrith, Das wahre Gesicht Edith Steins, 4. Aufl. (München 1980), 113. Vgl. Johannes Hirschmann, Schwester Teresia Benedicta vom heiligen Kreuz, in: Waltraut Herbstrith (Hrsg.), Edith Stein. Ein neues Lebensbild in Zeugnissen und Selbstzeugnissen, 151-155.

한 것을, 그것이 무엇인지 이해할 순 없었어도, 확실히 감지했던 것이지요. 부인의 심적 고통은 사라지지 않았지만, 부인은 은혜의 신비를 앞에 두고 자기가 무력함을 확실하게 인정한 것입니다. 우리들 주위 사람의 눈에도 에디트는 전혀 딴 사람으로 다시 태어난 것같이 보였습니다. 그래도 에디트는 가족들이나 친구들과의 관계를 예전과 똑같이 지니고 많은 정과 친근감을 가지고 만나고 있었습니다.[11]

확실히 에디트는 세례를 받고서 하느님의 은혜로 새로이 만들어져 갔다. 그것은 외견상 극적인 변화는 아니었지만 하느님의 은혜에 이끌리고 있는 사람이 띠는 성성(聖性)이라고나 할 그런 분위기를 에디트에게서 느낄 수 있었다.

에디트는 기도하는 것과 영성체를 무엇보다 사랑하고 있었다. 그녀는 브레슬라우의 집에서 지내는 동안 이른 새벽미사를 하루도 궐하는 일이 없었다. 에디트는 매일 새벽 성당으로 갈 때는 식구들에게 알려지지 않도록, 아무도 일어나지 않고 있는 오전 다섯시 전에 남몰래 살짝 문을 열고 나가는 것이었다. 그러나 슈타인 부인은 문이 닫히는 소리를 듣고 있었고 그때마다 딸이 자기가 알 수 없는 세계로 길을 떠나버리는 것 같은 슬픔과 쓸쓸함을 느끼지 않을 수 없었노라고 그녀의 친지에게 말하고 있다.

모녀를 맺는 마음의 연줄은 그 어떤 지상적인 격절에 의해서도 절단될 수 없을 만큼 강한 것이다. 에디트는 어머니의 고통이 어떤 것인지 알면 아는 만큼 그 고통을 함께 나누는 것에 의해 한층 더 어머니와 굳게 맺어지고 있었다. 에디트는 어머니와 서로 기도를 통하여 신앙 안에서의 일치를 더욱 강화할 수 있음을 느끼게 되었다. 그리하여 서로가 속하는 종교는 달라도 신앙하는 하느님은 하나라고 하는 것, 또한 두 사람의 종교가 서로 틀리는 것은 도리어 서로가 그 영적 친교를 깊게 하는 원동력이 될 수 있다는 것을 자각하게 되었다. 이별은 신앙 안에서 수용되고 정화될 때 새로운 관계로 깊어가는 것이다.

---

11. Renata 57.

하느님의 선택에는 언제나 인간의 이해를 초월하는 신비가 있지만 에디트는 세례를 받았을 때부터 명확한 하느님의 부르심을 듣고 있었다. 그러나 에디트는 마음 속에 있는 욕구나 소망에 대해서는 거의 입을 열지 않았다. 세례 대모인 헤트비히 콘라트 마르티우스나 주위에 있던 그리스도교 신자 친구들조차 에디트가 장래에 대하여 무엇을 생각하고 있었는지는 몰랐다. 영적인 일을 남에게 얘기하려 하지 않는 에디트의 경향은 그후로도 줄곧 지속되었다.

그러나 몹시 흥미로운 일은 에디트가 몇 사람 안되는 그녀의 영적 지도신부에 대해서는 자기의 심중에 일어나는 욕구나 영적 생활에 관한 문제들을 전면적으로 털어놓고 그들의 지도에 자기 자신을 위탁하고 있었다는 것이다. 아무리 은혜를 많이 받아 기도에 남달리 뛰어난 사람이라 하더라도 영적 지도자의 도움 없이 참된 의미의 영적 성장이나 하느님의 뜻을 실현시킨다는 것은 어렵다. 에디트에게도 영적 지도자는 그녀의 심중에 일어나는 모든 것을 수용하여 치유해 주고 위로해 줌으로써 오직 하느님과의 가교가 되어주는 존재였다.

에디트는 섭리에 의해서라고 말해도 좋을 만큼, 그때그때에 알맞은 아주 좋은 영적 지도자를 만날 수 있는 은혜를 받았다. 세례를 받은 후, 에디트가 만난 최초의 영적 지도자는 쉬파이어에서 보좌주교로 있던 요제프 슈빈드(Josef Schwind) 신부였다. 에디트는 1922년 2월 쉬파이어 대성당에서 견진성사를 받았을 때 이 사제를 알게 되어 그 이후로 1927년에 슈빈드 신부가 이 세상을 떠날 때까지 그의 지도 아래 신앙생활을 깊이 해나갔던 것이다.

에디트가 세례를 받게 된 직접적인 동기는 아빌라의 데레사 성녀의 자서전을 독파한 것이었는데 그때 에디트는 데레사 성녀의 삶의 태도에 강하게 끌려 자기의 세례명을 데레사로 정한 것이었지만 이러한 일은 이미 하느님의 부르심을 나타내고 있었다. 세례를 받은 애초부터 에디트는 가장 철저하게 하느님을 위해 살기만을 소망하고 있었다. 이미 그때부터 에디트의 마음 속에는 가르멜에서의 관상생활에 대한 부르심이 다른 모든 힘을 능가하는 강한 바람의 소리가 되어 있었던 것이다. 하느님만이 계시는 사막에서 그리스도와 함께 살며 기도하는 생활이 가르멜회의 수도생활 안에 있다고 에디트는 생각했다.

당시 그녀 주위에 있던 거의 모든 사람들에게는 알려지지 않았던 에디트의 참된 소망에 대해서는 훗날 그녀가 들어간 쾰른의 가르멜 수녀원에 적힌 기록 중에 이렇게 씌어 있다.

> 세례를 받고 나서의 12년 동안 가르멜은 내 목표였습니다. 하느님께선 오직 가르멜에서만 찾을 수 있는 뭔가를 나를 위해 반드시 마련해 주실 것이라고 언제나 굳게 믿고 있었습니다.[12]

에디트가 이토록 확신하고 있던 가르멜에의 부르심이 곧 실현되지 못한 것은 그녀 자신의 망설임 때문이 아니었다. 에디트에게는 이미 가르멜을 향해 첫걸음을 디딜 마음의 준비가 충분히 되어 있었다. 그녀가 세례를 받았다는 것은 가르멜에의 부르심과 직결되어 있었기 때문이다. 에디트는 충만한 은혜에 이끌리어 하느님의 부르심에 전적인 사랑으로 의탁하고 싶다고 하는 열의로 불타고 있었다.

그러나 에디트의 영적 지도자였던 슈빈드 신부는 에디트가 가르멜 수녀원에 들어가는 것을 반대하고 있었는데 이 신부는 에디트의 학문적 능력을 높이 평가하여 세속에서 생활하는 길을 택하는 편이 사람들을 위해서나 또 교회를 위해서나 도움이 될 것이라고 생각하고 있었기 때문이다.

에디트가 수녀원에 들어가는 것을 일단 보류한 또 다른 이유는 그녀가 가장 사랑하는 어머니의 일 때문이었다. 이러한 사정에 대해 에디트는 다음과 같이 얘기하고 있다.

> 나는 1922년의 새해 첫날에 세례를 받았을 때 이것은 바로 수도생활에 들어서기 위한 첫걸음이라고 생각하고 있었습니다. 그런데 세례를 받은 후 어머니를 만났을 때 어머니는 딸이 수녀원에 들어간다고 하는 것에는 크게 타격을 받고 견디

---

12. Vgl. Edith Stein, Wie ich in den Kölner Karmel kam, Edith-Stein-Archiv, Karmel Köln.

지 못할 것이라고 생각하게 됐습니다. 그렇게 되면 어머니는 죽도록 괴로워하게 될 것이며 필경 가톨릭 교회에 대해서 평생토록 잊지 못할 원한을 품게 될 것임이 틀림없겠다고 생각했고 또 그러한 일이 생기면 내게도 견뎌 낼 수 없는 큰 부담이 될 것이었습니다.[13]

하느님께서 선택하시는 그 신비는 제각기 사람들의 마음에 주어지는 소망 안에서만 계시되는 것이 아니라 오히려 그러한 하느님의 부르심에 응답하려 하는 인간이 걸어나가는 그 과정 자체가 하느님의 이니셔티브에 의해 떠받쳐지고 있다고 하는 그것에 헤아릴 수 없는 하느님의 인도하심이 있다.

에디트는 어머니의 심적 고통을 생각하고 또 지도신부의 충고를 따라 그때는 가르멜회에 들어가는 것을 보류했다. 하느님께서는 원하신다면 모든 일을 가능케 해주실 분이라는 하느님께 대한 절대적인 신앙을 지니고 있던 에디트에게 그녀가 살아가면서 직면하게 되는 온갖 상황은 하느님의 커다란 계획 속에 있는 것이었다.

슈빈드 신부는 그녀가 어딘가 가톨릭적인 분위기 속에서 일을 할 수 있는 그런 직장을 찾고 있었다. 마침 그때 쉬파이어에 있는 도미니꼬회 계통의 여자 고등학교에서 독일어와 역사를 가르칠 교사를 구하고 있어 슈빈드 신부는 그 직장이 우선은 에디트에게 알맞은 생활의 자리가 되지 않을까 생각했다. 그렇게 되면 에디트는 가톨릭의 분위기 속에서 수녀들과의 교환을 통해 신앙생활을 깊게 할 수도 있겠고 또한 교육이라고 하는 일에 종사함으로써 사도적 활동도 실천할 수 있는 기회를 가질 수 있을 것이라고 생각했기 때문이다. 더욱이 바람직한 것은 교사생활에는 어느 정도의 시간적 여유도 있는 것이어서 에디트는 학문적 연구를 계속할 수도 있겠다고 생각되었다.

에디트는 슈빈드 신부가 권하는 대로 쉬파이어의 성 막달레나 여자 고등학교의 교사로 부임케 되었다. 이리하여 1923년 봄, 에디트는 "진리"(veritas)라는

---

13. Ibid.

도미니꼬회의 교훈(校訓)이 걸려 있는 성 막달레나 학교의 교문으로 들어선 것이다. 그것은 그리스도의 입김 아래 펼쳐지는 새로운 생활의 시작이었다.

결실의 계절

1. 쉬파이어에서의 교사생활

에디트가 1923년부터 1931년에 걸쳐 8년 동안을 보낸 쉬파이어에서의 생활은 고요한 시간의 흐름 속에서 은혜가 가져다주는 결실을 거두어들이는 시기였다. 그녀의 인생 속에서 쉬파이어 시절만큼 내적으로나 외적으로나 안정된 깊이를 보이고 있는 때는 없다고 해도 좋을 것이다. 에디트는 기도생활을 심화하고 가톨릭 교회의 신앙생활에 무리없이 용해해 들어갔다. 교사생활을 통해 신앙을 실천하며 기도를 활동의 자리에서 살려나가도록 요청된 것도 바로 이 시기이다. 더욱이 성 토마스의 사상에 접하게 되면서 그리스도교 철학의 과제에 부딪쳐 학문과 신앙의 관계에 대한 사색을 깊이하는 기회를 얻게 되었다. 에디트는 모든 것을 자기 혼자 힘으로 탐구하며 파악하고 판단한다고 하는 자세를 조금씩 완화하면서 모든 일을 말없이 수용하며 한순간 한순간이 은혜에 충만되어 있다는 기쁨을 알게 되는 것이다. 쉬파이어 시절 에디트의 삶의 태도는 일상생활을 통해 기도를 깊이하고 싶어하는 사람, 교육자로서 열성으로 사도직을 수행하려 하는 사람, 학문과 신앙의 세계에 살면서 진리를 탐구하는 사람에게 일반 신자 또는 수도자라는 그 울타리를 넘어서 호소하는 바가 있다.

에디트가 8년 동안 보낸 쉬파이어는 독일 중앙부 라인 강변을 향한 인구 약 5만 명이 사는 아름다운 도시이다. 이 도시의 역사는 기원전으로 거슬러올라가 시저가 라인 지방에 그의 세력을 뻗쳤을 때 이 도시를 지배하고 통치했었다. 그후 쉬파이어는 그리스도교 문화의 중심지가 되어 11세기에는 콘라드 2세에 의해 대성당이 건립되었고 그 대성당은 주교좌 성당으로 오늘에 이르렀고 요한 바오로 2세 교황도 독일을 방문했을 때 이 대성당에서 미사를 드렸다.

이런 소도시에 이토록 아름다운 대성당이 들어서 있게 되면 사람들의 마음은 자연히 하느님께로 향하게 될 것이다. 대성당이 자아내는 신성한 분위기에 이 도시는 휩싸여 있다.

에디트를 깊은 기도생활로 이끈 것은 이 대성당이 지닌 위력만이 아니었다. 에디트는 대성당에서 걸어 몇 분 안되는 곳에 자리잡고 있는 성 막달레나 여자 고등학교 부지 안의 도미니꼬 수녀원에 거주하게 되었던 것이다. 이 도미니꼬 여자 수도회는 1304년에 쉬파이어에서 창립된 독일계 도미니꼬회로 "성 막달레나의 도미니꼬회"라는 이름으로 알려져 있다. 에디트가 생활하고 있던 방은 지금도 그 수녀원 현관에서 2층으로 올라가서 구석 쪽에 있어 당시를 생각나게 한다. 아주 꾸밈이 없는 방으로 그 방에는 책상과 책장 그리고 작은 장롱과 손님용 의자가 놓여 있다. 식사는 수녀원에서 제공되었던 것 같다. 생활에 필요한 최소한의 비용을 제외하고 에디트는 전혀 봉급받기를 바라지 않았다. 그러나 성당이 있는 건물 안에 살며 수녀들과 함께 기도하는 그런 분위기 속에서 생활할 수 있다는 것은 에디트에게 무엇과도 바꿀 수 없는 기쁨이었다.

성 막달레나 학교에서의 교사생활은 에디트의 교육자로서의 그 자질을 크게 꽃피우게 했다. 에디트는 그때까지 프라이부르그 대학에서 조교직에 있어서 젊은 대학생들을 지도한 일은 있었지만, 전 인격적인 교육을 추구하는 자리에서 교편을 잡아 본 일이 없었다. 에디트는 성 막달레나 학교에서 장차 교사가 될 것을 목표로 공부하고 있는 여고생들을 상대로 독일어, 문학, 역사를 가르치게 된 것이다.[1]

에디트의 교육자로서의 역량이 얼마나 뛰어났었던가 하는 것과 그녀 자신의 인격이 학생들에게 얼마나 감화를 주었었나 하는 것은 당시의 에디트를 알고 있는 많은 이들의 증언이 그것을 웅변적으로 말해주고 있다.

---

1. 쉬파이어에서의 에디트의 생활에 대하여는, Maria Adele Hermann OP, Die Jahre von Edith Stein. Aufzeichnung zu ihrem 100. Geburtstag (St. Magdalena, Speyer 1990) 참조. Vgl. Geschichte des Lehrerinnenseminars der Dominikanerinnen von St. Magdalena (Manuskript, St. Magdalena, Speyer).

흥미깊게도 에디트의 사후 그녀의 생애에 사람들의 관심이 집중하게 되어, 열복(列福) 조사가 시작되도록 그 계기를 만들어 준 것은 가르멜 수녀들이 아니었고 다름아닌 쉬파이어에서 에디트와 함께 생활한 교사들과 에디트의 제자들이었다.[2] 교육이라고 하는 것은 눈에 보이지 않는 곳에 씨를 뿌리는 것과 같은 일이라고 일컬어지고 있지만 교사로서의 에디트는 많은 이들에게 유형무형의 훈도(薰陶)를 실천했음은 의심할 여지가 없는 사실이다.

여기서 에디트 자신은 쉬파이어에서의 교사생활이 어떠했나 하는 것에 대한 글을 거의 아무것도 남겨놓고 있지 않기 때문에 몇 사람의 제자들의 회상을 알아보기로 하자. 제자들 한 사람은 이렇게 얘기하고 있다.

나는 열일곱 살이었는데 슈타인 선생님은 독일어를 가르쳐 주었습니다. 진실을 말한다면 선생님은 우리들에게 모든 것을 가르쳐 주었다고 해야 할 것입니다. 우리들은 그때 젊었었지만 선생님의 인격에서 풍겨나는 그 매력은 우리들 마음에 새겨져 잊을 수가 없는 것입니다. 선생님은 매일 성당에서 늘 같은 자리에 앉아 미사에 참례하고 있었습니다. 그분의 모습에서 신앙에 살고 그것을 생활과 완전히 조화시킨다는 것이 어떤 것인가 하는 그 모범이 우리들 가슴에 스며들었습니다. 우리들 나이가 그렇듯이 비판적이었으므로 실제로 어떤 행동을 취하느냐에 따라서 선생님들을 판단하려 했습니다. 난 슈타인 선생님이 평소에 한 말씀을 기억할 수가 없습니다. 그건 선생님의 말씀이 내 마음 속에 남아 있지 않았기 때문이 아니라 선생님은 침착하고 조용한 분이었기 때문에 선생님의 존재 그 자체에 의해서 우리들을 지도했다고 하는 얘깁니다. 선생님은 뭔가 비판할 때에도 부드럽고 공정한 태도를 견지하고 있었습니다. 교실에서건 매주 한 번씩 가지는 레크리에이션 때건 우리들은 항상 온화하고 조용한 선생님과 접하고 있었지요. 또 선생님은 수업 이외의 시간에도 기꺼이 우리들과 함께 지내는 한때

---

2. Teresia Renata Posselt OCD u. Teresia Margareta Drügemöller OCD (Hrsg.), Kölner Selig- und Heiligsprechungsprozess der Dienerin Gottes Sr. Teresia Benedicta a Cruce. Edith Stein (Köln 1962), 8-9.

를 마련해 줬습니다. 바쁜 가운데서도 자기의 시간을 쪼개어 우리들과 함께 놀아줬던 것이지요. 선생님은 우리들이 즐기는 게임도 함께 해줬는데 그 당시 우리들 또래가 좋아하는, 바보 같은 벌금내기 게임 같은 것이었어요. 우리들의 유치한 놀이를 함께했을 때의 선생님의 그 정답고 사려깊은 어머니 같은 미소를 지금도 잊을 수 없습니다. 선생님이 거기 있을 땐 비록 마음 속에서라도 선생님에게 거역하려는 학생은 아무도 없었습니다. 그 당시 엄격한 감시 아래 있던 우리들 여고생을 선생님은 너그러운 마음씨로, 처음으로 극장으로 데리고 간 적도 있습니다. 공연은 셰익스피어의 「햄릿」이었습니다. 선생님은 우리들에게 영국의 훌륭한 작가에 대해서 가르쳐 줬으므로 우리들은 선생님을 통해 이 연극을 감상할 수 있었던 것이지요. 선생님은 하느님과의 일치를 통해서 고귀하고 아름다운 모든 것에 마음을 열고 있었던 것입니다. 그러한 선생님의 모습은 우리들 마음 속에서 사라지는 일이 없습니다.[3]

또 다음과 같이 회상하고 있는 제자도 있다.

슈타인 선생님에겐 뭔가 접근하기가 어려운 그런 분위기가 있었습니다. 선생님은 지성적이고 의지가 강한 분이었기 때문일까요. 우리들은 선생님 앞에선 뭔가 부끄러워지는 것같이 느꼈습니다. 그래도 나는 선생님을 전적으로 신뢰하고 있었습니다. 작문을 할 때면 나는 선생님이 읽어주는 것이라면 내 본심이나 개인적인 생각들을 써버려도 좋을 것이라고 생각했습니다. 슈타인 선생님 앞에서라면 그 어떤 일이라도 신뢰하고 숨김없이 털어놓고 얘기해도 좋다고 생각하고 있었지요. 그래도 오해받는 일은 없다고 말입니다. 슈타인 선생님은 편협함이나 거짓이 없는 진실한 사람이었습니다. 선생님에겐 인격적·사회적·종교적인 천직이 완전히 조화하고 있었습니다.[4]

---

3. Renata 61.　　　　　4. Renata 63.

홋날 성 막달레나 학교의 교사가 된 제자는 에디트에게서 받은 인상에 대해 다음과 같이 말하고 있다.

> 내가 처음 슈타인 선생님을 본 것은 선생님이 몇 권의 책을 안고 세미나 교실로 가기 위해 안마당을 가로지르고 있었을 때였습니다. 난 그 당시 그 사람이 누군지 아직 모르고 있었을 때였지만 선생님의 모습은 내게 깊은 감명을 안겨주어 그때의 첫인상을 잊을 수 없습니다. 그후 난 성 막달레나 수녀원에 들어갔으므로 선생님의 수녀들을 위한 강의를 들을 기회가 있었습니다. 그래서 난 선생님과 개인적으로 친하게 되어 함께 선생님에게서 라틴어나 불어, 영어의 개인교수도 받을 수 있었습니다. 선생님과는 자주 수녀원의 정원에서 만나 얘길 나눴는데, 선생님은 시간이 나면 내 수련원의 복도에서 알아볼 수 있게 선생님 방의 창문을 통해 깃발로 신호를 해주는 것이었습니다. 선생님은 말을 많이는 하지 않았지만 그저 그 인품과 내면에서 풍기는 분위기로 내 공부 면만이 아니라 모든 윤리적인 생활 면에 대해서도 지도를 해줬습니다. 선생님 곁에 있으면 뭔가 고귀하고 순수하고 숭고한 분위기에 휩싸이는 것처럼 느껴졌습니다. 그리고 선생님으로부터 풍겨나오는 이런 분위기는 사람을 높이 끌어올리지 않고는 못배기는 그런 것이었습니다.[5]

성 막달레나 수녀원에 현재도 생존하고 있는 바이켄마이어(Magdalena Weickenmeier) 수녀는 이렇게 말하고 있다.

> 나는 1924년부터 1930년에 걸쳐서 슈타인 선생님에게서 독일어와 라틴어를 배웠습니다. 선생님은 논리적이고 객관적인 학문을 겸비한 분이라고 생각되었습니다. 그러나 그 인품은 대단히 단순하여 친숙하기 쉽고 침착하여 균형이 잡힌 분이었습니다.

---

5. Renata 63.

이들 제자들의 추억의 꽃다발은 에디트가 지성으로 교사직을 수행하고 있던 일, 하느님께 대한 신뢰와 경의에 바탕을 두고 학생들 한 사람 한 사람을 지도하며 만나는 사람들에게 아름다운 인격적인 감화를 준 일을 말해주고 있다.

에디트 자신은 교육에 대하여 어떠한 생각을 가지고 있었던 것일까. 에디트는 어느 수녀에게 보낸 편지 속에서 교육에 대해 다음과 같이 쓰고 있다.

> 교육에서 가장 소중한 것은 교사가 참된 의미의 그리스도교 정신을 지니고 그것을 삶의 태도로 구체적으로 나타내 보인다는 것입니다. 그와 동시에 젊은 학생들이 장차 어떤 생활을 해나가게 될 것인가를 잘 알아두는 것도 교육자가 짊어질 책임이지요. 최근의 젊은 세대들은 많은 위기에 직면해 왔습니다. 그러기 때문에 젊은이들은 우리들 교사를 이해하지 못하고 있는 것입니다. 그러나 우리들 교사는 그네들을 이해하려고 해야 합니다. 그렇게 하면 조금이라도 그들을 도울 수가 있을 것입니다.[6]

또한 에디트는 1930년에서 1932년에 걸쳐 유럽 각지에서 행한 강연에서 교육에 대해 이러한 생각을 표명하고 있다.

> 교육이라고 하는 일의 모든 것은 사랑의 정신으로 일관돼 있어야 합니다. 사람의 잘못을 고쳐줄 때에도 애정을 가지고 대해야 함은 중요하며, 결코 두려움을 불러일으키는 것이어서는 안됩니다. 가장 유익한 교육의 방법은 무언가를 가르치는 것에 있는 것이 아니라 산 모범을 보이는 것에 있는 것입니다. 사랑 없이는 모든 말들은 헛된 것이 되어버리고 맙니다.[7]

교육이란 근본적으로 지식의 주고받음이 아니며 인간 상호간의 산 관계, 접촉이라고 하는 에디트의 사고방식은 다음의 글에도 잘 나타나 있다.

---

6. Brief 123 vom 20.10.1932 an Sr. Callista Kopf OP, SB I 119-200.

7. F 114.

교육의 본질은 외적인 지식의 전달에 있는 것이 아니고 행위적인 관계에 의해서 인간의 인격이 형성되어 가는 것입니다. 교육은 긴 안목으로 보아 인간이 만들어져 가는 프로세스 그것에 다름없습니다.[8]

더 나아가 에디트는 교육론 속에서 균형잡힌 교육의 필요성, 교육활동의 종교적 기반, 여성 교육의 과제에 대하여 언급하고 있다. 교육은 인간이 가진 지적인 면만이 아니라 정서적·신체적인 면을 포함한 산 인간에게 전 인격적으로 작용해야 함을 역설하고 있다. 부분만이 아니라 거기 나타나 있는 인간 존재 전체를 도야하는 교육이 여성에게는 특별히 소중하다. 그리하여 에디트의 교육론은 그리스도교 교육론으로 완전무결한 교사란 하느님임을 강조하고 있다. 성 토마스가 "은혜는 자연을 완성시킨다"라고 말하고 있듯이 우리들 인간의 온갖 교육적 노력은 최종적으로는 하느님의 은혜에 의해서만 완성되는 것이다. 따라서 에디트는 교육이라는 직업을 하나의 종교적인 소명으로 이해하고 있다. 그것은 교육자가 하느님과 사람들 사이에 서는 중개자라고 하는 생각에 의한 것이다. 그런 의미에서 참된 교육자는 주님의 도구가 되어 하느님을 섬기고 사람들을 사랑하며 사는 것이라고 하는 고귀한 사명을 부여받고 있는 것이다.

쉬파이어에서의 교사생활은 에디트에게 매일같이 끊임없는 헌신과 희생을 요구하는 것이었다. 에디트에게는 자기의 연구시간 같은 것은 충분히 남아 있지를 못했다. 에디트는 수업 이외에도 학생들이나 친구들 그리고 수녀들을 위해서도 자기 시간을 아낌없이 내주고 정성을 다했던 것이다. 다음의 그녀의 말은 에디트가 대단히 실천적으로 사람들의 요청에 응하는 행동력을 지니고 있었음을 보이고 있다.

사람들과의 관계에 대해서 한 마디 하겠습니다. 우리들의 이웃이 도움을 필요로 하고 있을 때 그것에 응해야 함은 어느 율법보다도 중요한 것입니다. 우리들의

---

8. F 118.

온갖 활동이란 하나의 목표로 향하는 수단에 불과합니다. 사랑만이 그 목표인 것입니다. 왜냐하면 하느님은 사랑이시기 때문입니다.[9]

앞서 본 바와같이 에디트는 세례를 받고 얼마 안 되었을 때 가르멜회에 들어가고 싶다고 생각하고 있었다. 에디트의 마음 속에서는 관상생활에의 부르심은 거의 확신에 가까운 것이었다. 그러나 쉬파이어에서의 에디트의 생활을 그녀의 생애 전체의 흐름 안에서 그 위치를 잡아볼 때 하느님께서는 그때에 가장 알맞은 방식으로 사람들을 인도하심을 알 수 있다. 에디트의 내면에서 하느님을 사랑하려는 자력성(自力性)은 타력성(他力性)이 되어 이 세상 사람들에게 봉사하는 것에, 다시 말해 하느님께 자기 자신을 모두 비워 내주는 것에 직결하도록 되어 있었다. 에디트의 회상은 이어진다.

회심 후 얼마 안 되어서도 그랬지만 시간이 훨씬 지나고 나서도 나는 수도생활로 들어선다는 것은, 이 지상의 모든 것을 던져버리고 오로지 천상의 일만을 생각하며 사는 것이라고 생각하고 있었습니다. 그러나 이 세상에서도 우리들에겐 해야 할 일이 많이 있음을 차츰 알게 됐습니다. 철저한 관상생활에서조차 이 세상과의 연관을 단절해선 안되는 것입니다. 나는 지금 이렇게 확신하게 됐습니다. 사람은 하느님께 깊이 끌려가면 갈수록 "자기 자신으로부터 나와", "이 세상의 한가운데로" 나아가게 되는 것이라고 말입니다. 우리들은 이 세상에 거룩한 생활을 가져오게 하기 위해서 세상 속에서 일을 하는 것입니다.[10]

에디트에게 관상생활과 활동생활 사이의 균열은 원래 있을 수 없는 것이었다. 관상생활은 세상으로부터의 도피나 이기주의와는 정반대의 것이다. 기도라는 것이 참된 사랑으로 일관되는 것이라면 그것은 바로 자기로부터 나와 하느님이 사랑하시는 세계로 뛰어들어 자기의 마음 속에 전세계를 껴안는 것이 된다. 에

---

9. Renata 59.

10. Brief 45 vom 12.2.1928 an Sr. Callista Kopf OP, SB I 54.

디트는 주위 사람들에게 자기 자신을 비워 봉사함으로써 생활 그 자체를 기도로 승화시켜 갔던 것이다.

주위 사람들 누구나가 인정하고 있듯이 에디트는 쉬파이어에서 놀랄 만큼 잘 기도하는 사람이었다. 그녀의 활동이 충실하면 할수록 기도도 깊어만 갔다. 에디트는 성 막달레나 수녀원 성당에서 기도를 드릴 수 있는 시간을 무엇보다도 사랑했다. 에디트의 기도하는 모습에 대해 이렇게 말하는 사람도 있다.

슈타인 선생은 성당에서 부동자세로 꿇어앉은 채 몇 시간이고 기도하고 있었습니다. 그 모습은 어떤 설교보다도 인상적이었습니다. 선생은 기도하는 것으로 마음 속 모든 것을 비워 내줌으로써 단순하게 되어 있는 것 같았습니다.

또 성 막달레나 수녀원의 한 수녀는 이렇게 회상하고 있다.

에디트 슈타인은 매일 아침 오랜 시간 기도하는 것이 보통이었습니다. 아침 네 시부터 다섯시 사이에 수녀들이 성당으로 들어가면 이미 그녀는 자기 자리에 앉아 기도하고 있었던 것입니다. 그리고 에디트는 결코 공부를 많이 한 사람 티를 내는 일이 없었고 누구 앞에서건 겸손했습니다. 에디트의 몸 전체에선 뭔가 신성한 빛을 발해 우리들의 영혼을 비추고 있는 것같이 느껴졌던 것입니다.

우리들의 생활 전체가 기도에서 비롯해 기도에로 돌아간다는 것의 소중함을 에디트는 알고 있었다. 에디트의 영적 생활을 넘어다 볼 수 있는 편지의 일부를 여기서 인용하기로 하자.

우선 첫째로 중요한 것은 하느님과 친교할 수 있는 고요한 시간을 찾아낸다는 것입니다. 그리고 그 고요한 기도의 시간이 없다면 다른 일은 아무것도 할 수 없다고 생각하는 것입니다. 그렇게 한다면 내 하루의 생활은 이렇게 됩니다. 내게 고요하다고 생각되는 시간은 하루의 일과가 시작되기 이전인 아침 시간이고,

그 시간에 가능하다면 그날의 특별한 사명을 받는 것입니다. 그때엔 자기 자신
을 위해 뭔가를 선택하는 것 같은 그런 일은 하지 않습니다. 바로 이 고요한 시
간을 가지는 것으로 자기는 참으로 하느님의 도구에 불과함을 깨닫게 되는 것이
고 자기의 일에 필요한 능력을 자기 자신을 위해 쓰는 것이 아니라 하느님께서
우리들을 통해서 써주시는 것임을 자각하게 되는 것입니다.[11]

또한 에르나 언니 앞으로 보낸 편지 속에서는 기도를 통하여 깊어지고 담담해
지는 영적 경지에 대해 이렇게 말하고 있다.

> 성인(聖人)에게조차 이 세상의 모든 바람, 희망, 기쁨을 버리도록 요청되고 있
> 지는 않다고 생각하고 있습니다. 사람은 살기 위해서 이 세상에 놓여져 있는 것
> 입니다. 그러기에 이 세상의 아름다운 것은 모두 기쁘게 받아들여야 합니다. 그
> 리고 일이 뜻대로 안될 때 우리는 실망해 버릴 필요도 없습니다. 그럴 땐 자기
> 에게 남겨진 다른 길을 생각하면 됩니다. 우리에게 이 세상은 기류지인 셈이지
> 요. 지금은 참으로 무거운 짐으로 여겨지는 그것도 결국에 가서는 별로 대수롭
> 지 않은 것이 되어 우리가 이해하고 있는 것과는 상당히 다른 의미를 가지게 돼
> 버리는 것입니다.[12]

확실히 에디트는 매일 기도 속에 잠기어 하느님의 눈으로 세계를 보려 하고 있
다. 기도 안에서 그녀는 모든 것을 내밀고 모든 것을 받으려는 듯 두 손을 펼
치고 있다. 꼼짝하지 않고 기도에 침잠하는, 이른 아침 시간 — 그것은 에디트
의 분주한 생활을 떠받치는 힘의 원천이 되어주는 때였음에 틀림없겠다.

---

11. Ibid.

12. Brief vom 29.7.1918 an Erna Stein (später Biberstein), in: Edith Stein, Aus der Tiefe leben
    (Hrsg. Waltraut Herbstrith, München 1988), 64.

2. 성 토마스를 배우고

쉬파이어의 성 막달레나 여자고등학교에서 교사생활을 하면서 보낸 8년 동안, 에디트는 훗썰의 문하생들이었던 연구 그룹이나 철학자들과 어울리는 생활에서 멀어져 있었다. 대학이나 학회에도 거의 나가는 일이 없었고 그 무렵의 에디트는 학문의 제일선에서는 멀리 떨어져 있었던 것처럼 보인다. 실제로 에디트는 하루 생활의 대부분을 교육활동과 학생들과의 친교, 그리고 하느님께 바치는 기도로 보냈었다. 지금까지 에디트가 계속 가지고 있던 학문에 대한 열정과 철학 연구를 통한 진리 탐구의 노력은 어디로 가버린 것일까. 당시의 에디트를 알고 있는 학자들은 가톨릭으로 귀의함으로써 철학자로서의 그녀의 학구생활은 종지부를 찍은 것이 아닌가 하고 추측하게도 되어 있었다. 훗썰도 에디트의 개종에 대하여 "철학자가 신앙에 귀의한다는 것은 불행한 일입니다. 왜냐하면 참된 철학자는 언제나 자유로워야 하기 때문입니다"[13]라고 말하고 있듯이 에디트는 철학의 길을 버리고 신앙의 세계로 들어간 것이라고들 이해하고 있었던 것 같다.

그러나 에디트 자신에게 그리스도교에의 개종은 신앙의 세계로 들어서는 것이었지만, 그것이 결코 진리 탐구의 문을 닫아버리는 것을 의미하지는 않았다. 그녀에게 궁극적인 진리란 현상학이 내걸고 있는 "사상(事象) 그 자체에로"라고 하는 모토를 배반하는 것이 아니라 인간의 자아에 바탕을 둔 진리에 극한될 수 없는, 우리들이 파악해 낼 수 없는 하느님 그 자체, 그리스도 자신에 다름이 없었다. 에디트는 회심을 계기로 하여 차츰 철학 연구의 그 의미, 그리고 철학이 목표로 하는 것에 대해 근본적으로 고쳐 묻고자 했던 것이다.

에디트가 쉬파이어에 부임한 뒤 발표된 두 개의 논문은 에디트의 철학적 관심의 방향성을 가리키고 있다. 「심리학과 정신과학의 철학적 기초를 위한 연구

---

13. Edmund Husserl, Brief vom 25.11.1921 an Roman Ingarden, Phenomenologica 25 (The Hague 1968), 22.

— 제1부 심리적 인과성, 제2부 개인과 공동체」[14](1922년) 그리고 「국가에 관한 연구」[15](1925년)는 둘 다 훗썰 편집의 『철학·현상학 연구 연보』에 실렸다. 이들 두 논문에서 논술되고 있는 그 요지는, 개인이나 사회로서의 국가나 그 본질은 그 어느 것이나 그것만으로 완결되는 것이 아니라 하느님을 향해 열려 있어 거기서 비로소 완전한 충족이 발견될 수 있다고 하는 것이다. 이들 논문은 에디트가 회심하고 신앙의 길을 걷기 시작했을 무렵에 씌어진 것으로 그녀의 신앙생활이 그 철학적 사색에 어떤 영향을 미쳤는가를 알 수 있게 하는 흥미깊은 내용들이다.

가톨릭의 신앙에 들어선 뒤의 에디트의 사상적 행보를 깊이 규정하게 한 것은 성 토마스 아퀴나스의 사상이었다. 아마도 에디트는 토마스의 사상과 만남이 없이 하느님의 신앙에 바탕을 둔 그리스도교 철학의 탐구를 깊게 할 수는 없었을 것이다. 토마스의 사상이 그후의 에디트의 철학 연구에 미친 영향은 훗썰의 현상학에 비길 수 있을 만큼 결정적인 것이었다.[16] 에디트는 그녀의 철학적 주저(主著)가 된 『유한한 존재와 영원한 존재』(1935~1936년)의 머리말에서 이렇게 말하고 있다.

> 나는 내가 쓴 논문이 훗썰 교수가 편집하는 『연보』에 실려 내 이름이 알려지게 될 무렵 철학적 활동을 그만뒀습니다. 그리하여 이젠 더 이상 공적인 지위 같은 것에 대해선 생각하지 않게 됐습니다. 나는 그리스도의 길과 교회를 발견하고 그 신앙생활에서 어떤 실천적인 결과를 끄집어 낼 일로 머릿속이 꽉 차 있었습니다. 쉬파이어의 도미니꼬회가 운영하는 학교에서 교편을 잡고 있는 동안 나는 가톨릭의 환경에 익숙해지게 됐습니다. 얼마 뒤 나는 가톨릭의 세계를 규정하고 있는 명료한 본질에 대해서 배우게 되고 이해하고 싶다는 생각을 가지게 됐습니

---

14. 제4장의 주석 1 참조.

15. Edith Stein, Eine Untersuchung über den Staat (Halle 1925, Nachdruck Tübingen 1970).

16. Vgl. Edith Stein, Husserls Phänomenologie und die Philosophie des hl. Thomas v. Aquin, in: Jahrbuch für Philosophie und phänomenologische Forschung (Husserl-Festschrift 1929), 315-338.

다. 그러므로 성 토마스 아퀴나스의 저작들을 연구하기 시작한 것은 당연한 귀결이었습니다.[17]

토마스 아퀴나스는 13세기 유럽이 낳은 중세 최대의 사상가로 가톨릭의 철학과 신학을 아리스토텔레스의 이론을 기본으로 하여 체계화하여 스콜라 철학을 완성시킨 성인이다. 토마스가 남긴 방대한 저작들과 그 영향은 비할 데 없이 커서 현대에 이르러서도 많은 그리스도교 사상가들이 그 철학적 사색의 원천을 토마스 사상에서 찾아내고 있는 것이다.

에디트가 가톨릭의 세례를 받고 수년 뒤 그녀의 신앙생활도 어느새 안정된 깊이를 보이게 된 이 무렵에 토마스 사상을 연구하게 된 것은 때맞게 기회가 다가온 것이다. 에디트가 토마스로부터 배운 것은 많았지만, 먼저 무엇보다도 토마스의 철학 연구의 자세, 다시 말해 진리에 대하여 자기 스스로를 열어나간다고 하는 신앙에 바탕을 둔 학구적 삶의 태도를 알게 된 것이다. 에디트는 이렇게 말하고 있다.

> 관상생활에서 이 세상과의 인연을 끊어서는 안된다는 것을 깨닫게 됐습니다. 성 토마스에게서 배울 때까진 나는 학문 연구를, 하느님께 바치는 봉사작업의 일환으로 할 수 있다는 것을 충분히는 이해하지 못하고 있었습니다. 그리하여 나는 비로소 학문 연구에 진지하게 파고들게 된 것입니다.[18]

에디트가 이해한 대로 토마스에게 있어서는 학문 연구를 통한 지혜의 탐구와 진리의 관상은 항상 하나로 연결되어 있었다. 결국 토마스에 의하면 학문 연구의 길은 생활의 일부분으로서의 지적 활동에 그치지 않고 언제나 하느님께 드리는 봉사와 연결되어 있었다. 에디트는 토마스 사상 속에서 무릎 꿇는 학자의 자세를 보았으리라. 토마스는 이렇게 말하고 있다. "철학 연구의 의미는 누가

---

17. EeS VII.   18. Brief 45 vom 12.2.1928 an Sr. Callista Kopf, SB I 14.

무엇을 생각했는가를 아는 것이 아니라 사항 자체의 진리는 어떤 것인가를 아는 데 있다"고. 사항 자체의 진리란 다름아닌 하느님 자신으로 그것은 온갖 인간적 이해를 넘는 신비이며 인간 존재를 그 근본에로 끌어당기는 원천으로서 현존하고 있는 것이다. 에디트는 토마스를 통하여 학문과 관상, 합리적 인식과 신앙의 이해라고 하는 주제에 부딪치게 된다.

오랫동안 훗썰이 이끄는 현상학파 속에서 교육받고 철학 연구를 지속해 온 에디트에게 토마스의 사상은 미지의 것이었고 지금까지 배워온 현상학의 세계와는 전혀 다른 이질적인 것이었다. 또한 방대한 양에 달하는 토마스의 저작들을 통관(通觀)하고 스콜라 철학의 용어와 토마스의 문체에 친숙해진다는 것은 대단한 노력을 필요로 하는 것이었다. 예전에 훗썰의 철학입문 세미나를 담당하고 있을 때, 그 클래스를 "철학의 유치원"이라고 놀린 일이 있는 에디트였지만 토마스를 연구하기 시작하면서는 그녀도 초심(初心)으로 돌아가 강한 인내심으로 겸허하게 다시 배워야만 했다. 『유한한 존재와 영원한 존재』의 머리말을 다시 보자.

> 이 책은 초심자를 위해서 초심자가 쓴 것입니다. 다른 사람들에게서 교수라고 불릴 그런 나이에 달한 저자이지만 새로운 길을 다시 걸어나가게 된 것입니다.[19]

고딕의 대성당에 비유되는 심원하고 숭고한 성 토마스의 세계에 발을 들여놓게 되면서 에디트는 운이 좋게도 훌륭한 지도자를 만날 수 있었다. 토마스 연구에 대해 해박한 지식을 가지고 있는 학자를 에디트에게 소개해 준 것은 쉬파이어에서 그녀의 영적 지도사제였던 슈빈드 신부였다. 신부는 에디트가 수녀원에 들어가는 것보다 학문 연구와 교육활동을 통해 가톨릭 교회에 봉사하기를 더 바랐던 관계로 에디트에게 그의 친구 에리히 프시와라(Erich Przywara, 1899~1969) 신부를 소개한 것이다. 에리히 프시와라 신부는 예수회의 철학자

---

19. EeS VII.

로 아우구스티누스, 토마스, 이냐시우스, 뉴먼 등의 사상적 유산을 구사하여 지극히 독창적이며 심원한 철학과 영성(靈性)에 관한 저작들을 발표하고 있었고 그 무렵에 활약하고 있던 칼 바르트, 폰 발타살, 칼 라너에게도 다대한 영향을 주었다. 당시의 가톨릭 신학계에 그만큼 큰 영향을 미쳤으면서도 프시와라 신부는 대학에서 교편잡기를 바라지 않았으며 수도회의 공동생활에서도 떨어져 뮌헨 근교에 있는 무르나우에서 고고한 생애를 보냈다.

이 강렬한 개성을 지닌 두 사람의 철학자 — 프시와라와 에디트의 만남은 시기적절한 것이었으며 불가사의한 자석으로 끌리는 것 같은 정신적인 앙양을 서로에게 일으키게 되는 것이었다. 1925년, 프시와라는 쉬파이어의 에디트를 방문했는데 두 사람은 서로 어떤 인상을 받았던 것일까. 에디트는 프시와라에게서 그리스도인과 철학자가 이상적으로 양립한 모습을, 그리고 그녀의 학문 연구와 영성생활을 지도해 줄 스승을 본 것은 아닐까. 한편 프시와라는 에디트 속에 있는 천직 — 명석한 사고력과 논리성, 그리고 철학적 능력만이 아니라 여성으로서의 풍부한 자질까지도 꿰뚫어본 것이다. 프시와라는 에디트에 대하여 다음과 같이 그 인상을 말하고 있다.

에디트 슈타인에겐 확실히 특별한 자질이 있었습니다. 그녀는 순 유대인의 핏줄을 타고났으면서도 동시에 진짜 독일 여성이었습니다. 거기서부터 그녀의 대단히 뛰어난 특성이 나타나게 된 것입니다. 다시 말해서 고전적이고 철학적인 엄밀함이라고 하는 것 — 훗썰과 토마스의 연관을 연구한 것에서도 잘 나타나 있듯이 — 과 바하, 레거, 교회의 고전적이고 소박한 성가를 애호한 것에서도 엿볼 수 있는 그 깊은 예술적인 기질 같은 것은 그녀의 내면에 깃들고 있는 것을 잘 나타내고 있는 위대한 증거였습니다. 그녀의 철학적인 과제였던 인간의 우주에에 대한 관계라고 하는 것 — 즉, 이 세계의 피조물이라는 유한한 존재에 영원한 존재가 현저하게 나타난다고 하는 것이 그녀 자신 안에 구현되어 있었던 것이지요. 그녀는 영원한 우주의 빛남이라고나 할 총명함을 지니고 있었음과 동시에 참된 인간성을 갖춘 여성이기도 했습니다. 그녀는 두 가지 정신적 특징을

겸비하고 있었습니다. 여성적인 큰 포용력에 상대방의 반려가 될 수 있는 공감
능력, 그리고 동시에 대단히 남성적인 객관성을 지니고 있었습니다.[20]

에디트의 뛰어난 재능과 그녀의 인격적 본질에 대하여 이만큼 명확하게 표현한
말은 없을 것이다. 그 누구보다도 프시와라 자신이 에디트의 탁월한 철학적 능
력과 그녀의 참된 여성다움에 매료되었다는 증거가 될 것이다. 1925년 이후
프시와라와 에디트는 학문적인 문제에 대해 또 영적인 사정에 대해 친밀하게
서로의 의견을 나누게 되었다. 만일 프시와라와 에디트 사이에 교환된 서간이
남아 있다면 대단히 흥미있는 자료가 되었을 것이다. 그러나 나치의 박해가 시
작한 시기에 이 두 사람은 서로의 양해 아래 두 사람 사이에서 주고받은 모든
서간들을 소각하고 말았다고 한다.

에디트의 철학적 능력을 높이 평가한 프시와라는 토마스에서 비롯하는 대표
적인 가톨릭 사상가들의 저작에 통달하도록 에디트에게 권했다. 그래서 그 첫
작업으로 에디트에게 존 헨리 뉴먼(John Henry Newman)의 작품과 토마스의
『진리론』을 번역하도록 조언했고, 에디트는 프시와라가 가르치는 대로 즉각 이
들의 번역에 착수했다.

에디트가 번역한 것은 영국의 사상가 『뉴먼 추기경의 서간과 일기』(*New-
man's Letters and Journals*)로 프시와라가 편집한 뉴먼 저작집의 독일어 번
역판 속에 수록되어 있다. 에디트가 담당한 1801년부터 1845년에 걸친 『서간
과 일기』 속에는 뉴먼이 영국 교회에서 가톨릭으로 개종하게 된 그 경위가 기
술되어 있어, 에디트에게는 대단히 흥미깊은 내용들이었다. 에디트는 위대한
사상가이며 시인이기도 했던 뉴먼에게서 많은 것을 배웠고 1930년에 발표된
에디트의 에세이 『내적 고요의 길』[21]도 뉴먼에게서 영감을 받아 씌어진 것이라
고 생각된다.

---

20. Erich Przywara, Edith Stein. Zu ihrem zehnten Todestag, in: Die Besinnung 7 (Nürnberg
    1952), 239.

21. Edith Stein, Wege zur inneren Stille (Frankfurt a. M. 1978), 54-75.

그리스도교 사상계에 에디트의 이름을 널리 알리게 한 것은 그녀가 번역한 토마스의 『진리론』이었다. 에디트는 이 난해한 토마스의 저작을 번역하기 위하여 수년 동안 각고의 노력을 다했으며, 그녀 자신이 "성 토마스는 시간을 절약한다고 되는 것이 아니고 토마스를 위해서는 모든 시간을 바쳐야만 하는 것입니다"라고 말할 정도로 온 정력을 쏟았다. 『진리론』의 독일어 번역판은 1931년에 두 권이 되어 브레슬라우에서 출판되었다.[22]

에디트가 토마스 사상에 친숙해지기 위하여 최초로 『진리론』 번역에 손을 댔다고 하는 것은 에디트의 차후의 사상적 전개를 이해하는 데 중요한 열쇠가 된다. 『진리론』은 토마스가 1256년부터 1259년에 걸쳐 파리 대학 신학부에서 행한 최초의 토론(disputatio)을 총정리한 것이다. 토론은 중세의 대학 특유의 수업 형식으로 『진리론』 속에는 29문제, 253항이 담겨 있어 그 주제인 진리에 관한 문제, 선(善)에 관하여, 하느님에 대한 지식, 정신, 의지에 관한 여러 문제들이 거론되고 있다. 그중에서도 제1문제 제1항에서 취급되고 있는 "진리란 무엇인가"라는 문제는 철학사상(哲學史上) 진리의 문제를 논하게 될 때 극히 중요한 의의를 지닌다. 토마스의 진리론은 현대철학, 특히 현상학이 논구(論究)하려 하는 진리 이해와는 결정적으로 판이한 점을 가지고 있다. 토마스에 의하면 진리란 모든 탐구가 도달하려 하는 제일의 진리이며 궁극적으로 그것은 영원하고 신적(神的)인 진리였다. 토마스에게 인식론은 존재론과 결부되어 있다. 토마스는 진리 탐구의 출발점을 인간의 인식작용에서 구했다. 진리는 고도의 인식 능력으로서의 인간의 지성 안에서 찾아볼 수 있게 되는 것이라고 토마스는 생각한다. 그 점에 있어서 자기 안에서 자기를 넘어선 곳을 인식할 수 있는 지성(intellectus)과 개념적이고 논증적인 인식 능력인 이성(ratio)과는 구별이 된다. 지성이 최초로 인식하는 것은 "존재하는 것"(ens)으로 "존재하는 것"에 관한 탐구는 다만 무엇인가가 사실 거기에 있다고 지각되는 단계를 넘어

---

22. 그후 헤르더사에서 재판되어, 에디트 슈타인 전집에 추가되었다. Des hl. Thomas von Aquin Untersuchungen über die Wahrheit (Quaestiones disputatae de veritate), in: Edith Steins Werke, Bd. III und Bd. IV.

서 소재(자료, materia)에 통일성을 주고 본질을 만들어 내는 형상(forma)을 찾아보는 데 있다. 토마스의 진리론은 "존재하는 것"(ens)이 그것에 의해 존재하고 또한 그것에 기초를 두고 인식되는 근거로서의 존재(esse)를 탐구해 나가는 그것이었다.

에디트는 토마스의 존재론을 현상학자의 처지에서 이해하려 한다. 에디트는 아무런 애매함이나 타협함도 없이 토마스의 존재론과 현상학을 대결토록 한다. 『진리론』을 번역하면서 에디트가 시도한 바는 단지 낱말을 바꿔놓는 것에 불과한 것은 아니었다. 저명한 토마스 학자인 M.그라프만은 『진리론』의 머리말에서 "에디트는 토마스 용어의 그 특색을 살리며 토마스의 사상을 현대적인 언어로 표현하고 유창한 독일어로 토마스의 사고 과정을 재현시켰다"[23]고 평하고 있다. 또 에리히 프시와라는 에디트 번역의 특색을 다음과 같은 점에서 찾아내고 있다. "이 번역의 탁월한 점은 그것의 완전한 밸런스에 있다. 그 속에서 독일어를 통해서 토마스의 라틴어의 명석함이 빛을 발하고 있는 것이다. 한편 풍부한 주석과 번역 방식에 의해서 모든 것이 생생한 현대철학의 형태를 취하여 표현되어 있다. 어느 곳을 집어보아도 거기서 찾아볼 수 있는 것은 토마스이며 오직 토마스뿐이다. 그러나 동시에 토마스는 훗썰, 셀러, 하이데거와 대결하고 있다. 에디트 슈타인은 독자적인 철학자로서 현상학의 용어를 자유자재로 구사하면서도 결코 토마스의 언어를 뒤바꿔놓는 일 따위는 하지 않고 있다. 거기서는 두 사람에게로 통하는 문이 뜻하는 대로 열려 있는 것이다. 바로 이런 점에 이 훌륭한 번역의 가장 중요한 의의가 있는 것이라고 여겨진다."[24]

에디트는 수많은 토마스 학자들처럼 학구적 생애의 대부분을 오직 토마스 연구에 몰두해 온 것은 아니었다. 에디트의 철학자로서의 본령은 현상학에 있었다. 그녀는 "괴팅겐 학파"라 불리는 현상학 운동이 전성기를 맞이하고 있던 그 시기에 훗썰 문하의 우수한 학우들과 함께 현상학을 연구하고 프라이부르그 대학에서는 훗썰의 조교로 일을 했었다. "사상(事象) 그것으로" 육박하려 하는

<hr>

23. Ibid., Bd. III, Vorwort 6.   24. Stimmen der Zeit 121 (1931), 385-386.

현상학의 정신은 토마스와의 만남에 의하여 더욱더 투철한 것이 되었고, 존재 그것으로 하느님께로 향하는 것이 되어갔던 것이다. 에디트가 현상학자로서의 사유(思惟)를 상실하지 않고 토마스 연구에로 인도됨으로써 에디트는 토마스 해석의 독자성을 발휘하게 되었다. 토마스의 『진리론』 번역은 가능한 한 번역 하는 사람 자신의 의도가 투명해지도록 하는 방식으로, 현대철학의 시점에서 토마스 사상을 부활하도록 하는 시도였다. 에디트는 번역을 통하여 토마스의 스콜라학을 현대철학과의 대화에로 열리도록 함으로써 현상학과 스콜라학을 대결시켜 그것에 의해 현대철학이 지니는 그 한계와 귀결을 제시하도록 했던 것이다.

3. 현상학과 스콜라학의 대결

에디트의 토마스 해석에서 볼 수 있는 현상학적 관점을 논하기 전에 에디트가 연구하고 이해하고 있던 현상학이란 어떤 것이었는가에 대해 간단히 말해두고 싶다. 에디트가 훗썰 아래에서 철학을 공부하도록 결심하게 한 것은 훗썰이 1900년에 발표한 『논리학 연구』였다. 훗썰은 『논리학 연구』에서 주관주의적·심리학적 경향을 띤 논리학과 단절하고 온갖 인식에 객관적인 의미와 이론적 통일을 부여하는 것으로서의 순수논리학을 확립하여 객관주의 관점을 명백히 했다. 그럼으로써 고유한 의미의 현상학이라 불리는 훗썰의 철학이 성립하게 된다. 에디트는 자서전 속에서 "훗썰 교수가 언제나 강조하고 있던 점은 엄밀한 객관성과 철저성 그리고 학문에 대한 지적 성실성이었다"고 말하고 있다. 현상학은 편견과 억견에 사로잡히는 일이 없이 "사실 그것에로" 향해 나아가는 철학적 자세를 요구한다. 현상학이 대상으로 하고 있는 현상이란 사실로서의 현상이 아니고 진리 인식을 가능케 하기 위한 순수의식의 체험이다. 에디트가 괴팅겐 대학에서 공부하던 1916년부터 1917년에 걸친 시기에 훗썰의 철학적인 전개는 그 중반기에 들어서 있었으며 1913년에 발간된 『이데엔』 제1권에서 현상학적 환원이라고 불리는 새로운 현상학적 방법을 도입했다. 이것은 자연적 관점에 속하는 것의 그 타당성을 괄호 속에 넣어 판단 중지를 행함으로써 그래도 거기에 잔류하는 순수의식의 탐구에 현상학의 과제를 두었던 것이다.

에디트는 훗썰의 조교로 일하고 있는 동안 『이데엔』의 제2, 제3권과 『논리학 연구』의 제6 연구, 그리고 『내적 시간 의식의 현상학』의 초고들을 정리하고 편집하는 일을 떠맡게 되었는데 이 무렵부터 훗썰의 초월론적 현상학으로의 방향 전환에는 용인할 수 없는 점이 있다고 생각하고 있었다.[25] 에디트가 훗썰에게서

---

25. Vgl. Edith Stein, Husserls Phänomenologie und die Philosophie des hl. Thomas v. Aquin, in: Jahrbuch für Philosophie und phänomenologische Forschung (Husserl-Festschrift 1929), 315-338.

배우고 자기의 사상을 쌓는 기초로 한 것은 그 어떠한 주관적 자의(恣意)도 용납하지 않는 "엄밀한 학문으로서의 철학" 그리고 모든 객관적 진리와 학문의 형식적이고도 근본적인 틀로서의 현상학을 확립하는 것이었다. 현상학이 "사상(事象) 그 자체"에로 육박해가는 학문이라고 일컬어질 때 "사상 그 자체"란 감성적인 경험에 의거한 개별적 사물이 아니라 보편적인 이념 또는 사물의 본질을 두고 하는 말이다. 에디트는 현상학에서 찾아볼 수 있는 객관에로의 전향(轉向)과 본질 탐구만이 철학을 보편적인 자유의 높이에로 이끄는 길이 되는 것이라고 이해하고 있었다. 그러나 훗썰의 초월론적 현상학으로의 이행(移行)은 철학적 탐구의 출발점을 주관에서 찾아보는 것으로 그럼으로써 온갖 주관의 상대성으로부터 자유로워야 할 "객관으로의 이행"을 포기한 것이라고 에디트는 생각했다. 훗썰의 경우 현상학의 출발점으로 정해진 "순수자아"나 "초월론적 자아"란 철저한 회의적 고찰에 의해 찾아볼 수 있는 의심할 여지 없는 확실하고도 순수한 주체인 것이다. 이 순화된 의식에 대하여 가능적이며 대상적(對象的)인 세계가 어떤 방식으로 구성되어 있는가를 밝혀내는 것이 현상학의 과제라고 훗썰은 주장한다. 이런 점에서 에디트는 훗썰과 대립하게 된다. 주관성을 철학 탐구의 출발점으로 삼는 훗썰에게서는 "자아중심적"인 방향 설정을 볼 수가 있어 "하느님 중심적"인 방향 설정을 한 토마스 철학과는 명백하게 상이한 것이다.

에디트의 토마스 연구의 그 성과는 먼저 1929년에 훗썰의 70세 생신을 기념하는 논문집에 실린 그녀의 논문 「훗썰의 현상학과 성 토마스 아퀴나스의 철학, 그 대결의 시론」[26]이 발표됨으로써 나타났다. 이 논문 속에서 에디트는 훗썰의 현상학과 토마스의 스콜라학의 본질적인 유사점과 차이점을 밝히려 시도하고 있다. 1930년부터 1931년에 걸쳐 에디트는 프라이부르그 대학에 교수 자격 취득 논문으로 제출할 예정이었던 「현실태와 가능태」(*Akt und Potenz*)[27]를 썼다. 이 논문은 출판되지는 않았지만, 훗날 쾰른의 가르멜회에 들어간 뒤

---

26. Ibid.　　　　27. Edith Stein, Akt und Potenz (Edith-Stein-Archiv, Brüssel).

1935년부터 1936년에 그 논문을 고쳐씀으로써 『유한한 존재와 영원한 존재, 존재의 의미에로의 등반, 그 시론』(*Endliches und ewiges Sein. Versuch eines Aufstiegs zum Sinn des Seins*)으로 완성하게 되었다. 에디트의 철학적으로 주된 저서가 된 이 논문의 주제는 현대철학에서 회피하고들 있는 영원한 존재, 하느님의 문제를 현상학과 대비시켜 가면서 고찰하고 재구성한 것이었다. 에디트는 이 시론에서 취급하려 한 사상적 과제에 관련하여 다음과 같은 물음을 던지고 있다.

> 중세철학의 재생과 20세기 철학의 신생은 "영원의 철학"(philosophia perennis)이라고 하는 하나의 강바닥〔河底〕에서 만날 수 있는 것일까.[28]

에디트가 "구원의 철학"으로 의미하고자 한 것은 완결한 교설체계(敎說體系)가 아니라 타고난 모든 철학자들에게 맥박치는 참된 철학적 사색의 그 정신을 말하는 것으로 근원적인 존재에로의 탐구심을 말하는 것이었다. 철학을 어떤 학문으로 규정하는가 하는 것에 대해서는 훗썰과 토마스 사이에 공통적인 이해가 있다고 에디트는 생각한다. 다시 말하여 철학이란 모든 학문의 바탕이 되는 보편적인 학문으로서 확립되어야 한다는 점이다. 토마스도 훗썰도 가능한 한 보편적인 그리고 견고한 근거를 바탕으로 하는 세계 이해를 획득하는 것이 철학의 과제라고 생각하고 있는 점에서는 일치하고 있다. 철학은 제일의 진리를 탐구하는 "제일 철학"이어야 한다. 훗썰의 말에 따른다면 철학은 개인적인 감정이나 의견에 그 바탕을 두는 것이 아니라 진지하고도 객관적인 이성에 의해 수행되는 "엄밀한 학문으로서의 철학"인 것이다. 그러나 제일의 철학에 대한 물음을 추구하는 데 있어서 토마스와 훗썰은 전혀 다른 방향성을 취하고 있다. 훗썰에게 제일의 철학이란 초월론적 주관성의 영역에 한정된 인식론이고, 이성은 훗썰에게는 자연이성이며 인식은 자연적인 이성적 인식을 의미한다. 이 점

---

28. EeS 20.

에 관하여 에디트는 토마스를 따라 자연적 이성과 초자연적 이성을 구별하여 이해하고 있다. 자연적 이성에 의해서만 추구되는 철학에는 한계가 있는 것이라고 에디트는 논하고 있다. "이성이 만일 그 자체의 빛으로 찾아볼 수 있는 것만으로 고집하여, 더 높은 차원의 빛에 의해 보이는 것에는 눈을 감는다면 비이성적으로 되어버릴 것이다"[29]라고 에디트는 말한다. 에디트에게 그리스도교 철학이란 초자연적 이성, 즉 신앙을 동반하여 탐구하는 철학이다.[30] 에디트는 토마스의 사상을 재음미하는 것에 의해 철학이 지니는 가능성과 그 한계를 되묻고 다음과 같이 말하고 있다.

> 현존하는 사물(Seiende)과 존재(Sein)에 관한 과학이라 할 수 있는 순수철학은 그 궁극의 근저에 자연적 이성에 의해서 도달하게 되는 한, 최고로 도달 가능한 완전성에 다다랐다고 해도 본질적으로는 불완전한 것이다. 철학은 하느님께로 열리고 신학에 의해서 완성되는 것이다.[31]

에디트는 형이상학에서 철학과 신학이 하나로 결합된다고 주장하는 것은 아니다. 철학은 신학에 의하여, 그리고 자연적 이성은 초자연적 이성에 의하여 보완되어야 한다는 것이다. 따라서 철학은 제일의 철학을 탐구하는 한에 있어서 형이상학, 존재론의 수립으로 향한다. 제일의 진리는 하느님이므로 제일의 철학의 과제는 하느님으로부터 비롯된다. 이렇게 하여 제일의 진리로서의 "존재"에 대한 물음은 에디트에게 철학의 중심적이고 근본적인 과제가 되는 것이다.

훗설과 토마스의 근본적인 철학적 방향성의 차이에 대하여 에디트는 다음과 같이 지적하고 있다.

> 철학자 토마스의 근본적인 입장이, 신앙을 차단하고 자연적 인식만으로 끝내려는 근대의 철학자들의 근본적인 입장과는 전혀 다른 것이라는 점은 명백하다.

---

29. EeS 23.　　　　　　30. EeS 25.　　　　　　31. EeS 27.

신앙의 지반 위에 서 있는 철학자는 처음부터 절대적 확실성을 "지니고 있는" 것이며 … 다른 철학자는 그러한 출발점을 따로 다시금 탐구해야만 한다.[32]

두 사람(토마스와 훗썰) 다 가능한 한 보편적인 그리고 가능한 한 견고한 근거를 바탕으로 한 세계 이해를 획득하려 함을 철학의 과제라고 생각하고 있었다. 그 절대적인 출발점을 훗썰은 의식의 내재(內在) 속에 탐구했지만, 토마스의 경우 그것은 신앙이었다.[33]

철학의 모든 문제권(問題圈)이 거기서 열리고 또한 그것이 항상 되풀이되어 그곳으로 돌아가게 되는 모든 것을 통일하고 있는 그 출발점은, 훗썰의 경우 초월론적으로 순화된 의식인 데 대해 토마스의 경우는 하느님과 그리고 피조물에 대한 하느님의 관계였다.[34]

여기서 에디트는 현상학자로서 아무런 애매함도 없이 훗썰과 토마스의 철학이 목표로 하고 있는 것, 그리고 두 사람의 대결과 그 사상적 차이에 관하여 명확하게 논하고 있다. 토마스의 하느님 중심적 방향 설정과 훗썰의 자아중심적 방향 설정은 양자간의 결정적인 분기점이 된다. 훗썰과 토마스의 대결이라고 하는, 에디트가 해명하려 한 과제는 그 활약한 시대나 정신적 배경이 전혀 다른 두 철학자의 단순한 비교 연구로 끝나는 것이 아니다. 도리어 에디트의 문제의식은 신앙의 시대라고 일컬어지는 중세에 살고 사색한 토마스의 사상이 하느님 없는 시대를 살고 있는 우리들에게 어떤 의미를 가져다주는가 하는 물음으로까지 다다르고 있다. 스콜라 학파의 절연에서 출발한 근대의 자아중심의 철학이 그 근저에는 스콜라학이 탐구한 영원의 형이상학적 주제와 연결될 요소를 지니고 있는 것은 아닌가 하고 에디트는 다시 새롭게 묻고 있는 것이다. 그러니까 "현존재의 무(無)"(하이데거)를 응시하고들 있는 것 같은 현대철학의 움직임

---

32. エディット・シュタイン『現象學からスコラ學へ』中山善樹역(九州大學出版會 1986) 14쪽.

33. 상게서, 41쪽.　　　　　34. 상게서, 42쪽.

속에서 신앙의 복권이라고도 할 수 있을 새로운 사상의 전개는 가능한 것일까 하고 묻고 있다.

에디트는 토마스 사상과의 만남과 토마스의 존재론을 현상학자의 관점에서 해석하는 것으로 현대철학이 지닌 그 한계와 현대의 그리스도교 철학의 방향성을 가리켰다고 말할 수 있겠다. 훗썰이 가능한 한 보편적이고 엄밀한 학문으로서의 철학을 이룩하려 한 그 배경에는 모든 존재자를 하나의 이성 체계 속에서 파악하려 하는 철학의 근대적 이념에 대한 위기적 인식이 있었던 것이라고 에디트는 보고 있다. 그 자체로 닫혀진 물체(物體) 세계라는 "자연"과 제이의 자연으로서 전적으로 분리된 "마음", "영혼"이라는 개념은 고대의 사상적 모티브와 연결되어 있기는 하지만 거기 없는 것은 절대적 존재의 정립이었다.

현대에 회피되고 있는 근원적인 존재론의 탐구야말로 그리스도교 철학이 추구해야 할 과제라고 에디트는 이해하고 있었던 것이다.

4. 보이론에서의 묵상

쉬파이어에서의 헌신적인 교육활동과 병행하여 성 토마스 연구에 정력을 쏟고 있던 에디트의 생활은 그녀의 비범한 창조성과 생명력에 의해 지탱이 되고 있었다. 실제로 에디트는 이 시기에 보통 사람의 두 배에 가까운 일을 해내고 있다. 에디트에게는 단 일 분이라도 허비할 만한 시간적 여유란 없었을 것이다. 정력적으로 일을 수행해 나가는 에디트의 내부에 비장되어 있던 원동력과 그 행동력은 여성답기도 했지만 남성적이기도 했다. 그러나 가장 주목할 만한 점은 이렇게 비길 데 없이 뛰어난 그 자질이 그녀의 영적 생활을 심화하는 데에도 발휘되고 있었다는 것이리라.

　30대 후반에 접어들고 있던 에디트는 이 시기에 그녀 자신의 영성(靈性)의 핵이 되는 것을 찾아내고 키워나가는 것이다. 에디트는 평신도로서 영적 생활을 깊이하고 있었다. 사회생활은 에디트에게 인간적인 성숙과 균형·조화를 그리고 폭넓은 신앙에 대한 이해를 가지도록 했다. 이 무렵에 집필한 그녀의 영적 저작에 나오는 주제는 놀랄 만큼 다방면에 걸쳐 있다. 기도, 전례, 교회, 서원(誓願), 여성, 교육 등 하나하나의 문제에 정성을 다해 대하고 있는 에디트의 진지한 모습을 엿볼 수 있다. 에디트가 그리스도교와 만난 그 최초의 순간부터 마음 속 깊숙히 새겨진 그리스도의 십자가에 완전히 자기 자신을 바치고 싶다는 그녀의 소망은 사회에서의 신앙생활을 통하여 사회적·공동체적 차원으로까지 심화되고 있었다. 에디트는 기도 속에서 끊임없이 사람들 — 제자들, 가족, 학교의 수녀들, 친구들, 사제들 — 과 결합되어 있었다. 이러한 사람들과 하나가 되어 기도할 때 그 기도는 사도적인 깊이와 넓이를 지니게 된다. 그리고 최후에는 아우슈비츠에서 사람들과 함께 순교의 죽음으로 끌려가게 되는 것이다. 사람들의 참된 구원을 바라는 에디트의 기도는 하늘에 닿았을까. 기도와 사랑만이 이 세상의 비참과 죄악을 불태워 버릴 수 있는 것이라고 에디트는 믿고 있었다. 그녀는 처음부터 기도라고 하는 것이 단지 심적 고요나 자기 마음의 평화만을 구하는 것이 아님을 알고 있었다. 에디트는 기도 안에서 모든 이들을 안고 있었다. 이러한 자세는 에디트가 경애하고 있던 아빌라의 데레사 성녀의 기도와도 상통하는 바가 있다. "내 기도로 단 한 사람의 영혼이라도 구할 수가 있다면 세상 끝날 때까지 나는 연옥에 갇혀 있게 된다 해도 상관이 없습니다"라고 데레사 성녀는 말하고 있다. 은총의 차원에서 모든 이들과 하나가 된다는 것, 그러면서도 이 세상에 있으면서 하느님 이외의 그 어떤 이에게도 속하지 않는 사람이 된다는 것을 에디트는 무엇보다 바라고 있었다. 에디트는 남의 눈에 띄지 않게 곧바로 때로는 고통도 마다하지 않고 "세속의 성인(聖人)"으로의 그 길로 나아간 것이다.

1927년 가을, 에디트의 영적 지도사제였던 슈빈드 신부가 갑자기 세상을 떠났다. 가톨릭이 된 이후로 많은 영적 지도를 받아온 터에 신부의 죽음은 에디트에게 깊은 상처를 안겨주었다. 그러나 에디트는 이 뜻밖의 죽음을 신앙 속에서 조용히 받아들이고 몇 주간이 지난 뒤의 어느 편지에 이렇게 적고 있다.

> 슬픔이 너무나 커서 기쁨은 거의 없으리라고는 제발 상상하지 말아 주십시오. 하늘은 헤아릴 길 없는 은혜를 주시는 일 없이는 아무것도 앗아가시는 일이 없습니다.[35]

에디트의 소원이 풀리듯 슈빈드 신부의 죽음과 때를 맞춰 또 하나의 만남이 이뤄졌다. 예수회의 철학자로 에디트와 교분이 있던 에리히 프시와라는 그의 친구인 보이론(Beuron)의 베네딕도 수도원 원장, 라파엘 발쩌(Raphael Walzer, 1888~1968)[36] 신부를 에디트에게 소개해 줬다. 발쩌 신부는 당시 40세밖에 되지 않은 젊은 수도원장으로 학식도 높고 총명하고 덕망있는 사제였다.

---

35. Brief 44 vom 12.10.1927 an Sr. Callista Kopf OP, SB I 53.
36. Vgl. Erzabt Raphael Walzer über Edith Stein, in: Jakob Schlafke (Hrsg.), Edith Stein. Dokumente zu ihrem Leben und Sterben (Köln 1980), 19-23. 에디트는 보이론으로 발쩌 신부를 방문, 거기서 피정 묵상한 것에 대하여 다음 편지 속에서 언급하고 있다. Vgl. Briefe 46, 55, 78, 87, 107, 108, 112, 140, SB I, II.

1928년 봄, 성주간에서 부활절까지 에디트는 보이론의 베네딕도 수도원의 발쩌 신부를 방문했다. 보이론은 독일 서남부의, 검은 숲이 있는 산기슭 들판에 자리잡은 도나우 계곡에 잇닿은 작은 마을이다. 유럽 대륙을 가로질러 흑해에 이르는 도나우 강의 그 도도히 흐르는 강물은 검은 숲에서 시작하여 보이론이 자리잡고 있는 그 지역에서 강줄기가 되어 동쪽으로 흘러가고 있다. 보이론은 바로 이 도나우 강의 청류(淸流)와 함께 언제나 고요하고 성스러운 분위기에 휩싸여 있다. 깎은 듯이 선 바위산으로 둘러싸인 보이론은 대수도원의 기도와 함께 사람들을 내성과 잠심으로 이끌고 세속의 소요로부터 동떨어진 성스런 자리가 되어 있다.

에디트는 그곳에 도착하자마자 그 성스런 분위기와 주변의 아름다운 자연에 매료되었다. 보이론은 에디트에게 일 그리고 학문 연구를 떠나 오로지 하느님의 일만을 생각하고 기도할 수가 있는 장소였다. 에디트는 보이론을 "영적 고향", "하늘나라로 가는 길목"이라 부르며 아낌없이 사랑했다. 에디트는 바쁜 일과(日課)의 틈틈이 1928년에서 가르멜 수녀원에 들어가기 직전인 1931년 사이에 아홉 번이나 보이론을 방문하고 있다. 보이론의 베네딕도 수도원은 11세기에 세워진 남자 수도원으로 그 전례의 아름다움은 독일에서 손꼽히는 대수도원이다. 에디트는 보이론을 내방하여 비로소 성주간과 부활절의 장엄한 전통적 전례에 접하고 관상 수사(觀想修士)들의 성무일도에 참여할 수 있었다. 보이론에서의 기도의 체험은 에디트의 영적 생활에 개인의 내적 기도와 공동체로서의 교회의 기도와의 균형을 가져다주었다. 그때까지의 에디트의 기도는 개인의 내적 고요와 하느님과의 일치에만 침잠하는 경향이 있어, 사람들과 함께 하느님을 찬미하며 경배한다고 하는 교회가 지니고 있는 힘차게 외부로 뻗어나가는 기도의 힘을 충분히 깨닫고 있지 못했었다. 에디트의 영적 생활이 주관적인 기도와 객관적인 기도, 그리고 개인과 공동체와의 기도 두 가지를 함께 가지는, 더 포용력있고 역동적인 것으로 되어간 것은 이 무렵이었다. 에디트는 「교회의 기도」라는 에세이 속에서 다음과 같이 말하고 있다.

모든 참된 기도는 교회의 기도입니다. 모든 기도 안에서 행해지는 것은 교회에서 행해지는 것입니다. 교회 그 자체가 기도하고 있는 것입니다. 왜냐하면 한 사람 한 사람의 영혼 안에서 말로는 다 나타낼 수 없는 신음소리를 내는 것은 교회 안에서 살아 있는 성령이시기 때문입니다. 틀림없이 이것은 참된 기도입니다. … 사랑으로 하느님께 한없는 헌신, 하느님으로부터의 응답, 그리고 완전하고 영속적인 일치야말로 우리들이 도달할 수 있는 최고의 정신적 고양(高揚)이며 기도의 가장 높은 단계입니다. 이러한 기도에 도달한 영혼은 참된 의미에서 교회의 심장이 되어 있는 것입니다.[37]

에디트의 기도는 참된 의미에서 관상적 소명에 직결되는 것이었다. 에디트에게 관상생활이란 모든 이들과 교회에 대한 사랑을 사는 것이며 하느님의 뜻과 자기의 뜻이 완전히 하나로 융합하여 사랑으로 불타오르는 영혼의 최고 단계에 이르는 것을 바라는 것이었다. 많은 이들은 에디트가 왜 성 막달레나 학교의 도미니꼬회나 보이론에서 만난 베네딕도회에 들어가려 하지 않았는가 하고 생각할지도 모른다. 그러나 에디트는 기도의 길에 깊이 들어감에 따라 그녀가 처음부터 포부로 간직해 온 가르멜회로의 소명이 확실해져서 가르멜에서만 추구할 수 있는 것을 더욱더 명확히 의식하게끔 되었다.

에디트는 보이론에서 가장 좋은 영적 지도자를 만날 수 있었다. 1928년 봄, 프시와라 신부의 소개로 라파엘 발쩌 신부를 방문케 된 그 최초의 순간부터 에디트는 발쩌 신부가 하느님과 결합되어 있는 사람임을 직관했다. 씩씩하면서도 침착·온화한 신부의 그 얼굴에서 하느님의 현존을 엿볼 수 있었고 그의 눈빛은 천상의 빛을 비추고 있었다.

에디트에게 발쩌 신부의 영적 교분은 하느님께서 그녀에게 무상으로 주신 선물로 생각할 수밖에 없었다. 발쩌 신부는 에디트 안에 있는 성성(聖性), 그녀의 마음 속 깊은 곳에 현존하는 하느님을 알아보고 그녀의 온 인간성을 꽃피게

---

37. Edith Stein, Das Gebet der Kirche, in: VL 12.

하면서 하느님의 뜻을 함께 더듬어 찾아 구했던 것이다. 에디트는 세례를 받았을 때 "내 비밀은 오직 내것입니다"라고 말해버렸던 것처럼 자기의 내적 생활에 대해서는 여간해선 남에게 털어놓지 않는 그런 여성이었다. 그러나 발쩌 신부 앞에서는 영적 딸로서 어린이처럼 즐거이 기쁨에 넘쳐 자기의 영혼 상태를 하나도 숨기지 않고 고백하는 것이었다. 영혼의 깊이를 함께 나누는 사람들만이 가질 수 있는 상호 신뢰감과 우정이 에디트와 발쩌 신부 사이에 싹트고 자라났음은 틀림없을 것이다.

그리하여 발쩌 신부는 에디트의 내면생활을 알게 된 극소수 중의 한 사람이었다. 훗날 그녀가 가르멜회에 들어가게 되었을 때 그녀를 가르멜로 추천하고 에디트가 죽은 후 그녀의 성성(聖性)에 대해 증언한 것도 발쩌 신부였다. 신부가 1946년에 쾰른 가르멜회의 요청에 응하여 남긴 각서는 에디트의 영적 행보를 아는 데 귀중한 자료가 되고 있다. 그 각서 중에서 발쩌 신부는 이렇게 증언하고 있다.

에디트 슈타인이 처음 보이론에 찾아왔을 때 그녀는 이미 초심자(初心者)가 아니었습니다. 그녀는 많은 영적 보배를 지니고 있었기 때문에 이 도나우 강변의 고요한 수도원 분위기 속에서 곧바로 자기의 정신적인 집을 찾아냈던 것 같습니다. 그러나 그녀는 내적으로 변화하거나 "본질적으로 새로운 것을 배울 필요는 없었습니다. 남들이 뿌린 씨를 더 비옥한 땅에서 그녀 자신이 경작하고 그 결실을 수확할 시기를 맞고 있었던 것입니다. 이러한 말은 그녀의 생활을 설명하는 데 있어서 사실을 과장함이 없이 언명할 수 있는 가장 확실한 것입니다. 보이론과 그곳에서의 전례가 지니는 참된 매력은 그녀에게 무엇이었을까요. 그녀의 마음이 오랜 시간 지속되는 전례에만 끌려 있었다고는 여겨지질 않습니다. 그러나 확실히 그녀는 기나긴 전례에 참여할 수 있는 인내력을 지니고 있었습니다. 그녀는 이를테면 성 금요일엔 이른 아침부터 밤 늦게까지 하루 종일 수도원 성당에 머물러 있었습니다. 그녀는 열심히 극기에 힘쓰는 유대교 신자인 어머니의 모습을 보면서 자라났기 때문에 기나긴 전례에 참여하는 일 따위는 조금도 고행이라고는 생각되지 않았던 것입니다. 신심 깊은 고행으로부터 어떤 보답을 바란다는 것은 그녀에겐 있을 수 없는 일이었습니다. 자기 자신을 봉헌하는 일 없이 위로나 은혜나 내적인 기쁨을 얻고자 한다는 것 또한 있을 수 없는 일이었습니다. 그녀는 특별한 정신적 고양이나 희열을 구하거나 바라지 않았습니다. 그녀의 지성이나 감성이나 그런 것을 찾고 있지는 않았습니다.

그녀는 외계로부터 동떨어진 성스러운 장소나 고요한 수도원의 개인 방에서 지냄으로써 세속에선 쉽사리 경험할 수 없는 위대한 신비라고 하는 것과 마주보고 있었던 것입니다. 그녀는 보이론에서 묵상하고 있는 동안 성서의 수많은 구절들을 듣고 성서 해석으로 머리를 싸맨다거나 그녀의 강의를 준비하거나 했다고는 생각되지 않습니다. 하지만 그녀의 마음 속에선 야곱의 층계가 하늘로부터의 천사들로 오르락내리락했듯이 온갖 생각들이 떠오르고 사라지곤 했을 것입니다. 그리하여 열렬한 소망이 그녀의 마음을 일깨웠던 일도 있었을 것입니다.

그러나 그녀의 외관에서도 엿볼 수 있는 확고한 태도와 마찬가지로 그녀의 내면은 더없는 행복 속에서 하느님을 관상하고 하느님 앞에 있다는 더할 나위 없는 기쁨으로 충만된 마음의 평화가 넘쳐 있었습니다. 그녀는 회심을 주신 그 은혜에 언제나 감사하고 어머니이신 교회에 속해 있을 수 있음을 진심으로 기뻐하고 있었습니다. 그리고 수사들이 드리는 시편의 기도에 참여할 때 전례와 교리에 대한 충분한 지식에 의해 그 기도를 이해하고 이 위대한 교회의 기도를 마음 속으로부터 찬미하는 것이었습니다.

그녀의 내면생활의 깊이를 나타내는 증거로는 그녀의 두뇌와 마음의 완전한 균형, 현대의 여러 문제에 대한 진지한 관심, 그리고 그녀가 나타내 보이는 마음으로부터의 공감(아픔), 그것들일 것입니다. 나는 그녀처럼 많은 높은 자질을 갖춘 사람을 만난 적이 없었습니다. 그녀는 뛰어난 모성적 감성을 몸에 지닌 여성이기도 했습니다. 그녀는 또한 단순한 사람들과는 단순하게, 학식이 있는 사람들과는 학식을 지닌 사람으로서 행동하며 탐구하는 자와 함께 있을 때엔 같이 탐구하고 또 죄인과 함께 있을 때엔 죄인으로 처신하는 그런 사람이었습니다.[38]

---

38. Erzabt Raphael Walzer über Edith Stein, in: Jakob Schlafke (Hrsg.), Edith Stein. Dokumente zu ihrem Leben und Sterben (Köln 1980), 19-20.

5. 여성론의 전개

1928년 이후, 에디트는 현상학과 스콜라학 연구에 전념하게 되어 있었지만, 한편으로 독일, 오스트리아, 스위스 각지에서 여성론, 여성의 교육에 관한 강연을 요청받게 되었다. 또한 에디트는 여성해방 운동을 둘러싼 여러 문제들에 관해서도 각 방면으로부터 집필과 발언을 요청받게 되었다. 당시의 유럽은 과학기술의 진보에 따르는 각종 사회 문제들과 가정의 붕괴, 여성의 직업과 교육에 관한 여러 문제들이 산적되어 있는 상황 아래 놓여 있었다. 이러한 정세 아래서 에디트는 학생시절 자유주의적인 여성해방 운동에 참가했었고 또 그후 직업여성으로 사회의 제일선에서 활약한 일도 있었고 해서 여성론을 말할 수 있는 적임자로 간주되었던 것이다. 에디트는 시대적 요청에서 제기되는 여러 문제들에 대해서도 언제나 적극적으로 진지하게 대하려는 자세를 견지하고 있었다. 에디트의 여성론만을 취하여 그녀를 페미니스트라고 보는 사람도 있지만 에디트는 페미니스트로서의 입장을 공표하기 위해 여성론을 발표한 것은 아닐 것이다. 거기에는 고통받는 이들과 함께 고통받고 고민하는 이들과 함께 고민한다고 하는 에디트의 생생한, 인간에 대한 공감과 현대적 문제들에 관한 실존적 관심이 있었다는 것을 잊어서는 안될 것이다.

1928년에서 1933년에 걸쳐 에디트가 발표한 여성론에 관한 논문과 강연[39]은, 에디트 슈타인 전집의 제5권에 수록되어 있다. 그 제목으로는 "여성의 직업의 에토스", "본성과 은혜에 바탕을 두는 남성과 여성의 사명", "그리스도인으로서의 여성의 영성", "여자 교육의 기본적 원리", "교회·여성·젊은이", "국가 사회에서의 여성의 본질적 가치" 등등을 들 수 있다. 그것들에서 철학적·신학적 전개를 볼 수 있지만, 모두 진지하게 살아나가는 그리스도인으로서의 여성을 끝없이 고무하는 내용들이다. 에디트는 여성론을 먼저 철학적·신학

---

39. 이 주제에 관해서는 본인의 논문 「エディット・シュタインの女性論 ― その形成と展開」 『人間學紀要』 19(上智大學人間學會 1989년 12월) 101-25쪽 참조.

적 바탕에서 고찰하고 성서적인 여성상에서 도출되는 여성의 본질과 사도적 역할 — 교육, 가정, 직업 등 — 에 관해 사회적 통념에 구애되지 않는 자유롭고 시사(示唆)에 넘치는 사고방식을 제시하고 있다.

사람들은 왜 여성에 관해 묻고 생각하는 것일까. 여성이 문제의 대상이 되기 이전에 먼저 공통적인 인간성에 관해 고찰해야만 하는 것은 아닐까. 이러한 물음에 대하여 에디트는 여성론을 취급하는 것의 그 의미와 문제 설정의 실마리를 토마스의 인간론에서 찾아내고 있다.[40]

토마스는 "영혼은 육체의 형상(形相)적 원리이다"(Anima est forma corporis)라고 주장하고 있다. 토마스의 이론에 의하면 남성과 여성의 신체적 차이는 양자의 정신적인 특성의 차이에서 유래한다고 말할 수 있다. 신체성이란 정신성의 발현이며 따라서 남성과는 다른 신체를 지닌 여성에게는 여성 특유의 정신이 갖추어져 있다고 할 수 있다.

여성의 본성과 능력에 관해 고찰한다는 것은 여성으로서의 사명을 자각하고 수행하기 위해 필요한 것이라고 에디트는 주장하고 있다. 인간의 성숙과 교육 그리고 하느님의 초자연적인 은혜는 인간의 본성과 분리하여 생각할 수가 없다. 에디트가 이해한 바에 의하면 인간의 본성과 하느님의 은혜와의 이원적 괴리는 있을 수 없다. 하느님의 은혜는 인간의 본성을 정화하고 높이고 완전히 꽃피게 하는 것이기 때문이다. 그렇다면 여성의 본성에서 찾아볼 수 있는 그 특질은 무엇일까.

여성이 지니고 있는 자연적 경향은 어떠한 실존적 삶의 태도를 구하고 있는 것일까. 이 점에 대하여 에디트는 이렇게 말하고 있다.

> 여성은 스스로 생명이 있는 것, 인격적이고 구체적인 것으로 향한다. 슬픔, 보호, 양육, 교육은 본래적이고 모성적인 바람인 것이다.[41]

---

40. F 3.　　　　　41. F 3.

에디트는 여성이 인격의 "전체"를 가지고 타자와 관계를 맺게 되는 경향을 지니고 있음을 중요시한다. 그 "전체"란 정신과 신체의 통일로서의 인격 그것을 의미한다. 따라서 여성은 추상적이고 분석적인 분야에는 부적한 경우가 많아 직관적·정감적·구체적인 것과 관련이 될 때 그 능력을 발휘하게 된다. 이러한 특질은 여성이 어린아이를 양육하는 데 없어서는 안되는 것이다.

여성은 타자에게 공감을 기울이고 다함이 없는 헌신에 의해 타자의 생활에 참여하게 된다. 이런 점에 비해 남성은 자기의 일이나 목적을 우선토록 하여 타자와의 관계에 대해서는 객관적이고 분석적이 되기 쉬운 경향을 지니게 된다. 여성에게 타자와의 관계는 추상적 이념이 아니라 인생의 궁극적 가치와 연결되는 것이라고 에디트는 역설하고 있다. 그러므로 타자를 받아들이고 타자에게 봉사하는 것은 여성의 사명을 실현하도록 지향하게 한다는 것이다.

그러면 여성은 본질적으로 어떤 존재가 됨으로써 그 사명을 실현할 수 있는 것일까.

> 모성적인 능력은 **반려**로서의 삶의 태도와 상통하고 있습니다. 타자의 생활을 함께 나눠 가지고 그런 생활 속에서 만나게 되는 크고 작은 온갖 일들 — 기쁨, 슬픔, 노동, 고뇌 — 그 모든 것에 참여해 간다는 것은 여성에게 주어진 보람이며 행복이기도 한 것입니다.[42]

에디트는 "반려"(Gefährtin)라는 말에 의해 무엇을 의미하려 하는 것일까. "반려"란 구체적인 신분을 가리키는 것이 아니라 도리어 여성의 사명의 그 원천이 되는 근본적인 존재방식을 가리키고 있다. 타자에게 관심을 가지고 공감하고 함께 생활을 나눠 가지고 몸과 마음을 다해 사랑하고 봉사한다는 것 — "함께 있고 함께 걸어나간다"는 것은 여성의 영혼 속 그 가장 깊은 곳에 새겨진 본래적인 바람이다. 반려로서의 존재는 어머니, 아내로서의 그리고 사람들에게 봉사하는 모든 여성의 존재방식을 포괄하고 있다. 반려로서 사는 여성의 사랑은

---

42. F 3-4.

자기 중심적이고 소유적인 인간을 그 내부에서 정화하는 힘을 지닌다.

에디트는 이러한 "반려"로서의 여성상에 대한 통찰을 성서로 돌아가 이해하고 있다. 성서 속에 여성의 사명이 명기되어 있는 대목은 창세기의 인간창조라는 것이다. 하느님이 인간을 창조하심에 있어 인간에게 바라신 사명은 세 가지가 있다고 에디트는 생각한다. 즉, 하느님의 모습을 닮는다는 것, 자손을 낳아 양육한다는 것, 땅을 다스린다는 것이 그것이다. 창세기 2장 18절에 따르면 하와는 아담의 조수로서 창조되었다고 적혀 있다. 여성은 처음부터 조수로서, 반려로서 만들어진 것이다. 남성과 여성이 하나로 결합됨에 따라 하느님이 인간에게 주신 그 사명의 실현이 가능케 된다. 창세기에서 찾아볼 수 있는 여성관을 에디트는 다음과 같이 얘기하고 있다.

> 남성이 여성 윗자리에 선다는 것이 아닙니다. 여성은 반려로서, 조수로서 창조된 것이고 그러기 때문에 남성과 여성은 결합되어 한몸이 되는 것입니다. 남성과 여성이 함께 걸어나가는 삶은 가장 친밀한 사랑의 공동체라고 생각됩니다.[43]

에디트의 여성론에는 다른 여성해방론자가 지적하고 있듯이 여성은 남성에게 종속한다는 생각에 대한 비판적 의견이 전개되어 있지는 않다. 여성은 남성과 맺어짐으로써 여성의 가장 깊은 소망인 자기 자신을 준다는 것을 실현할 수 있다는 것이다. 에디트의 명석한 통찰은 다음 구절에 잘 표현되어 있다.

> 여성의 마음 속 가장 깊은 소망은 사랑 속에 자기 스스로를 주어 타자에 속하고 타자를 완전히 자신 속에 잉태하는 것에 있습니다.[44]

에디트는 여기서 여성이 마땅히 그래야 할 이상적인 모습을 이념으로써 보이고 있는 것은 아니다. 여성의 삶의 태도의 그 중추를 차지하는 것은 무엇을 성취

---

43. F 20.　　　　44. F 11.

하는가에 있는 것이 아니고 어떻게 타자와 관계하는가에 있다. 타자에 대해 자기를 비울 때 여성의 인격은 완전한 의미로 꽃을 피우게 되는 것이다. 자애, 보호, 양육, 헌신이라고 하는 여성이 본래 몸에 지니고 있는 자세는 반려로서 또한 어머니로서의 여성의 사명을 구체적으로 나타내는 것이다.

유럽 각지로부터 강연 의뢰를 받고 많은 청중들 앞에서 여성으로서의 삶의 태도와 그 사명에 관해 그리고 여자 교육의 본연의 자세에 관해 말하는 에디트의 모습은 참으로 활동적이며 스케일이 큰 여성을 방불케 했다. 그녀는 어느새 형이상학적 세계로부터 세상의 한가운데로 들어서서 구체적이고도 실천적인 의견을 역설케 된 것일까. 에디트가 학문에 뜻을 둔 지 벌써 20년, 그리고 교직에 몸을 담은 지 10여 년이 경과하고 있었다. 오로지 자기 목표를 위하여 계속 달려온 인생. 에디트는 어떤 경우에도 중도에서 그치고 마는 철저하지 못한 그런 인생을 보낼 수는 없었다. 진리 탐구를 위해서는 어떠한 노력도 아끼지 않았고 세상의 모순이나 갈등을 위해서는 단호히 맞서 나가기를 서슴지 않았다. 에디트는 사물을 결코 애매한 그대로로 두지 못하는 사람, 자기가 지닌 힘을 언제나 완전히 연소시키고 있는 그런 여성이었다.

그리하여 지금 에디트는 여기에 와서 자기 자신을 뒤돌아보고 있다. 자기의 인생이 하느님의 눈으로 보아 과연 좋았다고 할 수 있기 위하여 그리고 자기 자신의 참된 충실을 찾아보기 위하여, 인간으로서 그리고 여성으로서 완전히 꽃피고 싶다. 이러한 당연하다고 여겨지는 통찰은 에디트에게 여성의 삶의 태도에 관한 고찰과 인생에로의 새로운 도전으로 향하게 했던 것이다.

에디트의 거듭되는 강연에 귀를 기울이는 청중들이 그들의 마음을 사로잡히고 만 것은 그들 앞에 서 있는 에디트의 모습 그 자체였고 그리고 그녀의 입에서 나오는 그 한 마디 한 마디의 진지하고도 성실한 말 때문이었다. 많은 여성들은 그토록 정확하게 게다가 신앙에 뿌리를 둔 견지에서 여성의 아이덴티티와 그 사명에 관해 말해주는 사람을 오랫동안 대망해 온 터였다. 에디트의 유럽에서의 강연여행을 기획하고 준비한 사람은 예수회의 철학자 에리히 프시와라 신부였다. 그는 에디트의 일련의 강연이 당시의 유럽에서 여성의 역할에 정당한 평가를 준 최초의 발언이었다고 찬사를 보내고 있다. 청중이 받은 인상은 어떠했는가를 알아보자.

나는 예전에 여성해방 운동이나 그밖의 자선운동을 통해서 알게 된 사람들처럼 당당하면서 자신에 넘친 유대인 여성의 강연을 기대하고 있었습니다. 그런데 그 말솜씨나 지적인 우수함으로 청중들을 매료코자 하는 당당한 형의 연사가 아니라 그와는 정반대로 자그마하고 섬세해서 허세 같은 것은 전혀 느껴볼 수 없는 여성이 나타난 것입니다. 그녀는 검소하면서도 기품이 있는 옷차림을 하고 있어서, 행동거지나 사람들을 놀라게 하는 기지 따위로 청중들에게 강한 인상을 주려 하는 의도 같은 것은 전혀 없는 그런 사람임을 알게 되었습니다. 실제로 자기 소개를 하는 그녀의 모습에선 마치 어린이 같은 분위기조차 느끼게 했습니다. 그러나 그녀의 날카로운 시선 뒤의 그 깊은 곳에는 뭔가 신비스럽고 위엄을 느끼게 하는 것이 담겨 있어서 숭고함과 그녀가 지니는 단순함과의 대조는 내겐 뭔지 모를 외경 같은 것을 느끼게 했습니다.[45]

또 다른 어떤 이는 이렇게 인상을 말하고 있다.

그녀에 대한 기억은 아직도 선명하게 남아 있습니다. 왜냐하면 나는 그녀의 단순함과 겸손됨에 깊은 인상을 받았기 때문입니다. 그녀는 천천히 그리고 조용하고 침착하게, 그리고 몸짓 손짓은 하지 않았으나 대단히 명석하고 힘있게 말을 이어나갔습니다.

에디트의 고찰은 여성의 본질과 그 사명에 관한 주제에 그치는 것이 아니라 여성과 직업, 여성과 교육이라고 하는 바로 사회가 직면하고 있는 구체적인 문제들에까지 미치고 있다. 이러한 실천적인 주제는 에디트가 교육 현장에서 얻은

---

45. Maria Wilkens, Erinnerungen an Edith Stein, in: Katholische Frauenbildung 63, Heft 12, 841-842.

경험과 자기 자신이 직면하고 있는 문제들에 대한 대결과 직결되어 있기 때문에 설득력 있는 문제제기가 되어 당시의 그리스도교계에도 파문을 던졌다.

에디트가 제시하고 있는 여성의 삶의 태도에 대한 그 선택 가능성은 이른바 가톨릭의 전통적 지침이 되풀이 강조하고 있는 것과 같은, 틀에 박힌 것이 아니다. 도리어 에디트의 고찰 그 밑바닥에 있는 본질적인 것에 대한 통찰의 깊이는 그의 여성론에서 그 본령이 유감없이 발휘되고 있다. 종래의 가톨릭 교회가 가리키고 있는 전통적 지침에 따르면 가톨릭 여성은 그리스도인으로서의 소명을 가정 안에서 아이들을 낳아 기르는 데에서 실현하든지 아니면 수녀원에 들어가 성적 능력을 포기한다든지 하는 양자택일의 선택이 바람직하다고 여겨지고 있었다. 에디트는 여성이 어떻게 살아야 하는가 하는 그 선택을 그 근저에까지 되돌아가 생각하자고 재촉하는 것이다. 중요한 것은 참된 여성으로 살기 위해서는 오직 하느님과 사람들에게 봉사하기 위해서만 존재한다고 하는 것이다. 에디트는 이렇게 주장하고 있다.

> 여성은 가정에서 어머니가 되거나 세상에 나가 직장을 가지고 일을 하거나 또는 수녀원의 담장 안에서 생활하거나 그 어떤 곳에 있어도 주님의 종이어야 한다는 것입니다.[46]

따라서 여성은 하느님과 사람들에게 봉사하는 자리로서 온갖 생활의 장소와 그 생활방식을 선택하는 것입니다. 에디트는 1932년 취리히에서 행한 "스위스의 가톨릭 여성학자들의 과제"라는 제목의 강연[47] 속에서 여성이 선택할 수 있는 세 가지의 구체적인 길을 제시하고 제각기 그 생활방식에 수반하는 과제와 사명에 관해 논하고 있다. 다시 말해 사람들에게 봉사하며 사람들과 함께 산다고 하는, 여성이 살아나가야 할 생활태도로 다음의 세 가지 길을 취할 수 있겠다. 첫째는 결혼생활에서 한 가정의 아내로, 어머니로 산다. 둘째는 사회의 직업생

---

46. F 12.   47. Vgl. F 219-226.

활에서 헌신한다. 셋째로, 수도생활에서 하느님께 봉사한다. 여기서 에디트는
가정생활과 직업생활의 양립을 목표로 할 경우, 여성이 입게 될 이중 부담이
나, 또는 수도자가 평생 수도생활을 계속해 갈 경우, 완전한 봉헌생활의 그 의
미를 상실하게 될 위험성에 대해서도 언급하고 있다. 그리고 한편으로 여성이
사회에 진출하여 직업여성으로서 사는 데 필요한 자질과 거기 요청되는 사명에
대해서도 적극적으로 논하고 있다. 에디트 자신도 마흔 살이 넘도록 그 생애의
태반을 사회에서 철학자로 교육자로 살아온 것이다. 그러므로 여성과 직업에
관한 문제는 남의 일이 아니었다. 그러나 지금으로부터 60년 전에 이러한 문제
에 용감하게 맞서 나간 에디트는 확실히 "앞선" 여성이었다고 말할 수 있을 것
이다. 에디트를 개인적으로 알고 있던 한 사제는 "에디트는 확실히 한 세기를
앞서가고 있었습니다"라고 말하고 있을 정도이다. 현대의 유럽은 젊은 세대들
의 윤리성의 저하와 전통적 가족 형태의 붕괴, 출산율의 저하, 수도자의 격감
그리고 민주주의와 통일에로의 새로운 물결에 휩쓸리고 있다. 당시의 여성들을
크게 고무한 에디트의 참신한 여성론은 현대를 살고 있는 우리들도 다시 생각
해 볼 만한 문제점들을 지니고 있다. 에디트의 발언을 귀담아 들어보자.

> 여성이라고 해서 할 수 없는 직업이란 없습니다. 단지 여성에 불과하다는 여성
> 은 한 사람도 없습니다. 제각기 여성은 남성과 똑같이 고유의 특질과 능력을 가
> 지고 있습니다. 그러한 자질에 응해서 여성이 전문직 — 이를테면 예술가, 과학
> 자, 기술자가 되는 것도 가능합니다. 본질적으로 개인의 능력이 있으면 보통 여
> 성의 직업과는 동떨어졌다고 여겨질 그런 분야의 일도 할 수 있는 것입니다. 그
> 럴 경우 여성적 직업 따위라는 것에 대해 얘기한다는 것은 무의미하게 됩니다.[48]

에디트는 여성에게 갖춰지고 있는 특성과 그러한 고유의 사명을 전제로 직업에
남성과 여성의 구별을 둔다는 식의 생각에는 찬동하지 않았다. 에디트는 남성

---

48. F 7.

과 여성의 관계와 그 사명에 관해 고찰하면서 성서의 인간관, 특히 구약성서의
창세기에서 영감을 받고 있다.

> 하느님은 인간을 남성과 여성으로 창조하시어 양성이 다 하느님의 닮은꼴로 창
> 조되었습니다. 그러므로 순전히 성숙한 남성과 여성의 자질만이 하느님에게 가
> 장 가까운 최고로 닮은 모습으로 이 지상에서의 생활에 신성한 생명을 힘있게
> 솟구쳐 나오게 할 수가 있는 것입니다.[49]

> 성서 속의 창조 얘기는 다음과 같이 해석할 수 있겠습니다. 여성이 남성 곁에
> 놓였다는 것은 한쪽이 다른 한쪽의 존재를 완성시키기 위한 도움이 되어주라는
> 뜻입니다.[50]

에디트는 교회 안에서의 여성의 역할에 대해서도 적극적인 제안을 하고 있다.
우리들은 여기서도 그녀가 전통적인 교리에 속박되지 않고 놀랄 만큼 자유롭고
유연한 발상을 전개하고 있음을 알게 된다. 에디트는 교회와 그의 전통에 대해
다음과 같이 말하고 있다.

> 교회 안에서의 모든 일은 어떤 시대에도 변해선 안된다고 하는 생각은 잘못돼
> 있습니다. 그런 사고방식은 교회의 역사가 지니는 의미를 간과하고 있는 것입니
> 다. 다시 말해서 교회는 인간의 편에서 본다면 그 출발부터가 발전이나 혁신을
> 위해서 창설된 것입니다. 이러한 발전이나 혁신이라고 하는 것은 모든 인간적인
> 것과 마찬가지로 종종 대립이나 불일치 속에서 진행되는 것입니다.[51]

> 아마도 몇 세기나 되는 기나긴 세월을 우리들은 교회에 대해서 그저 수동적인
> 태도를 취하는 것에 너무 익숙해 있는 것은 아닐까요. 20세기는 그런 태도 이상

---

49. F 15.　　　　　50. EeS 470.　　　　　51. F 116.

의 것을 요구하고 있습니다. 우리들은 무엇이 문제가 되고 있는지 알고 있는 것일까요. 확실히 그리스도의 삶의 방식을 더 깊이 살고 체험하는 일을 교회와 함께 추구해 나아가야 합니다. 많은 일들이 이뤄지긴 했지만 아직도 할 일이 많습니다. 우리들은 자력으로 이러한 많은 과제의 산악들을 정복하는 것이 아니라 십자가의 정신에 의해서만 그것들을 뛰어넘을 수가 있는 것입니다.[52]

에디트는 교회의 역사와 그 가르침이 정적(靜的)이고 고정적이라고는 생각지 않는다. 그녀의 머릿속에는 십자가의 깃발 아래에서 싸우는 교회, 항상 나그네인 교회라는 이미지가 있었다. 다음의 발언도 현대의 상황에 연관되는 것이다.

오늘날 여러 수도회에서 영적인 심화(深化)와 쇄신이라고 하는 문제를 둘러싸고 걱정하고 초조해하는 빛을 보게 됩니다. 그러나 우리들 시대의 특징이 되고 있는 것은 다음과 같은 사실이라고 생각되는데 그것은 주님에게 봉사하고 싶어하는 전면적인 봉헌에 대한 소망이 반드시 수도생활에의 부르심만은 아니라고 하는 것입니다.[53]

교회에 있어서 여성의 역할과 그 사명이라는 것을 생각할 때 에디트로서는 여성의 사제직 참여 같은 시비는 피해갈 수 없는 문제였다. 제2차 바티칸 공의회 이전인 그 당시에 이러한 문제가 제기된 것은 아마 이것이 처음일 것이다. 에디트는 다음과 같은 개인적 견해를 피력하고 있다.

그리스도의 여성에 대한 연관을 살펴본다면 그리스도는 사랑에 바탕을 둔 여성의 봉사를 높이 평가하고 있었으며 그러한 여성들은 그리스도와 사도들에게 가장 친한 사람들이었다는 것을 알 수 있습니다. 그렇지만 그리스도는 성모 마리아에게 사제직을 맡기시려 하진 않았습니다. 그렇다고 여성이 사제가 된다고 하

---

52. F 226.　　　53. F 102.

는 전대미문의 사안을 교리적으로 금지할 이유는 없지 않을까 생각됩니다. 실제로 여성이 사제가 된다는 것을 인정할 것인가 안할 것인가 하는 것에 대해선 여러 가지 토의가 필요하게 될 것입니다. 가톨릭 교회의 전통은 처음부터 여성이 사제가 되는 것을 인정하지 않았습니다. 그러나 내 생각으로는 가장 중요한 것은 그리스도가 사람의 아들이 되기 위해서 이 세상에 오셨다는 사실입니다.

　현재의 교회법상 여성은 모든 전례에 관계되는 임무에서 제외되고 있기 때문에 남성과 여성의 평등이라고 하는 점에 대해서 말한다는 것은 명백하게 논의거리가 못되는 상황 아래 놓여 있습니다. 볼징거가 교회에 있어서 여성이 차지하는 법적 지위에 관해서 학위논문을 썼습니다만 오늘 같은 상황은 초대교회에서 여성도 성직자로 공적 임무를 수행하고 있었던 때와 비교하면 악화된 것으로 여겨집니다. 이러한 문제에 대해서도 서서히 변화의 징조가 보인다는 것은 상황이 좋은 방향으로 진전할 그 가능성을 가리키고 있는 것입니다. 오늘의 교회 안에서 많은 여성들이 사랑의 사목활동과 교육이라는 교회의 임무에로 참여하도록 요청받고 있는 것은 확실합니다.[54]

에디트는 이렇게 참신한 의견을 기탄없이 진술하기는 했지만, 그 진의를 어느 친구에게 보낸 편지에서 이렇게 말하고 있다.

만일 내가 강연중에 초자연적인 것을 언급해선 안된다고 한다면 내겐 강연할 하등의 의미가 없는 것이라고 여겨집니다. 최종적으로 내가 말해야만 한다고 생각하고 있는, 작고 단순한 진리는 다음과 같은 것입니다. 어떻게 하면 주님의 손길에 이끌리어 살아가기 시작할 수 있을까 하는 것입니다. 만일 사람들이 내가 말하고 싶어하는 것과는 정반대의 질문을 내게 던지고 내겐 관심사가 못되는 재치문답 같은 문제를 내게 떠맡겼다 하더라도 나는 그와 같은 문제를 내 본질적인 과제에 귀착하도록 하기 위한 실마리로 사용하고 있는 데 불과합니다.[55]

---

54. F 106.

55. Brief 89 vom 28.4.1931 an Sr. Adelgundis Jaegerschmid OSB, SB I 87.

아무튼 에디트가 유럽 각지에서 행한 여러 강연중에서도 1930년 잘쯔부르그에서 행한 "여성의 사명의 본질"이라는 강연은 센세이션을 불러일으켜 그녀의 이름을 일약 유명하게 했다. 주위 사람들 생각에도 에디트의 쉬파이어에서의 교사생활은 그만둘 수밖에 없다는 것이었다. 강연 의뢰는 점점 더 많아졌고 에디트도 강연마다 취급해야 할 주제들을 깊이 연구할 시간이 부족했기 때문이다. 이러한 사정에 대하여 그녀는 이렇게 말하고 있다.

> 내가 잘쯔부르그에서 행한 강연의 반응에 대해선 나 자신도 놀라지 않을 수 없습니다. 그때 이래로 나는 여러 곳에서 강연 요청을 많이 받게 됐습니다. 그 틈틈이 집필 원고에 손을 보고 있습니다. 지금 같아선 내년 부활절 때쯤에는 교직에서 물러나게 될 것 같습니다(이같은 사정은 당분간 아무에게도 알리지 말아 주십시오). 그후에 어떤 일이 일어날 것인지는 나도 모르겠습니다. 아무튼 크리스마스 때까지는 이런 일을 생각해 본다는 것은 시간 낭비가 될 것 같아 그냥 내버려 둘 생각입니다. 이런 문제의 모든 것은 보이론에서 결정하게 되겠지요.[56]

에디트는 교단을 떠나야 하는가 하는 것과 장래의 진로에 대해 결단을 내리기 위해서 1930년 12월 보이론의 베네딕도 수도원으로 영적 지도사제인 발쩌 신부를 찾아 신부의 지도하에 피정 묵상을 가졌다. 이전부터 발쩌 신부는 에디트의 재능을 높이 사고 그녀가 사회에서 학문으로 공헌하는 것이 사람들과 교회를 위해 보탬이 될 것이라고 생각하고 있었다. 그래서 그는 차제에 에디트에게 성 막달레나 학교의 교직에서는 물러나 다시 한번 학자로서 학계의 제일선에서 활약할 수 있을 그런 자리를 찾아볼 것을 제안했다. 구체적으로는 어딘가 대학에서 교수가 되도록 대학교수 자격(Habilitation) 취득에 다시 한번 도전해 보면 어떻겠느냐는 것이었다. 대학교수 자격 취득이란 독일의 대학에서 마련한 제도로 박사학위를 취득한 자가 다시 자격 논문을 제출하여 사실상 대학의 교

---

56. Brief 74 vom 10.12.1930 an Sr. Adelgundis Jaegerschmid OSB und Sr. Placida Laubhardt OSB, SB I 75.

수직을 얻게 되는 것인데 고도의 전문적 능력을 가지고 있고 훌륭한 논문을 제
출해도 실제로 대학에서의 교수직이 주어지지 않는 한 대학교수 자격은 취득할
수 없는 경우가 많다.

에디트가 교수 자격 취득에 다시 한번 도전해 보려고 생각하게 된 동기는 달
리 또 있었다. 1929년 4월, 에디트는 훗썰의 70세 생일 기념 축하를 위해 재
차 프라이부르그를 방문했다.[57] 그때 몇 사람의 옛 학우들과 재회했는데 그것은
그녀의 학문적 의욕을 불타오르게 하는 좋은 기회가 되었던 것이다. 그들 옛
학우들 중에서도 에디트의 뒤를 이어 조교가 된 하이데거는 이미 프라이부르그
대학에서 교수직을 얻고 철학계에 새바람을 불러일으키는 등 연구 업적을 계속
하여 발표하고 있었다. 이러한 옛 학우의 학문적인 활약상은 에디트에게 연구
활동에의 복귀를 촉구하는 것이었다.

또 이 무렵의 에디트는 토마스 사상을 계속 연구하여 그리스도교 철학의 과
제에 맞붙어 이 분야의 연구에 본격적으로 몰두하고 싶었다. 그녀의 학문적 과
제는 그리스도교 철학으로 전문화함으로써 현대철학이 방치하고 있는 근원적
인 형이상학의 문제, 다시 말해 참으로 초월적인 것, 영원한 존재, 하느님의
문제라고 하는 "영원의 철학"(philosophia perennis)의 현대적 해명을 연구 주
제로 삼게 되어 있었다. 에디트는 어느 서간 속에서 "내 연구 과제는 계시된
진리 속에 있어 모든 현실을 이해하기 위한 철학적·신학적 토대를 확립하는
데에 있습니다"[58]라고 말하고 있는 점에서도 기초신학, 종교철학의 영역으로 들
어가려 하고 있었음을 알 수 있다. 또 같은 시기에 씌어진 다른 서간 중에서는
그녀의 연구에 대한 대단한 의욕을 엿볼 수 있다.

내가 만일 열다섯이나 스무 살쯤 젊어서 가장 하고 싶은 일을 할 수 있다면 나
는 다시 한번 철학과 신학을 그 기초부터 새로이 배우고 싶습니다. 하지만 이런

---

57. Beat W. Imhof, Edith Steins philosophische Entwicklung, Leben und Werk (Basel 1987),
  118.

58. Brief 126 vom 13.11.1932 an Hedwig Conrad-Martius, SB I 123.

나이가 된 지금, 나는 자기가 한 일의 결실을 수확해야 하는 시기에 다가와 있
는 것입니다. 이 일 때문에 다른 일로 시간을 희생하고 싶지 않다는 것입니다.[59]

에디트는 보이론에서 영적 지도를 맡아준 발쩌 신부의 권고도 있고 해서 다시
교수 자격 취득에 도전하기로 결심을 굳히고 1931년 1월 프라이부르그 대학의
철학부 교수가 된 하이데거와 호네커[60]를 찾아갔다. 하이데거는 그녀의 교수 자
격 취득에 대해 긍정적인 의견을 가지고 있었지만 그녀가 가톨릭의 입장에서
철학을 지향하고 있었기 때문에 당시 네오 토미스트로 알려진 호네커 교수에게
논문을 제출하도록 제안했다. 호네커도 에디트의 교수 자격 취득에 대해선 호
의적인 의견을 표명했지만 그때 이미 호네커 교수 아래에는 박사학위를 취득한
두 명의 교수 자격 취득 지망자가 있었다. 그래서 에디트는 이 두 젊은 철학박
사 — 막스 뮐러(Max Müller)와 구스타프 지이베르트(Gustav Siewerth)와
교수 자격 취득을 놓고 맹렬하게 경쟁하게 되었다.[61]

프라이부르그 대학의 철학교수들로부터 교수 자격 취득을 두고 긍정적인 해
답을 받은 에디트는 1931년 3월에 쉬파이어의 여자 고등학교 교사직을 사직하
고 교수 자격 논문의 집필에 집중했다. 그녀가 취급하려 한 연구 주제는 스콜
라학과 현대철학과의 관계를 중심으로 한 그리스도교 철학의 전개에 있었다.[62]
에디트는 한동안 고향 브레슬라우의 집에 틀어박혀 논문의 완성에 전념했다.
이 기간 동안 그녀는 교수 자격 논문으로 예정된 방대한 논문 「현실태와 가능
태」를 써나갔다. 이 논문은 훗날 그녀가 쾰른의 가르멜회에 들어가서 고쳐 써
서 『유한한 존재와 영원한 존재』라는 제목으로 발간됨으로써 에디트의 주저(主

---

59. Brief 117 vom 12.6.1932 an P. Pertus Wintrath OSB, SB I 112.

60. Martin Honecker (1888~1914)는 프라이부르그 대학교의 철학교수로 있었는데 당시에는
    네오 토미스트로 알려져 있었다.

61. Heinrich Ott, Edith Stein (1891~1942) und Freiburg, Freiburger Diözesan-Archiv 107
    (1988), 269.

62. Brief vom 6.1.1931 an Heinrich Finke, in: Aus der Tiefe leben (Hrsg, Waltraut Herbstrith,
    München 1988), 86.

著)가 되었다. 이 저작에서는 자기의 유한한 존재로부터 영원한 존재에로 이르는 형이상학이 구성되어 있어 그럼으로써 현상학적 사유와 스콜라학적 존재론의 대결이 집대성되어 있다.

에디트는 교직을 물러나 논문 집필에 전념하고 있는 동안 그날 그날의 생활비 때문에 경제적으로 어려움에 직면해 있었음을 당시 그녀가 쓴 편지에서도 알 수 있다. 에디트는 장학금을 얻을 수 있을까 하여 여러 차례에 걸쳐 프라이부르그의 핀케(Heinrich Finke) 교수에게 편지를 써보내고 있다.[63] 에디트로부터 편지를 받은 핀케 교수는 그녀가 교수 자격 논문을 준비하는 동안에 필요한 자금을 1931년 겨울에는 얻을 수 있도록 쾰른에 있는 가톨릭계 게레스 협회에 문의하여 호의적인 응답을 받고 있다.[64]

에디트가 브레슬라우에 체류하고 있던 1931년에 브레슬라우 대학에서도 가톨릭의 신학자였던 코흐(Josef Koch) 교수를 중심으로 그녀에게 교수 자리를 마련해 주기 위한 준비가 진행되고 있었다.[65] 또 같은 시기에 뮌스터에 있는 독일 교육 연구소에서도 그녀를 강사로 맞겠다는 초빙장을 그녀에게 보냈었다. 그래서 그녀는 대학교수 자격을 얻기 위해 프라이부르그 대학, 브레슬라우 대학 그리고 뮌스터의 연구소라는 세 가지 가능성을 동시에 생각해야만 했다. 1931년 4월, 훗썰 아래에서 함께 철학을 공부한 친구로 당시 프라이부르그에서 베네딕도회의 수녀가 된 아델군디스 예거슈미트에게 보낸 편지 속에서 에디트는 다음과 같이 당시의 심경을 털어놓고 있다.

나는 지금 쓰고 있는 논문을 끝마치고 프라이부르그 대학의 교수 자리로 갈 수 있으면 가장 좋겠다고 생각하고 있습니다. 그런데 이 논문을 언제 끝낼지 아직은 모르겠군요. 만일 논문이 완성되기 전에 뮌스터의 교육 연구소에서 초빙장이 온다면 나는 대학교수 자격 취득을 단념하고 뮌스터로 갈 것입니다. 여하튼 이

---

63. Heinrich Ott, Edith Stein (1891~1942) und Freiburg, 266-271.   64. Ibid.
65. Beat W. Imhof, Edith Steins philosophische Entwicklung, Leben und Werk (Basel 1987), 120-121.

논문을 쓰기 시작하고부터는 다른 어떤 일보다도 논문 쓰는 일 자체가 내겐 가장 중요한 것이 돼버렸어요. 하느님께선 나를 어떻게 쓰실지 그 모든 것을 알고 계십니다. 그러므로 나는 아무것도 그 일에 대해 걱정할 필요가 없습니다.[66]

이 시기의 에디트는 투명치 않은 장래에 직면하고 있으면서도 마음의 평정을 잃지 않고 하느님의 인도하심을 신뢰하고 자기에게 맡겨진 일에 그녀의 온힘을 다하고 있었다. 언젠가 에디트가 독일인 예수회 수사 요하네스 히르슈만[67]의 지도로 "영적 단련" 피정을 했을 때에 마음에 새겨둔 "마음가짐이 모두 그대에게 달려 있는 것같이 전력을 다하십시오. 그러면서 마치 그대는 아무것도 하지 않고 하느님께서 모든 것을 하시는 것같이 하느님을 신뢰하십시오"라는 성 이냐시오의 말을 온몸으로 살려고 했으리라.

결국 에디트는 1932년 2월 뮌스터의 독일 교육 연구소로부터의 초빙을 수락했다. 뮌스터에서 에디트는 교육자가 되기를 지망하는 사람들을 대상으로 철학적 교육학과 인간학 강의를 담당케 되었다. 에디트는 이들 분야를 전문적으로 연구한 일은 없었기 때문에 새로운 강의 준비에 쫓기고 있는 사이 교수 자격 논문을 완성할 시간적 여유는 사라지게 되었다. 그러나 그녀는 뮌스터에서 학문 연구와 교육하는 일을 양립시킬 수 있는 자리가 주어진 것을 기뻐하고 충실한 나날을 보내게 되었다.

1932년 봄, 뮌스터의 독일 교육 연구소에 강사로 영입된 에디트는 오랫동안 이곳저곳을 전전하는 생활에 종지부를 찍고 학문 연구와 교육활동에 열중하고 있었다. 뮌스터에서 그녀는 콜레기움 마리아눔(Collegium Marianum)이라는 기숙사에 있으면서 이 연구소에 근무하는 교직원이나 그곳에서 공부하는 수녀 그리고 일반 학생들과도 함께 생활하게 되었다. 마리아눔으로 옮긴 에디트가 주위 사람들에게 준 첫인상은 검소한 생활과 겸손한 태도였다. 그녀는 언제나

---

66. Brief 89 vom 28.4.1931 an Sr. Adelgundis Jaegerschmid OSB, SB I 86-87.

67. Vgl. Johannes Hirschmann, Schwester Teresia Benedicta vom heiligen Kreuz, in: Waltraut Herbstrith (Hrsg.), Edith Stein. Ein neues Lebensbild in Zeugnissen und Selbstzeugnissen, 151-155.

허름하고 꾸밈새 없이 간소한 복장을 하고 있었고 교직원으로 두 방을 쓸 수 있었음에도 방 하나만으로 만족했으며 식사도 학생들과 똑같은 음식을 공동식당에서 먹었고 결코 표나지 않는 인품으로 학생들 마음을 끌었다. 이 무렵의 에디트는 연구소에서의 강의 준비에 정력을 쏟고 있었는데 그녀의 강의 초고의 주제로는 교육학, 가톨릭 여자 교육의 제문제, 인격의 존재 구조와 그 인식론적 제문제 등이 취급되고 있다. 이러한 강의나 세미나를 통하여 에디트는 가톨릭의 이념과 철학에 바탕을 둔 교육학을 수립하고 싶다고 생각하고 있었다. 그녀는 연구소에서의 생활을 시작한 당초의 심경을 친구에게 이렇게 고백하고 있다.

> 나는 다시 학문 연구생활을 시작하게 되면서 꽤나 힘든 갈등을 체험하고 있습니다. 이곳에 있는 사람들은 모두들 내게 잘해 주시기 때문에 인간적인 갈등 같은 것이 아닙니다. 나는 10년 동안이나 제일선의 학문 연구활동에서 멀리 떨어져 있었고 현대를 사는 사람들의 생활과 깊이 내적으로 관계해 나가는 면에서도 뭔가 부족한 점이 많다는 것을 깨닫게 된다는 것입니다. 이 10년 동안의 공백에 나는 지금 맞서나가야 하는 것입니다.[68]

이 시절의 에디트가 연구의 주제로 삼은 가톨릭 교육학의 확립은 착실히 진행되고 있었는데 그녀의 교육론에는 주로 세 개의 기둥이 보인다. 먼저 그녀는 균형이 잡힌 교육의 필요성을 역설하면서 인격 속에 자연히 갖춰진 신체적·심리적·정신적 능력을 조화시켜 꽃피게 하는 것이 교육의 프로세스에 있어서 중요하다고 생각했다. 둘째로 가톨릭 교육의 진수라고도 할 수 있는 점에 대해서다. 에디트는 토마스의 존재의 유사성이라는 개념을 주목함으로써 하느님의 이미지는 인간의 영혼 속에 씨앗처럼 심어져 있는 것이라고 이해하고 있는데 교육이라는 행위를 종교에 바탕을 두게 하여 교육자로 하여금 하느님과 (교육을 받는) 사람 사이의 중개자로 자리잡게 하는 것이다. 교육자의 역할은 한 사람

---

68. Brief 116 vom 9.6.1932 an Sr. Adelgundis Jaegerschmid OSB, SB I 110-111.

한 사람의 인격에 하느님의 은혜가 미치도록 돕고 하느님의 이미지를 따라서 주어진 온갖 인간의 능력을 끌어내는 데에 있다는 것이다. 셋째로 여자 교육의 과제에 대해서는 인간으로서의 또한 여성으로서의 교육의 기본을 인정하고 여성에게 요구되고 있는 정신적 반려가 되는 심성과 모성을 중요시하고 그러한 사명을 키우고 꽃피게 하는 교육을 실천하는 것이 소중하다고 말하고 있다.

에디트가 최종적으로 교육의 목표로 삼고 있는 것은 다름아니라 하느님에 의해 만들어지는 인격의 육성을 돕는 것 그것이었다. 『내적 고요의 길』이라는 에세이 속에서 그녀는 이렇게 다짐하고 있다.

> 여성의 영혼에 대해서 표현한다는 것은 여성의 영원한 사명에 대해서 말한다는 것과 연관돼 있는 것 같습니다. 나는 참으로 여성답다는 것을 이렇게 생각하고 있습니다. 포용력이 있고 고요하고 자기를 무(無)로 할 수 있고 따뜻하면서 명쾌하다는 것입니다. 우리들은 이러한 마음의 상태에 자기의 의지에 의해서는 도달할 수가 없는 것입니다. 은혜에 의해서 점차 그러한 사람이 될 수가 있는 것입니다. 그러므로 우리들에게 요구되고 있는 것은 그저 은혜에 마음을 열어야 한다는 것입니다. 자기의 의지를 완전히 포기하고 하느님의 의지와 하나가 되어 우리들의 영혼이 하느님의 손안에 받아들여지고 만들어지도록 모든 것을 위탁할 일입니다.[69]

"하느님에 의해 키워지는 여성"으로서의 그 한길을 일념으로 걸어온 것은 에디트 자신이었다. 1933년 뮌헨에서 열린 게르트루트 폰 르 포르(1867~1917)의 소설 『단두대에서 사라진 여자』에 대한 토론회에 참가한 에디트는 르 포르에게 깊은 인상을 주어, 그 뒤로 독일이 낳은 이 두 재원 사이에는 오랜 우정이 깊어가게 된다. 르 포르는 프로테스탄트 작가였는데 후에 가톨릭으로 개종했다. 르 포르는 에디트를 만난 그 첫 순간부터 그녀의 인격에 스며 있는 성성(聖性)

---

69. Edith Stein, Wege zur inneren Stille (Frankfurt a. M. 1987), 90.

의 빛 같은 것을 느끼게 되었고 거기서 "영원의 여성"의 모티브가 되는 것을 찾아낸 것이었다. 르 포르는 이렇게 술회하고 있다.

> 우리는 뮌헨에서 서로 알게 됐습니다. 에디트는 성성, 단순한 인품이 지니는 매력, 그리고 뛰어난 지성과 함께 투명하고 사심이 없는 태도로 내게 깊은 인상을 주었습니다. 그녀는 당시 뮌헨에서 강사직에 있었습니다. 그녀에게서 받은 인상은 대단히 깊은 것으로 내 저작이 된 『영원한 여성』(*Die ewige Frau*)에 적잖게 영향을 미친 것이 확실합니다. 『영원한 여성』을 집필하고 있는 동안 나는 가끔 에디트 슈타인의 정신적 이미지를 상기하고는 했습니다. 내게 그녀는 이상적인 참된 그리스도인인 여성으로서 비쳤습니다.[70]

1932년 9월, 에디트는 파리 교외 쥬비시에서 열린 현상학과 토미즘 학회에 초청받았는데 이 학회에는 유럽 각지에서 선발된 우수한 철학자들이 모여 있었다. 에디트는 그들 중에서 오직 한 사람의 여성 철학자였다. 그녀는 마리땡이나 벨쟈에프를 앞에 두고 극히 명쾌한 논법으로 훗썰의 현상학과 토마스의 철학과의 대결에 대하여 발표하여 청중에게 강한 인상을 남겼다. 에디트의 연구 논문은 이 시절에는 여성론이나 교육학에 관한 것이 많을 수밖에 없었지만 그 밑바닥 흐름에는 언제나 토마스로부터 이어받은 참된 형이상학적 정신이 억세게 흐르고 있었음을 부정할 수 없다고 하겠다.

---

70. Gertrud von le Fort. Brief vom 12.11.1964, in: Gisbert Kranz, Gertrud von le Fort. Leben und Werk in Daten, Bildern und Zeugnissen (Frankfurt a. M. 1976), 29-30.

제6장

가르멜로 가는 길

1. 성소(聖召)

에디트에게 모든 일이 순조롭게 진행되고 있다고 여겨지던 생활중에 뜻밖의 사건으로 운명의 폭풍이 몰아쳐 왔다. 독일을 둘러싼 정치 정세에 변화의 조짐이 보이기 시작한 것이다. 1933년 1월 30일, 히틀러가 수상이 되고 독일 "제3 제국"이 성립되었다.[1] 그후 곧장 총선거가 치러졌고 히틀러는 불과 수개월 사이에 거의 완전히 정치권을 장악했다.

히틀러의 대두와 권력 장악에 의해 독일 국내에서는 "이제야 위대한 시대, 국민이 다시 통일하여 독일 제국을 새로이 위대한 시대로 이끌어갈 지도자를 찾았다"라는 신념이 형성되어 갔다. 이같은 국민 감정의 고양과 함께 나치(국가사회주의: **Nationalsozialismus** — 히틀러가 영도하는 당이 떠받들고 있던 이데올로기)에 의하여 반(反)유대 감정이 격하게 선동되고 있었다. 1933년 4월에는 유대인 배척운동을 실시하도록 히틀러와 게펠스의 협의 끝에 결정됨으로써 독일 각지에서 유대인의 상가나 기업에 대한 보이콧 운동이 일어나게 되었다.

에디트의 신변에도 유대인에 대한 박해는 파급되고 있었다. 그녀는 어느 날 뮌스터에서 한 유대인 학생이 몰매를 맞는 것을 목격했다. 또 브레슬라우에 살고 있는 가족들로부터 전해지는 소식도 모두가 다 마음아픈 것들뿐이었다.

---

1. 나치즘과 그 시대적 배경에 대해서는 다음 문헌들을 참고로 했다. 林健次郎 『ワイマール共和國』(中公新書 1985). 村瀨興雄 『ナチズム』(中公新書 1986). H. マウ, H. クラウスニック 『ナチスの時代』(岩波新書 1988). J. P. スターン 『ヒトラー神話の誕生』 山本 역(社會思想社 1984).

1933년 4월, 친구인 헤트비히 콘라트 마르티우스에게 보낸 편지 속에는 다음과 같은 소식을 전하고 있다.

> 브레슬라우에 있는 내 가족들은 당연한 일이지만 크게 동요하고 기가 죽어 있습니다. 가족들이 경영하고 있는 가게는 유감스럽게도 벌써 오랫동안 개점 폐업 상태에 있습니다. 내 형부는 의사지만 언제 해고될지 몰라 전전긍긍하고 있습니다. … 내게 오는 편지들 모두가 나쁜 소식뿐이지요.
> 지금 나는 이 연구소에서 지낸 한 해를 돌아보고 가까운 장래의 일에 대해서도 어떤 길을 찾아낼 수 있을 것이라고 생각하고 있습니다. 그리고 여태까지 한 발짝 한 발짝씩 걸어야만 했던 것은 필연적이었으며 이제부터 앞으로도 마음놓고 주님의 인도하심에 위탁하면 되는 것이라고 확신하고 있습니다.[2]

역사의 거친 파도와 악의 원흉은 모든 사람들을 집어삼키려 하고 있었다. 무엇인가가 광란하려 하고 있었다. 높아만 가는 민족 우선주의, 유대인 박해라는 움직임 속에서 그 저류에 있어 보이지 않는 흐름은 무엇인가. 이 무렵부터 에디트는 이전보다 더욱더 기도 속으로 깊이 침잠해 갔다. 정화를 위한 기도, 새로운 상황에 대해 응답을 구하는 기도, 고통받는 겨레와 함께 있는 기도 — 공포와는 정반대의 그저 한순간 한순간을 주님의 인도하심에 전적으로 위탁하는 기도의 길밖에 에디트에게는 갈 길이 없었다. 모든 것을 내어드리고 또 모든 것을 받아들일 마음의 준비가 되어 있었다. 기도 속에서 유대 민족과의 깊은 연대를 느끼고 있던 에디트는 유대 민족을 위하여 스스로 자기 자신을 봉헌하고 나치즘에 대해 실존을 건 저항을 불사하리라는 결심을 굳혀 갔던 것이다.

에디트에게 유대 민족과의 연대는 단지 혈족관계에 그치지를 않고 자기 존재의 그 근저에 호소하는 깊은 의식에서 비롯되어 있었다. 에디트는 그리스도교 신자가 되는 것에 의해 오히려 자기 속에 있는 유대인으로서의 아이덴티티를

---

2. Brief vom 5.4.1933 an Hedwig Conrad-Martius, SB I 135.

새삼스레 다시 자각하게 된 것이다. 그리하여 그녀는 "핏줄에 의해서도 그리스도에 이어지는 민족에 속해 있음"을 자랑으로 삼고 독일 역사에 일어나고 있는 파란을 유대 민족이 찾아갈 그 도정(道程) 속에서 체험해 나간 것이다.

유대 민족으로서의 아이덴티티란 깊은 차원에서는 하느님에 의한 이스라엘의 선택에 관련되는 의식과 연결되어 있다. 구약의 역사 이래 유대 민족은 언제나 고난과 곤궁, 악과 부정으로 어려움을 당하며 하느님의 선민으로서의 신앙을 굳세게 살아온 것이다. 에디트는 자기도 하느님에게 선택된 민족에 속해 있음을 자각하고 유대 민족은 수난을 통해 신앙과 희망을 잃지 않고 하느님을 섬기기 위해 선택되었다는 것을 알고 있었다. 에디트는 이렇게 회상하고 있다.

> 지금에 이르러서야 나는 하느님의 손이 또다시 하느님의 백성 위에 놓여 있어서 유대 민족의 운명은 나 자신의 운명이기도 함을 똑똑히 깨닫게 된 것입니다.[3]

에디트의 들끓듯 하는 겨레에 대한 생각과는 반대로 당시의 가톨릭 교회는 히틀러가 통솔하는 정부를 용인한다는 입장을 취하고 있었다. 1930년대의 독일에서는 교회가 단지 사적인 존재로 머물지 않고 사회 속으로 짜여 들어간 한 조직으로서 정치적으로 움직이지 않을 수 없었던 것이다. 1933년 7월 20일, 로마 교황청과 히틀러 정부 사이에 라이히 정교(政敎)조약[4]이 체결되어 비오 11세는 히틀러와 타협을 했다. 히틀러에게는 커다란 외교적 승리였다. 독일의 대다수의 그리스도인들은 나치의 맹렬한 공세에 대해 무력했고 어떤 입장을 취해야 할지 몰랐던 것이다. 그들은 유대 민족이 그리스도교 신자들과 똑같은 뿌리를 가지고 있다는 것을 돌이켜볼 생각도 하지 않았다. 나치에 의해 유대인 박해와 제거가 행해지고 그리고 더 나아가서는 유대인 몰살로 곧 돌입해 가리라는 것을 예측조차 하지 못했던 것이다.

---

3. **Renata** 97.

4. "정교조약"이란 로마 가톨릭 교회(교황청)와 국가 사이에 체결된 외교조약이다. 히틀러는 이 조약의 체결에 의하여 교회의 활동 범위를 종교적인 면에만 국한시키고 사회에 대한 교회의 영향력을 빼앗는 것이 목적이었다.

에디트는 유대인에 대한 박해가 장차 어떤 방향으로 진행되어 갈 것인가를 예견하고 있었다. 1933년 당시의 교황청은 유대인 문제를 정확하게 파악하고 있지 못했기 때문에 에디트는 조급하게 손을 써서 움직여야 할 필요를 느꼈던 것이다. 이러한 사정에 대해 에디트는 이렇게 적고 있다.

> 나는 이 몇 주간을 늘 유대인 문제에 대해서 뭔가를 할 수 없을까 골똘히 생각하고 있었습니다. 그래서 어떻게 해서든 로마로 가서 이 문제에 대해서 교황님에게 사적 알현을 청원할까 하고 생각했습니다. 아무튼 이런 일에 대해선 나 혼자 결정해 버리지 말고 보이론에 가서 발쩌 신부님과 이 중요한 문제를 상의하고 나서 결정하자고 생각했습니다.
>
> 로마로 단독 알현 청원서를 보냈는데 교황청에는 온갖 문제들이 산적해 있어서 내겐 그것이 허락되질 않는다는 것을 알게 됐습니다. 작은 그룹의 일반 알현이라면 가능하다는 것이었습니다. 그러나 그렇게 해서는 내 목적이 달성될 수가 없는 것이어서 로마행을 단념하고 그 대신 편지로 탄원하기로 했습니다(이 편지는 발쩌 신부님의 추천장과 함께 신부님의 손으로 교황청에 전달이 됐습니다). 내 편지는 교황님에게의 사신(私信)으로 직접 건네게 된 것입니다. 그러고는 얼마 있다가 나와 내 가족들을 위한 교황님의 강복장이 송부되어 왔습니다. 그 이상의 성과는 아무것도 없었습니다. 그러나 그후로 나는 내가 쓴 편지 사연이 교황님의 머릿속을 지나간 일이 있었을까 하고 생각하게 됐던 것입니다. 왜냐하면 독일의 가톨릭 신자들의 장래에 대해서 내가 예측한 일이 훗날 점차로 현실이 되어갔기 때문입니다.[5]

나치에 의한 반유대 행동의 그 파도는 유대인을 공생활에서 제거하는 것으로 진전해 갔다.[6] 1933년 4월 7일, 직업 관리 재건법이 포고되고 비(非)아리아인

---

5. Renata 98.

6. 당시의 상황에 관해서는 フォッケ/ライマ-『ヒトラ-政權下の日常生活』山王他 역(社會思想社 1984). 山本尤『ナチズムと大學』(中公新書 1985).

들은 행정, 사법, 학교 등의 공직에서 추방하도록 했다. 유대인 제거는 대학에
도 파급되어 독일 국내 대학의 수많은 우수한 유대인 교수들, 연구원들[7]이 해
고되었다. 에디트도 가까운 장래에 현재의 교직에서 해직될 것이 예상되고 있
었다. 세상이 혼란하고 시세가 어디로 향해 나아가고 있는지 예측할 수 없는
상황 속에서 에디트는 "지금 하느님께서 내게 바라시는 것"만을 한결같이 기구
하고 있었다. 이 무렵 그녀의 내면생활을 아는 데 귀중한 수기가 쾰른의 가르
멜 수녀원에 남아 있어 그것에 의거하여 훑어보기로 하자(에디트의 전반생을
밝혀주는 데 유력한 자료가 된 자서전은 프라이부르그 시절까지만 다루고 있어
미완성인 채 끝나고 있다).

　에디트는 1933년 봄, 보이론의 발쩌 신부를 방문하러 가는 도중에 세례를
준비하고 있던 한 유대인 여자 친구와 함께 쾰른의 가르멜 수녀원에 들러 거기
서 성시간(聖時間)에 참여했다. 바로 그때 에디트는 그녀의 전 생애를 결정지
을 만큼 신비스런 은혜를 받은 것이다. 에디트 자신이 1938년에 써서 남긴 수
기『내가 쾰른의 가르멜회에 들어간 경위』를 읽어보자.

> 한 사제가 강론을 하고 있었고, 이 성시간은 이제부터 매주 목요일에 거행된다
> 고 알리고 있었습니다. 그분의 강론은 아름답고 감명깊은 것이었습니다. 그러나
> 이때 그 강론의 말씀 이상으로 더 깊이 내 가슴 속에서 솟구쳐 오르는 것이 있
> 었습니다. 나는 구세주와 얘기하고 주님께 이렇게 말씀드렸던 것입니다. "지금
> 유대 민족 위에 놓여 있는 것은 주님의 십자가임을 알고 있습니다. 많은 이들이
> 이런 것을 이해하고 있진 않지만, 주님의 십자가에 대해서 알고 있는 자는 모든
> 이들의 이름으로 그것을 기꺼이 받아들이도록 하겠습니다"라고 말입니다. 나는
> 주님의 십자가를 짊어지기를 마음 속으로부터 바라고 있었기 때문에 주님께 부
> 디 그 길을 가리켜 주십사고 기도드렸습니다. 성시간이 끝났을 때 그러한 내 기
> 도가 하느님께 전해졌다는 내적 확신으로 나는 충만됐습니다. 그렇지만 십자가

7.　ピーター・ゲイ『ドイツの中のユダヤ』河内 역(思索社 1987) 참조.

를 진다는 것이 어떤 모양으로 실현될 것인지 그때의 내겐 알 수 없는 일이었습니다.[8]

에디트는 지금까지 이때만큼 확실하게 하느님께 사로잡혔다고 느껴본 적은 없었을 것이다. 에디트는 모든 사람들을 마음 속에 껴안는다. 그리스도를 십자가에 못박은 유대인들, 예수 그리스도의 구원의 메시지를 모르는 동포인 유대인들, 그리고 같은 하느님께 대한 신앙을 가지고 있음에도 불구하고 유대 민족을 사무치도록 증오하는 그리스도교 신자들, 유대인들을 박해하는 독일인들 … 에디트는 유대인의 눈으로 그리스도를 바라보고 그리스도인의 눈으로 유대인을 바라보는 것이었다. 그리하여 그곳에 참된 구원과 화해를 가져다주는 것은 주님의 십자가밖에는 없다는 것을 깨달은 것이다. 한 인간의 십자가에의 참여는 보이는 형태로 또는 보이지 않는 형태로 모든 이들의 구원을 여는 돌파구가 될 수 있을 것이다. 에디트의 봉헌에의 소망은 온갖 사람들과 온갖 시대를 감싸 받아들이는 무한한 사랑에로 열려가는 것이다.

1933년 5월, 유대인 배척 운동은 뮌스터에도 파급하여 드디어 에디트는 교육학 연구소에서 해고되었다. 에디트에게는 이미 충분히 각오가 되어 있는 일이었다. 성신강림 대축일에 헤트비히 콘라트 마르티우스에게 보낸 편지에는 이런 사연을 적고 있다.

내가 이젠 더 이상 강의를 할 수 없게 됐다는 것이 한탄스러운 일은 못됩니다. 이러한 일의 배후에 하느님의 크신 자비의 섭리가 있으리라고 생각하고 있습니다. 지금 어디에 분명한 해결책이 있는지 아직은 모르겠습니다. 아마 나는 앞으로 오랫동안 뮌스터에는 있지 못할 것입니다. 이달 중으로라도 내 갈 곳이 최종적으로 마련됐으면 하고 바라고 있습니다. 그렇게 되면 나는 다시 어머니를 만나러 가서 거기에 한동안 머물러 있을 생각입니다.[9]

---

8. Edith Stein, Wie ich in den Kölner Karmel kam, Edith-Stein-Archiv, Karmel Köln.

9. Brief 143 vom Pfingstmontag 1933 an Hedwig Konrad-Martius, SB I 139.

이무렵 에디트의 신상 문제를 염려한 뮌스터의 사람들은 그녀에게 잠시라도 외국에 피난가서 교직생활을 하면 어떻겠느냐고 권했다. 사실 에디트에게는 남미의 칠레에 있는 어느 학교에서 초빙장이 와 있었다. 그러나 에디트는 전연 다른 길로 나아가기를 고려하고 있었다. 여기서 다시 그녀의 『수기』로 돌아가자.

보이론에서 돌아와 열흘쯤 지나서 어떤 생각이 문득 떠올랐습니다. 지금이야말로 가르멜회에 들어갈 시기가 아닐까. 거의 12년 동안 가르멜은 내가 목표로 삼아온 길이었습니다. 1921년 여름, 아빌라의 데레사 성녀의 자서전을 읽고서 참된 신앙을 찾아 헤매던 기나긴 구도생활에 종지부를 찍었지만 가르멜은 나의 이상이 됐습니다. 1922년 정초에 세례를 받았을 때 그것은 가르멜 수녀원에 들어가기 위한 제일보라고 생각했습니다. 그렇지만 수개월 후 내가 세례를 받고서 처음 어머니를 만났을 때 어머니가 두번째 타격에는 도저히 견디어내지 못하리라는 것을 알았습니다. 만일 내가 수녀원에 들어간다면 어머니는 그 충격으로 죽진 않는다 해도 견딜 수 없는 고통을 받을 것이라고 생각했습니다. 나는 참을성있게 기다려야 했습니다. 내 영적 지도 신부님도 수녀원에 들어가는 것을 말렸습니다. 하지만 최근에는 더 기다리기가 힘들어졌습니다. 그래도 어머니의 일이라든지 가톨릭계에서의 몇 해에 걸친 내 일도 있고 해서 이 소원은 쉽사리 이뤄지지를 않았습니다. 그러나 지금 이러한 장애들이 제거된 것입니다. 나의 사회활동은 그 종말을 맞고 있었고 어머니도 내가 남미로 멀리 떠나가 버리기보다는 독일 국내에 머물러 수녀원에 들어가는 것을 차라리 기뻐하지 않을까.

4월 30일 ― 성소주일(착한 목자 주일)은 성 루도겔스 성당에선 수호자 성인의 축일이어서 13시간에 걸친 기도회가 진행되고 있었습니다. 나는 오후에 성당에 들러 나 자신에게 이렇게 속삭였습니다. 내가 지금 가르멜로 들어가야 할 때인지 아닌지 확실하게 알 때까진 이 성당을 떠나지 말자고 말입니다. 마지막 강복이 있었을 때 나는 착한 목자의 "그렇게 하라"는 승낙을 받은 것입니다.[10]

---

10. Edith Stein, Wie ich in den Kölner Karmel kam. Edith-Stein-Archiv, Karmel Köln.

더 이상 여지가 없는 종국에 다다라 온갖 인간적 사려(思慮)를 넘어선 지점에서 열린 길, 하느님께서 간택하시는 때 …. 에디트가 참으로 오랫동안 대망해 온 가르멜회로 가는 그 길은 지금 현실이 되려 하고 있었다. 에디트의 마음은 이 길밖에 없다고 하는 깊은 확신과 평화로 충만되어 있었다.

> 모든 것에는 때가 있으며, 하늘 아래 일어나는 일에는 모두 정해진 때가 있다(코헬렛 3,1).
> 　하느님께서는 모든 것을 시기 형편에 알맞게 만드시고 또한 영원을 생각하는 마음을 사람에게 주신다. 그러하나 하느님께서 하시는 그 역사를 처음부터 끝까지 알 수 있도록 허락하시지는 않는다(코헬렛 3,11).

오랫동안 에디트의 마음 속에 간직해 온 가르멜로의 성소가 지금은 온갖 반대에도 굽힐 수 없는 확실한 것이 되어 있었다. 나치의 대두와 유대인 박해의 파도 속에서 에디트가 오직 하나 남은 길로서 가르멜회에서 살기를 택한 것은 결코 일신의 안전을 지키기 위해서거나 또는 세상에서 도피하기 위해서거나가 아니었다. 그와는 반대로 이러한 외적 상황이 에디트에게 가르멜로 가는 길을 실현토록 하는 하나의 강한 촉진이 되었다는 것은 하느님께서 직접 그녀의 인생에 개입하시고 그녀에게 고유의 사명을 주셨다는 것을 의미하고 있을 것이다.

에디트의 성소는 처음부터 자기 겨레인 유대인들, 고통받는 사람들, 구원을 대망하는 사람들과의 연대에 있었다. "유대 민족 위에 주님의 십자가가 놓여 있음"을 깨달았을 그때부터 에디트는 "모든 이들의 이름으로 십자가를 받아들일 것"을 결의하는 것이다. 에디트에게 가르멜로 가는 길은 그리스도의 십자가에 참여하는 길이었다. 그러므로 에디트는 입회 면접이 있었을 때 수녀들에게 자기 자신의 의향을 다음과 같이 뚜렷이 표명했던 것이다.

> 인간의 행위는 도움이 되지 않습니다. 그리스도의 수난만이 우리를 구원하는 것입니다. 그러므로 내 소망은 그리스도의 수난에 참여하려 하는 데 있습니다.[11]

이때 에디트는 "그리스도의 수난에 참여하려 한다"는 그 소망이 최종적으로 어떤 모양으로 실현될 것인지 알지 못했었다. 다만 모든 이들의 이름으로 받아들이는 고통과 십자가는 모든 이들의 구원으로 연결될 것이라고 하는 확신이 에디트의 마음 속에서 날마다 강해져 갔던 것이다. 이때까지의 에디트는 사회에서, 세상의 한가운데에서 그리스도의 사랑을 실천하고 증거하는 일에 전력을 쏟아왔다. 그러나 그렇게 사람들 눈에 띄는 생활을 하다 보면 할 수 있는 일도, 또한 할 수 없는 일도 있다는 것을 알게 되었고 세상에서의 활동이 끊긴 지금이야말로 가르멜회에서의 기도생활 속에서 사람들의 구원을 위해 목숨 바쳐 살라는 것이 하느님의 뜻이라고 에디트는 생각한 것이다.

누군가가 고통의 의미를 알면서 함께 손을 잡아주며 같이 괴로워해 준다는 것만으로도 그 사람은 얼마나 힘을 얻게 될 것인가. 저 사람 이 사람을 위한 기도, 자기 스스로는 기도와 희생의 그 노고의 열매를 보는 일도 없이 그저 그러한 일념으로 주기만 한다. 누군가가 그러한 역할을 맡아줌으로써 지옥의 고통을 겪고 있는 이들이나 악의 세계를 헤매고 있는 이들은 하느님의 자비를 받게 될 것이다. 사랑에 바탕을 둔 관상생활. 하느님만이 현존하시는 곳에서 남 모르게 그러나 힘있게 이 세상의 등불 같은 존재가 된다는 것 — 그것이 에디트가 지향하는 가르멜로 가는 길이었다. 에디트에게 주어진 독자적인 성소의 길은 다음과 같은 그녀의 말에서 찾아 볼 수 있다.

> 그리스도와 함께 고통받고, 그리스도의 구원 역사(役事)에 참여하라 하시는 부르심이 있습니다. 우리들은, 주님에게 결합돼 있다면, 그리스도 신비체의 일원이기도 합니다. 그리스도는 그분을 따르는 사람들 속에 사시고 그 사람들 속에서 함께 고통을 나눠 가지고 계십니다. 주님과 일치해서 받아들이는 그 고통은 그리스도의 고통이 되어 그 위대하신 구원의 역사에 참여하게 되고 결실을 맺게 되는 것입니다. 이러한 것은 온갖 수도생활의 기본원칙입니다만 아무튼 가르멜

---

11. Renata 103.

회의 생활에선 기꺼이 고통을 받아들임으로써 죄인들을 위하는 전구를 바라며 인류의 구원에 참여케 됨을 소중히 여기고 있습니다.[12]

가르멜회 창립의 기원은 이스라엘의 예언자 엘리야에게까지 거슬러올라간다. 엘리야는 제자들과 함께 가르멜 산의 동굴에 은둔하며 기도와 금욕의 생활을 하고 있었다. 이스라엘이 가뭄 때문에 시달리고 있을 때 엘리야의 기도에 의해 땅을 적시는 비가 내려 그 비를 가져온 구름 속에 성모의 모습이 보였다고 한다. 그래서 가르멜 산 꼭대기에 성모에게 바치는 성당이 세워졌다. 가르멜회의 기원은 이런 전승된 이야기에서 비롯하고 있어서 가르멜회가 가르멜 산의 성모에게 바쳐진 수도원이라는 까닭도 거기에 있다. 에디트가 오랫동안 가르멜에 한결같이 마음이 끌렸던 것은 회심의 때에 아빌라의 데레사 성녀의 자서전을 읽고 깊은 감명을 받아 스스로 그리스도의 길을 걷기로 결심한 데에 있었다. 더욱이 히틀러에 의한 유대인 박해가 심해짐에 따라 유대 민족과의 연대를 강하게 의식하게 된 그녀에게 창립자의 기원을 이스라엘의 예언자 엘리야에게서 찾게 되는 가르멜회는 각별한 의미를 가지고 있었다. 유대 민족과 운명을 같이하며 모든 이들을 위하여 십자가의 길에 참여하고 죽음의 희생까지도 달게 받는 삶에 부르심을 받는다는 것은 에디트에게는 그지없는 기쁨이었다.

또한 가르멜이 목표로 하는 절대성과 철저함은 에디트의 기질에도 맞는 것이었다. 그녀가 어려서부터 일관되게 지녀온 대로 진리 탐구를 위해서라면 어떤 일도 사양하지 않는다는 자세는 지금 오로지 그리스도에의 사랑을 위하여 자기 자신을 온전히 봉헌해야겠다고 하는 소망이 되어 있었다.

지금이야말로 부르심에 응답할 때가 왔다고 결심이 굳어진 이상 에디트에게 어느 가르멜회에 입회하느냐는 것은 별로 큰 문제는 아니었다. 실제로 에디트는 가르멜 수녀를 한 사람도 개인적으로는 알고 있지 않았다. 1933년 5월 중순, 에디트는 어느 가톨릭 부인의 소개로 쾰른의 가르멜 수녀원[13]에 입회하기

---

12. Brief 129 vom 2.12.1932 an Anneliese Lichtenberger, SB I 125.

위한 첫발을 디뎠다. 이 수녀원은 쾰른 교외의 린덴탈(Lindenthal)에 있었는데 그 당시에는 성 요셉 수녀원이라 불리고 있었다. 대략 300년 역사를 지니는 유서 깊은 수녀원이지만 린덴탈로 옮겨진 것은 1899년으로 1944년 전화에 휩쓸려 건물이 파괴된 후 쾰른 시에 새로운 수녀원이 세워졌다.

에디트는 수녀원장, 수련장과의 첫 면접에 들어갔다. 거기서 그녀는 지금까지의 이력과 영적 도정에 대해 숨김없이 얘기했다. 오랫동안 가르멜에로의 촉구를 느껴온 일이며 하느님께서 가르멜에서만 찾아볼 수 있는 무엇인가를 마련해 주시는 것처럼 여겨진다는 것 등을 말했다. 수련장인 레나타(Teresia Renata de Spiritu Sancto) 수녀는 사회에서 그토록 활약해 왔고 금후로도 사회에 유익한 공헌을 계속할 그런 인물을 봉쇄 관상 수도회에 받아들인다는 것에 대해 주저되는 점을 표시하지 않을 수 없었다.[14] 그래서 수련장은 일단 수녀원에 들어오면 학문적 활동은 일체 단념해야 할 것이라고 에디트에게 다짐했다. 그때 에디트는 현재의 자기는 주님의 수난에 참여하기만을 바라고 있다고 딱 잘라 말함으로써 그 자리에 있던 수녀들에게 깊은 감명을 주었다.

실제로, 일반적인 관례로 미루어보면 에디트가 수녀원에 들어간다는 것은 무척 어려울 것이 예상되었다. 에디트 자신도 자기 나이가 마흔둘이라는 점과 유대인이라는 점, 게다가 지참금이 한푼도 없었다는 점으로 입회에 적지않게 장애가 될 것이라고 짐작은 하고 있었다. 한편 수녀원측에서는 에디트의 입회에 대한 가부간의 대답을 하기 전에 그녀의 영적 지도사제인 베네딕도 수도원 원장 발쩌 신부에게 의견을 구했다. 신부가 그때 가르멜회에 보낸 문서가 쾰른의 가르멜 수녀원에 남아 있다.

　　내게 문의해 오신 지원자에 대하여 알려드리겠습니다. 그녀가 탁월한 지적 재능을 타고났다는 것은 의심할 여지가 없습니다. 그녀의 학문활동에 대해서는 독일

---

13. Vgl. Maria vom Frieden, Köln. Kirche des Kölner Klosters der unbeschuhten Karmelitinnen. Geschichte und Kunst, München 1958.

14. Romaeus Leuven, Heil im Unheil, in: Edith Steins Werke, Bd. X, 107-108.

의 각계에 널리 알려져 있습니다. 그러나 그것 이상으로 놀랄 만한 것은 그녀가 대단히 단순하고 인도받기 쉬운 사람이라는 점입니다. 그녀의 영적 성숙이나 깊이에 대해서는 말씀드릴 필요도 없겠습니다. 여러분들 자신이 그 점은 더 잘 알고 계시리라 믿고 있기 때문입니다. 그러나 입회하는 데 어려운 점을 든다면 그녀의 연로한 어머니에 대해서와 그녀가 그동안 사회생활에서 쌓아올린 지위뿐입니다. 나는 그녀같이 유익한 사람이 교회의 요긴한 일꾼들 중에서 떠나간다는 점에 대해서 책임지고 싶지 않습니다. 그러므로 만일 그녀가 입회하게 되어 다른 곳에서 문의가 있게 되면 제발 내 이름은 밝히지 말아주십시오.

가르멜은 오랫동안 그녀의 목표였습니다. 그러나 그녀 자신이 수도성소에 대하여 숙고하고 있을 때에도 나는 그녀에게 어떤 수도회 관계자를 소개하거나 하는 일은 하지 않았습니다. 최근까지 나는 그녀의 활동생활에의 소명 때문에 관상 수도회에 그녀가 입회한다는 것에는 반대하고 있었던 것이 사실입니다. 그러했지만 외적 상황이 변해서 가르멜로 가는 길이 현실적으로 열린 것이기 때문에 나는 더 이상 그녀의 입회에 대해서 반대는 하지 않겠습니다.[15]

에디트의 입회 준비는 착착 진행되고 그녀는 가르멜 수녀원의 수녀들과 처음으로 맞대면을 하게 되었다. 에디트는 수녀원의 관례에 따라 모두들 앞에서 노래를 부르도록 요청받았는데 그녀는 부끄러운 듯 작은 소리로 "아베 마리아"를 불렀다. 그러고는 "노래 부른다는 것은 천 명이 넘는 청중을 앞에 두고 얘기하는 것보다 더 어려운 일이군요" 하고 그 감상을 말했지만 수녀들은 에디트가 무슨 소리를 하는지 이해하지를 못했다. 어느 수녀도 에디트가 사회에서 활약한 데 대해 듣지를 못했고 수녀들은 학문의 세계와는 동떨어진 생활을 하고 있었기 때문에 그러한 세계가 있다는 것조차도 상상할 수 없었던 것이다.

다음날 아침, 가르멜 수녀원에서는 에디트의 입회에 대하여 수녀들에 의한 표결이 있었다. 그리고 에디트 앞으로 전보가 날아 왔다.

---

15. Brief von Raphael Walzer, 2.12.1946, Edith-Stein-Archiv, Karmel Köln.

"기꺼이 승낙함. 가르멜로부터."

에디트는 조용히 넘치는 기쁨을 가슴에 품고 곧장 성당으로 가서 하느님께 감사를 드렸다. "너희가 기도할 때에 믿고 구하는 것은 무엇이든지 다 받을 것이다"(마태 21,22)라는 커다란 평안함 속에서 결정적인 위탁에의 길이 시작되었다.

에디트가 입회하는 날은 아빌라의 데레사 성녀의 축일인 10월 15일로 정해졌다. 그날까지 석 달밖에 남아 있지 않았다. 1933년 7월 중순, 에디트는 뮌스터를 떠나게 되었다. 신변을 정리하고 그 많은 장서들 ― 그것들은 그녀의 유일한 수녀원 지참물이 되었다 ― 을 분류하고 짐을 싸서 쾰른으로 보냈다. 드디어 출발 전날 밤, 뮌스터에서는 에디트의 송별회가 열렸다. 에디트는 그곳에 겨우 한 해밖에 있지 못했는데 그녀의 성실하고 애정 깊은 인격과 학식의 풍부함은 많은 이들을 매료하고 있었다. 뮌스터의 수녀들은 에디트에게 십자가를, 그리고 학생들은 장미 꽃다발을 선물하며 그녀를 떠나보냈다. 에디트는 그 장미 꽃다발을 손에 들고 7월 16일 가르멜의 성모축일을 거기서 뜻깊게 지내기 위해 쾰른 수녀원으로 향했다. 에디트가 뮌스터를 떠나가는 열차에 몸을 실었을 때에 지금까지와는 다른 상념으로 그리운 사람들, 스쳐 지나가는 차창 밖 풍경을 쳐다보았을 것이다. 그때 일을 이렇게 적고 있다.

> 지금 나는 성실과 우정으로 맺어진 사람들 곁을 떠나가는 것이구나 하고 생각하고 있었습니다. 훗날이 되어서도 나는 언제나 그리움과 감사의 정으로 뮌스터의 옛스럽고 아름다운 거리와 그 주변의 전원 풍경을 생각하곤 했습니다.[16]

쾰른의 가르멜 수녀원에 도착한 에디트는 지원자면 누구나가 치러야 하는 한 달 동안의 시험기간을 보냈다. 이 기간에 그녀는 토리아를 방문중인 발쩌 신부를 만나 최종적인 결정에 대하여 의논하고 신부로부터 축복을 받았다. 모든 것

---

16. **Renata** 104.

이 하느님께서 돌봐 주셔서 순조롭게 진행되는 것같이 생각되었지만 에디트의 마음에 꼭 한 가지 걸리는 것이 있다면 그것은 브레슬라우의 어머니였다. 이미 80이 넘은 어머니는 딸이 수녀원에 들어간 것을 어떻게 생각하고 있을까. 과연 용서해 주실는지. 에디트는 가장 큰 고통이라 할 수 있는 가족과의 이별을 뛰어넘어야 했다.

8월 15일, 성모 몽소승천 축일을 마리아 라하에 있는 베네딕도 수도원에서 보낸 에디트는 거기서 고향 브레슬라우로 직행했다. 아마도 이것이 귀향하는 마지막 기회가 되리라고 그녀는 생각하고 있었다. 에디트를 역으로 마중나온 언니 로자는 가족들 중에서 가톨릭을 이해하는 오직 한 사람이었기에 마음 속으로는 이미 교회에 속해 있었고 동생 에디트와 신앙에 관한 문제를 서로 의논하고 있었다. 그래서 에디트는 맨 먼저 로자에게 가르멜회에 들어가게 된 것을 알렸는데 로자는 그런 일을 예상조차 하지 못하고 있었던 것 같았다. 브레슬라우의 일가는 나치의 박해 때문에 장사도 되지를 않았고 앞으로의 생존도 위협받는 긴박한 상황에 직면하고 있었다. 어머니도 의기소침해 있어서 전혀 기력이 없었다. 이런 정황 속에서 에디트는 수녀원에 들어가게 되었다는 얘기를 입밖에 끄집어내지도 못한 채 몇 주간을 그냥 보냈다.

9월에 들어 에디트가 어머니와 단 둘이 있게 되었을 때 드디어 어머니가 먼저 에디트의 의향을 묻기에 이르렀다. 에디트의 회상은 다음과 같이 계속된다.

어머니는 창가에서 뜨개질을 하고 있었고 나는 곁에 있었습니다. 그런데 갑자기 어머니의 입에서 오랫동안 기다려 온 질문이 터져나왔습니다. "에디트, 넌 쾰른에서 수녀들하고 뭘 하겠다는 거냐" 하고 묻고는 필사적으로 내 결심을 뒤엎으려 했습니다. 어머니는 뜨개질을 멈추진 않았지만 털실이 마구 엉키고 있었어요. 어머니가 떨리는 손으로 엉킨 털실들을 풀려고 했기 때문에 나는 거들면서 어머니와 다투고 있었습니다. 그후로는 집안에 평화란 싹 가시고 말았고 무거운 구름이 집안을 뒤덮고 있는 것 같았습니다. 어머니는 내가 수녀원에 들어가지 못하도록 갖가지 이유를 댔지만 다시 절망한 듯 입을 꼭 다물고 말았습니다.

이러한 결단은 참으로 어려웠으므로 이 길이 정말 바른지 아니면 다른 길이 바른지, 아무도 확언할 수는 없는 일이었습니다. 그 어느 쪽 길에도 정당한 이유가 붙을 수 있었습니다. 나는 신앙의 암흑 속에서 그 첫발을 디뎌야만 했습니다. 이 여러 주간을 두고두고 어머니와 나 둘 중 누가 먼저 자기 뜻을 굽힐까 하고 생각했지만 마지막 날까지 우리는 타협하지 못했습니다.[17]

그리하여 드디어 마지막 날이 다가왔다. 되돌아올 길 없이 집을 떠나기 전날은 바로 에디트의 생일이며 유대교의 속죄의 날이었다. 에디트는 어머니와 둘이 유대교의 회당에 가서 함께 기도를 드렸다. 그러나 그 날도 어머니로부터 승낙의 말은 들을 수 없었다. 에디트는 두꺼운 벽에 부딪친 것 같은 고통과 가슴이 찢어질 것 같은 아픔을 느꼈다. 이별의 그날 일을 에디트는 이렇게 적고 있다.

어머니는 두 손으로 얼굴을 감싸고 울기 시작했습니다. 나는 어머니가 앉아 있는 그 뒤에 서서 백발이 된 어머니의 머리를 내 가슴에 안았습니다.

내가 탈 기차는 아침 여덟시에 출발할 예정이었기 때문에 일곱시쯤 되어 모두 아침 식탁에 모여 앉았습니다. 어머니는 뭔가를 마시려 했지만 금방 컵을 놓고는 또 울기 시작했습니다. 나는 떠나야 할 시간이 오기까지 계속 어머니를 껴안고 있었습니다.

그러는 동안 이별의 때가 왔고 어머니는 나를 껴안고 가볍게 입을 맞춰 주었습니다.

엘자와 로자 두 언니가 역까지 나를 바래다 줬습니다. 드디어 기차가 움직이기 시작했고 두 언니 다 모습이 보이지 않을 때까지 손을 흔들고 있었습니다. 그리고 나는 열차의 자리에 앉았습니다. 나는 지금 현실이 된 이 일을 감히 원했던 것은 아니었습니다. 가슴 벅찬 기쁨 같은 것도 느끼지 못했습니다. 그렇지만 하느님 뜻의 항구에 머물고 있는 것이라는 깊은 평화에 휩싸여 있었습니다.[18]

---

17. Renata 106.   18. Renata 109.

에디트에게 친숙했던 모든 것이 멀리 사라져 간다. … 가족, 사랑하는 이들, 그리운 거리, 자연의 향내, 숱한 체험들. 예전에는 에디트의 인생 그 자체였던 학문, 철학 ─ 그 모든 것을 뒤에 두고 그녀는 "오로지 그리스도의 것"이 되기 위하여 가르멜로 가는 길로 떠났다. 발쩌 신부는 에디트가 쾰른의 성 요셉 수녀원에 들어간 당시의 일을 회고하여 이렇게 적고 있다.

> 에디트는 기쁨 속에서 찬미의 노래를 부르면서 어머니의 품에 안긴 아기처럼 가르멜로 들어간 것입니다.[19]

에디트는 어린이 같은 단순함과 온전한 신뢰를 가지고 가르멜에서 새로운 생명에의 그 첫 걸음을 시작했다.

1933년 10월 15일, 에디트는 가르멜의 문턱을 넘어섰다. 외부 사람은 결코 들어갈 수 없는 금역(clausura) 너머에서는 수녀들이 새로 들어온 지망자를 따뜻이 맞아 반겨주었다. 에디트는 그날의 기쁨을 이렇게 말하고 있다.

> 드디어 봉쇄 수녀원의 금역의 문이 열렸습니다. 그리하여 나는 깊은 평화 속에서 주님의 집 그 문지방을 넘었던 것입니다.[20]

에디트는 개인방(수실)으로 안내를 받았다. 이때 일을 당시의 수련장 레나타 수녀는 이렇게 말하고 있다.

> 그녀는 매력적이며 공감적인 자질을 가지고 있음과 동시에 은둔을 대단히 사랑하는 그런 유형의 사람이었습니다. 그러므로 그녀는 자기의 수실(修室)을 처음 봤을 때 그 기쁨을 감추지 못하는 듯했습니다. 그녀는 이제부터 생활하게 되는 가난한 개인 방을 보고 행복한 듯 미소짓고 있었습니다. 그 수실은 조용한 수녀

---

19. 주 15 참조.　　　　　20. Renata 110.

원 뜰에 면한 하얀 벽으로 사방 3미터인 작은 방이었는데, 벽에는 그리스도상이 없는 십자가와 아무 장식이 없는 성수(聖水) 그릇과 액자에 들어 있지 않은 가르멜회 성인(聖人)의 사진이 걸려 있었습니다. 마루 위에는 오지그릇으로 된 대야와 작업할 때 쓰는 작은 상자와 책상·걸상이 가구의 전부였습니다. 방안 구석에는 간소한 침대와 짚이 든 깔개 이불과 거칠게 짠 담요 그리고 갈색 이불 덮개가 있었습니다.[21]

이렇게 하여 에디트는 가르멜의 수실에 들어가 앉았다. 침묵과 고독, 아무 장식이란 찾아볼 수 없는 가난한 수도자의 개인 방, 추위와 아무 소리도 들리지 않는, 고요 속을 스쳐 지나가는 바람 — 그곳은 오직 주님으로 충만되는 공간이 된다. 사랑하는 그분, 그리스도와 친밀히 얘기할 장소. 그 작은 방은 주님의 현존으로 가득 찬다.

입회 전후에 씌어진 에디트의 편지를 짚어 보자.

> 부디 어머니를 위해 기도해 주십시오. 어머니에게 이별을 견디어 낼 힘이 주어지도록 그리고 나의 길을 이해할 수 있는 빛이 비추이도록 빌어 주십시오.
>
> 내가 가르멜에 들어감으로써 당신은 뭔가를 잃어버린다고는 생각하지 말아 주십시오. 내 마음과 기도 속에 있는 이들은 모두 뭔가를 얻을 것입니다.[22]

> 지금 막 조용한 이 수실에서 당신이 쓴 아름다운 마리아 찬가를 다 읽었습니다. 그것은 가르멜에서 읽기에 알맞은 글입니다. 정말 고맙습니다. 그리고 나의 어머니를 위로해 주겠다고 쾌히 승낙해 주어 충심으로 감사를 드리고 있습니다.
>
> 나는 이때까지 당신에게 어머니에 관해서 말씀드린 적이 없었습니다. 또 당신의 시를 어머니에게 보내드린 적도 없습니다. 어머니는 유대교 신앙 이외의 것은 모조리 거절하기 때문입니다. 어머니는 개종이라는 것을 특히 싫어합니다.

---

21. Renata 120.   22. Brief 156 vom 9.10.1933 an Gertrud von le Fort, SB I 152.

어머니 생각으로는 모든 사람은 태어나면서 받은 신앙을 끝까지 지키며 죽어야 하기 때문입니다. 어머니는 가톨리시즘과 수도생활에 대해서 심한 오해를 하고 있습니다. 지금 어머니는 특별한 애정을 쏟아온 막내딸과의 이별의 아픔을 겪고 있습니다. 그리하여 그 딸이 아주 멀리, 동떨어진 세계로 떠나가 버린 것이라고 비탄에 빠져 있습니다. 그러고는 어머니 자신이 딸을 유대교로 제대로 이끌지 못했다고 하는 양심의 가책으로 고통받고 있습니다. 나는 어머니가 품고 있는 하느님에 대한 사랑이 강하고 진실된 것이라는 점을 의심치 않습니다. 그리고 어머니의 내게 대한 사랑 또한 그 무엇에 의해서도 흔들리지 않는다는 것을 알고 있습니다. 당신이 어머니가 이러한 사정을 이해할 수 있도록 설득하는 이 어려운 일을 맡아주실지 어떨지, 그 모든 것을 당신에게 위탁하겠습니다.[23]

집에서 지낸 마지막 몇 주간과 가족들과의 이별은 참으로 괴로운 것이었습니다. 어머니에게 전혀 이해받지 못한 채 떠나야만 했기 때문입니다. 그저 나는 오직 하느님의 은혜와 기도의 힘을 믿는 것에 의지함으로써 가족들 곁을 떠날 수 있었습니다.[24]

에디트에게 어머니와의 그러한 이별은 가슴이 찢어지는 듯한 고통이었고 그것은 수녀원에 들어가면서 에디트가 바친 가장 큰 십자가였으리라. 그러나 실제로는 가르멜 안에 몸을 두고 모든 생각들을 주님께 바치는 것에 의하여 사랑하는 이들과 기도 속에서 굳게 맺어져 있다고 하는 평화와 기쁨을 느끼고 있었다.

---

23. Brief 158 vom 17.10.1933 an Gertrud von le Fort, SB I 154.

24. Brief 160 vom 31.10.1933 an Hedwig Conrad-Martius, SB I 156.

2. 십자가로 축복받은 사람

수도복을 몸에 두르고 주님의 신부가 될 착복식 날이 다가왔다. 에디트는 그녀의 수도명으로 "데레사 베네딕타 아 크루체"(Teresia Benedicta a Cruce)를 택했다. 그것은 "십자가로 축복받은 데레사"라는 뜻이다. 에디트의 본명 성녀인 아빌라의 데레사, 그리고 베네딕타는 "축복받았다"라는 뜻과 함께 경애하는 영적 지도신부가 속해 있던 베네딕도회의 주보성인인 베네딕도 성인의 이름을 딴 것이었고, 이 이름이야말로 에디트의 전 생애를 의미하는 것이었다. 에디트는 자기의 수도명에 대하여 입회한 지 5년 뒤에 이렇게 말하고 있다.

> 내가 가르멜에 들어갔을 때 내 수도명이 어떻게 정해졌는지 말씀드리지요. 그 이름은 내가 바란 대로 정해졌습니다. "십자가의"(크루체)라는 것을 나는 당시에 예상되던 하느님의 백성의 운명과 연관시켜 이해했습니다. 그리스도의 십자가의 뜻을 알고 있는 사람은 모든 이들의 이름으로 그 십자가를 져야 한다고 나는 생각하고 있었습니다. 이제서야 십자가의 표로 주님과 맺어진다는 것이 무엇을 뜻하는지 확실히 더 잘 알게 된 것 같습니다. 그러나 그렇다 하더라도 십자가의 뜻을 완전히 이해할 수는 없는 것이지요. 십자가는 신비이기 때문입니다.[25]

가르멜 수녀원에서의 생활을 시작한 에디트는 깊은 평화와 기쁨에 충만되어 있었다. 세례를 받을 때 에디트의 온몸을 꿰뚫은 환희와 평화는 한층 더 깊어지고 친밀해져서 일상생활의 곳곳으로 스며들어갔다. 바깥 세상에 있을 때 여러 가지로 걱정이 되던 직업, 지위, 학문적 생활에서의 성공 등 그 모든 것을 버리고 자기 자신을 하느님께 위탁했을 때에 하느님만으로 충만되는 아주 풍족한, 아주 조촐한 행복에 싸여 있었다.

---

25. Brief 287 vom 9.12.1938 an Mater Petra Brüning OSU, SB II 124.

가르멜에서의 나날은 아침부터 밤까지 정해진 일과에 따르는 단순하고 청빈하고 정밀(靜謐)한 생활이다. 에디트가 입회 후 수녀원의 일과에 관해 알려주는 편지에 의하면[26] 당시 가르멜의 하루는 다음과 같았다(겨울에는 한 시간씩 늦춰진다) 4시 반 기상, 5시에서 6시 묵상기도, 6시에서 7시 아침기도, 7시 미사, 8시에서 9시 53분 작업, 9시 53분 성찰, 10시 점심, 그후 한 시간의 레크리에이션, 12시에서 13시 휴식, 13시에서 14시 작업, 14시 저녁기도, 15시에서 16시 45분 작업, 이어서 십자가의 길 또는 영적 독서, 17시에서 18시 묵상기도, 18시 저녁식사, 그후 레크리에이션, 19시 30분 저녁기도, 20시에서 21시 개인 방에서 자유시간, 21시 독서시간, 성찰, 아침 묵상기도 준비.

이러한 기도의 일과는 매일같이 계속된다. 그리고 레크리에이션 시간 이외에는 모두 침묵이다. 쓸데없는 것은 일체 덜어버리고 오로지 하느님께 향해 열려 있는 시간이 지나간다. 가르멜리트에게 일상(日常)은 곧 영원과 연결되어 있다. 그러므로 수녀들은 일상성에서 벗어나는 여행이라든지 휴가 같은 것이 필요없게 된다. 세상 사람들은 자기가 어떻게 하여 시간을 보낼까, 그리하여 거기서 무엇을 얻을까 하는 것을 생각하며 생활하고 있다. 그러나 가르멜리트에게는 자기의 시간이라고 하는 것은 원래 있을 수가 없다. 하느님께서 주시는 시간, 하느님께서 가리키시는 시간, 그리고 공동체의 자매들에게 봉사하는 시간이 하루의 전부이다. 한결같이 하늘과 땅을 맺는 고요하고 단순한 생활의 반복, 하루의 전부가 하나의 영성체(領聖體)와 같은 생활 — 그곳에서 사는 기쁨은 아침부터 밤까지, 밤에서 아침까지 침묵과 고독을 통하여 하느님과 친교하고 하느님을 끝없이 사랑하는 것에 있다. 그것은 하느님으로 충만되지 않으면 있을 수 없는 그런 기쁨이며 천국을 선취(先取)하는 삶이기도 하다.

가르멜 입회 직후 에디트의 내적 기쁨과 마음의 평화를 엿볼 수 있는 그녀의 편지를 짚어 보자.

---

26. Brief 171 vom 1.5.1934 an Mater Petra Brüning OSU, SB II 5.

이토록 훌륭한 성소의 은혜를 받은 것을 나와 함께 하느님께 감사드려 주십시오. … 비록 (사회적) 정세가 이전엔 지금같이 나쁘지 않았다 해도 나는 개인적으로는 도리어 나치 사람들에게 감사하고 싶은 심정으로 뿌듯합니다. 왜냐하면 나치에 의한 유대인 박해는 내게 최종적인 이 길을 열어줬기 때문입니다.[27]

가르멜에서의 생활에 대한 인상을 말씀드리자면 다음과 같습니다. 여기서의 생활은 모든 것이 자잘한 일에 이르기까지 하느님의 사랑에 의해서 완전하게 승화돼 있음을 알게 됩니다. 나는 이 이상 훌륭한 생활을 상상할 수가 없습니다. 그러므로 나는 이러한 가르멜의 생활 태도를 가능한 한 나 자신의 것으로 하고 내 친한 사람들에게도 이러한 생활을 지향하도록 하고 싶은 것입니다.[28]

가르멜의 정신은 사랑입니다. 그리하여 이 정신은 우리들 공동체에 강한 입김으로 이어지고 있음을 느낄 수 있습니다.[29]

이 가난하고 작은 영혼은 매일같이 받는 넘치는 은혜에 비한다면 참으로 보잘것 없는 존재입니다.[30]

에디트의 내면적인 기쁨은 저절로 그 외관에도 넘쳐나와 있었다. 에디트의 수련장으로 훗날 그녀에 관한 전기를 처음으로 세상에 펴낸 데레사 레나타 포셀트 수녀는 다음과 같이 증언하고 있다.

에디트 수녀가 수녀원의 금역 안으로 들어와 몇 주간이 지난 뒤 이전보다도 더욱 젊디젊게 보이고 더 빛나 보이게 된 것은 크나큰 기쁨이었습니다. 에디트는

---

27. Brief 146 vom Ende Juni 1933 an Hedwig Conrad-Martius, SB I 142.

28. Brief 137 vom 17.3.1933 an Sr. Adelgundis Jaegerschmid OSB, SB I 133.

29. Brief 147 vom 26.7.1933 an Mater Petra Brüning OSU, SB I, 147.

30. Brief 165 vom 26.1.1934 an Mater Petra Brüning OSU, SB I 160.

지난 일들, 재능, 학식 같은 것을 죄다 잊어버리고 어린이들 중의 어린이가 되고 말겠다는 단 한 가지 소망만을 지니고 있었던 것이라고 보여집니다. 예전의 그녀가 자기에게 부과하고 있던 과중한 지적 작업, 단식, 불규칙적인 수면시간과 같은 온갖 고행은 순종이라는 소명에 의해서 딱 끊게 됐습니다. 충분히 먹고 잘 자고 마음 속으로부터 기뻐한다는 이 세 가지는 우리 가르멜의 어머니인 데레사 성녀가 말하고 있는 대로 참으로 가르멜회에 성소가 있다는 증거입니다. 에디트는 이 세 가지를 실천하는 데 아무런 지장이 없었습니다. 특히 결정적인 증거가 되는 쾌활함에 있어서 더욱 그러했습니다. 에디트는 수녀원이라는 가족 속에 들어와서 처음부터 유유히 행동하고 쉽게 적응했던 것입니다. 그녀는 곧잘 다른 동료 수녀들과 함께 눈물이 날 정도로 어린이같이 웃고 농담을 하곤 했습니다. 그녀는 지금까지의 인생에서 가르멜에서의 레크리에이션 때만큼 실컷 웃어본 일이 없었다고 말하는 것이었습니다.[31]

지금 에디트의 생활 속에서 근본적인 무엇인가가 쇄신되고 있었다. 그러한 기쁨이 그녀의 얼굴에 윤이 나는 싱싱함과 밝음을 가져다주었다. 에디트의 수련장은 입회 후의 그녀의 모습에 대하여 이렇게 말하고 있다.

에디트의 가르멜회 입회는 뭇 사람들의 주목을 크게 끌던 인물이 졸지에 무명인이 됐음을 의미하고 있었습니다. 아마도 그녀 자신은 우리들이 생각한 것처럼은 생각하지 않았을 것입니다. 그렇지만 그녀가 가르멜의 문지방을 건넜을 때 지금까지는 존경의 대상이던 모든 것을 포기하고 보통 사람의 수준으로까지 스스로를 낮춘 것은 사실입니다. 그녀는 쾰른의 가르멜 수녀원에 오직 한 사람의 지원자로 받아들여졌던 것입니다. 대부분의 수녀들은 그녀의 과거에 대해서 들은 일도 없었고 누구 한 사람 그녀의 사회적 평판에 대해서 알지 못했던 것입니다. 그녀가 자기가 생활하고 있던 지적인 세계에 대해서 얘기하려 했다고 해도 극소수의

---

31. **Renata** 115-116.

수녀들만이 그녀의 얘기를 따라갈 수 있었을 것입니다. 그리고 에디트 자신이 스스로 몸을 낮추며 굽히고 있다는 것을 아무도 눈치채지 못했습니다. 그녀가 지원자로서 입회하면 응당 몸에 지녀야 할 온갖 규칙들을 익혀야 함은 당연한 일이라고들 생각하고 있었습니다. 실제로 에디트는 마치 어린이로 되돌아간 것처럼 모든 일에서 수녀원의 규칙대로 온갖 요청에 재빨리 응하고 이토록 새로운 생활양식에 적응해 가려 애쓰고 있는 모습을 본다는 것은 감동적이었습니다.

이 새로운 생활에 익숙해진다는 것은 아무리 세계에서 가장 강인한 의지를 가진 사람이라도 그리 쉬운 일은 아니었습니다. 나이 많은 어느 수녀는 에디트에게 "당신은 바느질 솜씨가 좋은가요"라고 묻는 것이었습니다. 재봉은 흔히 새로 들어온 지원자에게 요구되는 기술이었습니다. 그런데 에디트는 바느질 솜씨가 형편없었습니다. 바느질만이 아니라 그녀는 살림살이 전반에 걸쳐서 아주 서툴렀던 것입니다. 그러기 때문에 그런 일을 하고 있는 그녀를 본다는 것은 대단히 괴로웠습니다. 그러나 에디트는 이러한 그녀의 결점을 언제나 유머와 겸손의 덕으로 기워갚고 있었습니다. 이러한 일은 모두 겸손이라고 하는 학교에서 배워야만 하는 일관된 과목과 같은 것으로, 특히 한때 뭇 사람들의 칭찬을 온몸에 받던 자에겐 좋은 경험이었다고 훗날 에디트는 말하고 있습니다.[32]

에디트가 가르멜에 들어가서 맨 처음으로 요청받은 겸손과 자기 희생은 하느님만이 아시는 고통이었고 아무도 알 수 없는 그녀 자신의 내적인 싸움이었다. 자기와는 너무나 다른 취미와 관심을 가지고 생활하고 있는 사람들이 있다는 것을 알고 일상생활에서 누구나가 할 수 있는 당연한 보통 일을 한다는 것 ─ 이러한 일상의 눈에 안 띄는 일 속에서 순간순간 자기를 낮춘다는 경험은 에디트에게 중요한 의미를 가지고 있었다. 일상의 자잘한 일들에서 에디트는 자기의 무력함과 어찌할 바 모를 현실에 직면하고 있었을 것이다. 이 무렵의 에디트의 심경은 다음 편지에도 나타나 있다.

---

32. Renata 113.

나는 꽤나 성가신 지원자로서 장상이나 공동체의 동료 자매들에게 사랑과 인내
를 강요하고 있었을 것입니다. 내가 진짜 수녀가 되려면 아직도 상당한 시간이
걸릴 것 같습니다.[33]

에디트가 입회할 당시 쾰른의 가르멜회에는 에디트 외에 수련 수녀가 두 사람
더 있었다. 두 사람 다 에디트보다 스무 살이나 더 젊었다. 에디트는 이렇게
세대가 다른 젊은이들과 함께 똑같은 출발점에 서서 생활해 나가야만 했다. 그
들 중 한 사람인 데레사 마가레타 수녀는 현재도 쾰른의 가르멜 수녀원에 생존
하고 있는데, 그녀는 에디트의 인품에 대하여 이렇게 말하고 있다.[34]

밝고 겸손하고 그 어떤 일에도 충실한 사람이었어요. 자기 자신을 중요한 사람
이라고 돋보이게 하려는 그런 행동은 전혀 볼 수 없었습니다. 그녀의 존재의 깊
은 차원에서 유대인이라는 것과 가톨릭이라는 것이 조화되어 있었고 가르멜에
들어와서는 꼭 물고기가 물을 만난 듯 쾌활해져서 마치 스무 살이나 더 젊어진
것같이 보였습니다. 사진에 찍힌 에디트의 모습은 지적이고 심각한 표정을 짓고
있지만, 실제는 아주 밝고 천진난만한 사람이었습니다.

에디트와 수련기를 함께한 또 다른 한 사람인 엘렉타 수녀는 다음과 같은 기록
을 쾰른 수녀원에 남겨놓고 있다.

에디트는 아무런 특전(特典)도 요구하는 일이 없이 우리들과 똑같이 행동하고
있었습니다. 그녀의 단순하고 자연스런 겸손은 결코 과장된 것이 아니고 진실한
것이었습니다. 그녀는 곧장 위엄있는 표정을 지워버리고 — 그것으로 스무 살이
나 더 젊어진 것같이 보였습니다만 — 내향적이고 접근하기 어려운 분위기도 사

---

33. Brief 159 vom 18.10.1933 an Mater Petra Brüning OSU, SB 155.

34. Vgl. Sr. Teresia Margareta a Corde Jesu, Edith Stein im Alltag des Karmel (Karmel Maria
vom Frieden, Köln 1987).

라져서 훨씬 더 친근감이 있는 사람으로 변해 갔습니다. 그래서 우리들은 격의 없이 친해지는 데 별로 시간이 걸리지 않았습니다. 그녀가 입회해서 수주일이 지난 뒤, 에디트 슈타인의 유대인으로서의 배경과 그녀의 과거에 성취한 업적에 대해서 우리들에게 조금 알려지게 됐습니다. 그것은 내겐 놀라움이었습니다. 그리고 그런 여성이 하느님께 완전히 봉헌하는 삶을 살고 있는 사람이라는 것을 더 잘 알게 된 다음부터는 더욱더 경탄하게 된 것입니다.

내 인상에 남아 있는 것들 중 하나는 그녀의 기도하는 자세였습니다. 전례에 참여하고 있을 때에 그녀는 자기 자신을 아주 잊고 있는 것같이 보였고 미사 때엔 마치 그녀 자신을 제물로 제단에 봉헌하는 것처럼 참례하고 있었습니다. 성무(聖務)에 대해서도 참으로 열심이었습니다. 주일이나 축일이 되어서 보통 일과가 없을 때에도 그녀는 몇 시간이고 성체(聖體) 앞에서 기도드리고 있었습니다. 그녀는 일단 하느님과의 친밀한 대화 속에 들어가면 시간과 공간을 넘어서 기도하고 있는 듯한 인상을 받았습니다.

또 하나 내가 알게 된 것은 그녀가 젊은 수녀들을 존경하고 있었다는 점입니다. 그녀가 우리들에게 적응하려고 사랑과 겸손을 보이고 있는 것을 잘 알 수 있었습니다. 훨씬 훗날이 되어서 에디트가 새로운 환경에 순응해 간다는 것이 그녀에게 얼마나 어려웠던가 하는 것을 알게 되었습니다. 그녀는 언젠가 내게 이렇게 말하는 것이었습니다. "나이 사십이 넘은 자에게 수련기는 참으로 큰 시련이었어요"라고 말입니다. 나는 그녀의 그 말을 믿을 수 없을 정도였습니다. 왜냐하면 입회 당시의 그녀는 지극히 자연스럽게 수녀원 생활에 융합하고 있는 것같이 보였기 때문입니다. 그녀는 모든 점에서 단순하고 곧은 사람이었습니다.

가사(家事) 일에 부딪치면 그녀는 실제 경험이 모자랐기 때문에 온갖 실패를 거듭했습니다. 그럴 때엔 으레 비난과 충고를 받게 되는 것이 수련원의 관례였는데 그녀는 참지 못할 것 같은 모습은 전혀 보이지 않고 그것을 달게 받고 있었습니다. 그녀는 자기가 하는 방법을 남이 고쳐주는 것을 겸손되이 받아들이고 있어서 그러한 그녀의 태도에서 우리들은 많은 것을 배웠습니다. 그녀가 이러한 기회를 성화(聖化)에로의 길을 심화하는 하나의 수단으로 삼고 받아들였다는 것은 명백합니다. 그녀는 생동적인 사람으로 그 열정적인 면모는 그녀의 아름답게 빛나는 눈동자에 잘 나타나 있었습니다.

나는 어느 날 수련원에서 아주 침울해 있었는데 그럴 때 나에게 원기를 되찾아준 것은 에디트였습니다. 내가 다시 용기를 가지도록 말을 해줬고 나를 위해서 여러 가지 일을 해줬습니다. 그녀는 사람이 바라고 있는 것을 알아서 해주는 재능을 지니고 있었습니다. 모든 것을 그리스도에 대한 사랑을 위해서 그리고 모든 사람들을 위해서 그 어떠한 일이라도 하는 사람이 되겠다고 그녀는 원하고 있었습니다.[35]

입회 후 반 달이 지났다. 1934년 4월 15일, 착한 목자의 축일인 주일에 에디트는 가르멜 산 성모의 수도복을 받게 되었다. 착복식은 주님의 신부가 모든 것을 바쳐 사랑으로 봉헌하기를 다짐하는 것을 의미하는데 이 간결하고 아름다운 예식 속에는 가르멜의 정신이 집약되어 있다. 착복식을 위하여 준비되는 의복은 순백의 신부 의상 — 에디트의 드레스는 언니 로자가 준비한 두꺼운 실크로 만들어졌다 — 과 하얀 면사포 그리고 다갈색인 가르멜회의 수도복에 가르멜의 흰 망토와 끈 달린 샌들 그리고 묵주(默珠, 로자리오)가 전부이다.

순백의 신부 의상을 입은 에디트는 주님의 신부로서 그리스도께 모든 것을 바치려 하는 청아함과 십자가의 길로 의연히 나아가는 씩씩한 사랑을 나타내고 있었다. 남겨진 착복식 때의 사진에서는 에디트의 아름답고 기품있는 모습과 크고 늠름한 눈동자를 엿볼 수 있다. 그리스도에의 사랑에 정성껏 응답하는 신부의 마음을 십자가의 성 요한은 이렇게 노래하고 있다.

내 사랑을 찾아 나는 가리라.
저 산들 넘어 저 강가를 지나

---

35. Sr. Electa, Gespräche, Edith-Stein-Archiv, Karmel Köln.

들꽃 따지 않으며 들짐승 두렵지 않아

억센 원수도, 국경도 넘어서 가리(십자가의 성 요한 『영혼의 노래』).

착복식 미사가 시작되기 한 시간 전 순백의 신부 의상을 입은 에디트는 금역을 떠나 방문객들의 축복을 받기 위해 응접실로 갔다. 쾰른의 가르멜 수녀원에 이토록 많은 사람들이 모인 적이 없었다고 할 만큼 많은 친구들, 친지들이 에디트를 기다리고 있었다. 그리운 얼굴들, 재회의 기쁨과 감동, 흘러넘치는 사랑과 축복의 파도 — 프라이부르그, 쉬파이어, 뮌스터에서도 에디트를 사모하는 사람들이 달려왔다. 그러나 그들 속에 브레슬라우의 가족들 모습은 보이지 않았다. 그리하여 드디어 장엄한 미사가 시작되었다. 미사 집전 사제인 보이론의 베네딕도 수도원장 발쩌 신부가 성당 입구에서 에디트를 맞이하고 그녀를 제단 앞으로 인도했다. 그녀가 예전에 가르치고 있던 학교의 도미니칸 수녀들이 노래하는 아름다운 입당송이 울리는 동안 에디트는 무릎을 꿇고 있었다. 발쩌 신부의 강론이 있은 뒤 가르멜회의 관구장 라우히(Theodor Rauch) 신부가 에디트 앞으로 다가섰다. 여기서 가르멜회의 전통으로 되어 있는 짤막하고 아름다운 대화가 사람들 앞에서 이어진다.

당신은 무엇을 바랍니까.

하느님의 자비, 수도회의 청빈 그리고 자매들과의 친교를 바랍니다.

죽기까지 수도원에서 견디어 낼 각오가 돼 있습니까.

마음으로부터 그렇게 희망합니다. 하느님의 자비와 자매들의 기도에 의해서.

그대를 우리들 곁으로 인도하신 주님께서 그대로부터 묵은 사람과 그 모든 행실에서 벗어나게 해주시옵기를.

그리고 에디트는 불타는 촛불을 손에 들고 수녀원의 문으로 나아간다. 그곳에는 외계와 분리된 문이 있었으며 그 문은 가르멜의 침묵과 고독으로 들어가는 입구였다. 촛불을 손에 든 수녀들이 에디트를 기쁘게 맞는다. 그리하여 희생의 표시로 에디트는 십자가 앞에 무릎을 꿇는다. 밖에서는 사람들이 엄숙하게 "주님을 찬미하라"는 성가를 부르고 있는 동안, 에디트는 세속의 옷을 벗어버리고 통회의 표지인 수도복으로 갈아입는다. 그리고 신부의 면사포에서 가르멜의 베일로, 그리고 맵씨 좋은 구두는 끈 달린 샌들로 바뀐다. 수녀원장이 "주님께서 정의와 거룩한 진리로 만드시는 이 새 사람에게 의복을 주시옵기를 빕니다"라고 기도하면 이어서 순종과 순교의 상징인 가죽 벨트가 주어진다. ― "당신은 젊어서는 자기의 허리띠를 매고 제 가고 싶은 곳으로 갈 수 있었다. 그러나 늙으면 두 팔을 들고 남의 손으로 허리띠를 매게 되어 가고 싶지도 않은 곳으로 끌려가게 된다." … 그러고는 다시 "그리스도의 감미로운 멍에와 짐을 받으십시오"라는 말씀과 함께 전대가 어깨에 걸쳐진다. 그리하여 마지막으로 순결의 상징인 가르멜의 하얀 망토가 주어진다. ― "흠없는 양떼를 따르는 자는 아주 깨끗한 마음으로 흠없는 빛을 내십시오"라는 축복과 함께.

이렇게 하여 일련의 착복식은 끝이 나고 새로운 가르멜리트는 "오소서, 성령이시여"라는 성가가 불리는 가운데 마룻바닥에 십자가의 모양으로 부복(俯伏)한다. 그것은 낡은 사람은 죽고 하느님의 은혜로 새 사람으로 살려고 하는 자의 전면적인 봉헌을 나타내는 것이었다. 다시 일어선 에디트는 자매들 한 사람 한 사람을 포옹하고 자매들에 이끌려 금역으로 들어갔다. 사람들은 "보라, 우리가 한마음 되어 함께 사는 것은 얼마나 좋고 아름다운가"라는 성가를 소리높이 부르고 있었다.

에디트의 착복식에 참석했던 사람들은 모두 깊은 감명을 받지 않을 수 없었다. 에디트의 내면에 깃들어 있던 세상을 성화해 가려는 듯한 고결함과 무구(無垢)함이, 그녀가 수녀의 모습으로 변해 가는 그 의식(儀式)의 과정중에 아름답게 표현되어 있었다. 확실히 에디트는 이 세상의 남편이 아니라 하느님을 평생의 반려로 하여 살 것을 소망하고 가르멜의 사막 속으로 들어갔다. 그렇게 하여 에디트의 새 출발을 배웅하면서 이 착복식에 참석한 사람들은 에디트의 전면적인 봉헌과 세상으로부터의 별리가 수도원의 울타리를 넘어서 모든 이들에게 파급되는 보편적인 차원으로 이어져 나간다는 것을 깨닫게 되었다. 분명히 에디트는 멀리 사람들 손에 닿지 않는 곳으로 떠나갔다. 그러나 그것으로 에디트는 예전보다 더욱더 사람들과 맺어지고 친교 속에 있게 되었음을 거기 참여했던 사람들은 피부로 느꼈던 것이다. 에디트는 특정의 사람들만이 아니라 무수한 수백만 뭇 사람들의 영혼의 절규와 함께하기 위하여 가르멜의 그 울타리 안으로 들어간 것이다.

착복식에 참석한 에디트의 친구인 철학자 부스트(Peter Wust)는 다음과 같이 회상하고 있다.

훗썰의 제자였던 에디트는 존재 그 자체를 탐구하려는 뜻에서 토마스의 저작을 번역했고 토마스의 정신과 언어에 깊은 영향을 받았습니다. 그 영향은 그녀의 인격과 사상에까지 미쳤습니다. 그녀는 이전보다 더 평온해졌고 더 단순하고 어린이같이 됐습니다. 그리하여 그녀는 성 토마스 사상의 전면에 걸쳐 고동치고 있는 신비적 통찰에 계발된 것입니다. 존재의 현실성을 탐구하기 위해서 그녀는 훗날 십자가의 성 요한과 아빌라의 성녀 데레사를 비롯한 분들의 위대한 작품이나 신비가의 고전적인 서적을 통해서 관상생활에서 탐구할 수 있는 초자연적인 현실에 깊이 참여하게 됐습니다.

착복식에 참석한 사람들은 그 전례의 갖가지 장면에 시선을 모아 경탄하고 있었습니다. 특히 마지막 장면에서 "오소서, 성령이시여"의 성가 합창이 있은 뒤 새로이 탄생한 수녀가 자매 수녀들을 포옹하고 함께 금역을 향해 걸어 들어가는 그 모습은 감동적이었습니다. 성스러운 진리에 의해 축복받은 그녀는 베네딕타 수녀로서 공동체의 일원이 되어 함께 금역으로 들어갔을 때 이 세속에서 사라져 간 것입니다.

또 하나 대단히 상징적인 광경을 잊을 수가 없습니다. 그것은 착복식이 끝난 뒤 고별하기 위해 수녀원의 응접실에 모여 있을 때였습니다. 격자(格子)를 두고 안쪽에는 새로 수녀복을 입은 가르멜리트가 서고, 바깥쪽에는 우리 참석자들이 서 있었습니다. 그들 속에는 유명한 현상학자로 에디트의 친구인 헤트비히 콘라트 마르티우스도 있었는데, 가장 고명한 훗썰의 제자 두 사람이 격자를 사이에

두고 서로 마주 서 있는 모습은 기묘한 일치같이 보였습니다. 한 사람의 제자는
현상학의 근본적인 생각을 형이상학의 그 근저에까지 거슬러내려가 추구하고,
또 다른 한 사람의 제자는 모든 존재의 가장 깊은 원천을 탐구하여 드디어는 가
르멜의 신비주의에 다다랐던 것입니다. 이날 훗썰로부터 쾰른의 가르멜회에 축
전이 도착했습니다.

그녀와 격자를 두고 마주 서 있는 동안 나는 이 수녀가 훗썰에서 토마스를 거
쳐 이곳으로 걸어온 그 도정을 생각하고 있었습니다. 마침내 수녀원의 엄격한
규칙에 따라 이별해야 하는 시간이 다가왔습니다. 우리들은 세속으로 돌아가고
그녀는 이 세속에서 떠나갔습니다.[36]

또 에디트의 영적 지도사제였던 발쩌 신부도 착복식이 끝난 뒤 에디트를 면회
하고 그때의 인상을 이렇게 말하고 있다.

착복식이 있은 뒤 나는 그녀와 단 둘이서 얘기할 수 있는 기회를 가졌습니다.
— 그것이 그녀와 만난 최후의 시간이 되었습니다만 — 나는 단도직입적으로 그
녀에게 물었습니다. 그녀가 어떻게 수녀들과의 공동체 생활과 영적 환경에 순응
하고 있는가 하는 물음이었습니다. 그랬더니 내가 기대하고 있던 대로라고나 할
까요. 그녀는 마음 속으로부터 유유히 무리없이 순응하고 있다고 대답해 줬습니
다. 그때 그녀의 얘기하는 품은 그녀의 내면에 있는 자연스럽고 열정적인 기질
을 드러내고 있었습니다. 그것이 보통 때엔 일어날 수 없을 것 같은 은혜로운
기적이라곤 여겨지질 않았습니다. 왜냐하면 모든 일은 그녀의 영적 생활의 심화
와 함께 일어난 자연스런 진전의 결과처럼 여겨졌기 때문입니다.[37]

---

36. Peter Wust, Zur Einkleidung Edith Steins im Kölner Karmel, in: Kölnische Volkszeitung
　　24 (24.5.1934).

37. 주 15 참조.

3. 영적 생활

에디트는 가르멜 수녀원 생활에 들어간 이래로 은사인 훗썰과 서신이나 학문적 의견을 교환하는 일 없이 세월을 보내고 있었다. 그러나 에디트가 수녀원에 들어가서부터 에디트와 훗썰 사이에는 이전에는 볼 수 없었던 것 같은 정신적인 교분이 생긴 것 같다. 그같은 일을 말해주는 후일담을 소개하자.

에디트의 착복식 날, 쾰른의 성 요셉 수녀원에는 훗썰로부터 축전이 와 있었다. 학문의 세계에서 은퇴하고 기도와 수도에 몸을 바치려 하고 있는 수제자의 새로운 여로(旅路)를 진심으로 축복해 준 것이다.

훗썰은 착복식에 참석할 수 없었지만, 그의 제자로 에디트와 함께 프라이부르그에서 철학을 공부하고 후에 베네딕도회 수녀가 된 아델군디스 예거슈미트로부터 착복식의 자초지종을 들을 수 있었다. 이때 훗썰은 다음과 같이 말했다고 한다.

> 에디트 슈타인같이 뛰어난 네오 스콜라 학자는 현재의 교회엔 없을 것입니다. 그녀가 쾰른의 가르멜회에서도 연구를 계속할 수 있게 되기를 나는 바랍니다. 그녀는 스콜라학의 세계를 잘 이해하고 있습니다. 아빌라의 성녀 데레사 속에서 스콜라학의 영향을 전혀 찾아볼 수 없다고 말할 수 있을까요. 참된 스콜라주의자는 신비가요, 모든 참된 신비가는 스콜라주의자라고 말할 수 없는 것일까요. 에디트가 탐구하려 하는 모든 것은 참으로 진실입니다. 그렇지 않다면 이러한 새출발은 단지 로맨틱한 것이 되어버리고 맙니다. 철저함과 순교에 대한 충실한 사랑은 유대인의 기질에 깊이 뿌리박고 있는 것이라고 여겨집니다.[38]

훗썰은 이때 에디트의 사상적 발전의 그 방향과 결실을 훌륭하게 예견하고 있었다고 말할 수 있으리라. 에디트는 일시적으로는 학문 연구에서 떠나 있었지

---

38. Renata 132.

만 하느님과의 친교를 통하여 신비적 명상의 정신을 깊이하고 영원한 존재의 신비적 관상에로 이끌려 갔다. 현상학과 스콜라학과의 만남과 그 대결이라고 하는 에디트의 연구 과제는 그 근저에 있는 형이상학적 · 존재론적인 문제에까지 깊이 파고들어가 거기서 신비주의와의 접점을 찾아보게 되는 것이다.[39] 훗날 에디트가 과제로 삼은 것은 십자가의 성 요한의 저작과 그 신비주의의 전제가 되어 있는 위(僞) 디오니시오 아레오파구스에 관한 연구였다.

에디트는 착복식이 끝나자 수련기로 들어갔다. 이 기간에 가르멜회 수련자는 수련장의 지도하에 영적 생활을 깊이하고 회헌(會憲), 회칙 등에 관해 공부하면서 가르멜회 정신과 그 덕을 익혀나가게 된다. 회헌에 따르면 수련기간중 다른 특수 영역에 관한 공부는 못하게 되어 있다. 실제로 에디트도 가르멜회 입회를 결심했을 때 이미 수녀원에서 학문적 활동을 계속하기를 원치 않고 있었다. 여태까지 에디트의 인생의 주축이었던 학문 연구의 길을 포기한다고 하는 것이 수녀원에 들어갈 때 그녀가 바친 하나의 희생이었으리라.

착복식 후 에디트는 은혜 속에서 수녀원의 작은 뜰에 따사로운 봄햇살을 온몸 가득 즐기고 있었다. 독일의 봄은 갑자기 찾아온다. 어느 날 갑자기 따뜻해지면서 백목련, 사과나무, 벚나무의 벌거벗은 가지들이 일제히 꽃망울을 터뜨리기 시작한다. 긴 엄동설한을 보낸 뒤에 찾아오는 봄은 생명의 찬가처럼 사람들에게 미소를 안겨준다. 태양도 푸른 하늘도 바람도 꽃들도 하느님의 선물인 양 빛나며 행복감을 부추긴다. 에디트도 가르멜에서 맞는 첫봄을 아무것도 소유하지 않는 데에서 모든 것이 주어지는, 그 기쁨과 감동 속에서 지내고 있었으리라.

그러던 어느 날 청천벽력처럼 에디트는 "다시 학문 연구와 집필을 시작하도록 하라"는 장상의 명령을 받게 된 것이다. 수련을 막 시작한 자에게는 이례 중의 이례적인 일이었다. 당시의 가르멜회의 라우히 관구장은 에디트의 철학적 업적에 대해 깊은 관심을 가지고 있었다. 그리하여 관구장은 에디트가 입회 전

---

39. Vgl. André Bejas, Edith Stein. Von der Phänomenologie zur Mystik (Frankfurt a. M. 1987), 45-53.

에 교수 자격 신청 논문으로 썼던 「현실태와 가능태」의 초고가 미완성인 채 있는 것을 알고 이 저작이 완성되고 발간되기를 바랐다. 또한 에디트의 수련장이 었던 레나타 수녀도 에디트의 남달리 뛰어난 학문적 능력을 높이 평가하여 에디트가 연구를 계속한다는 것은 교회와 사람들을 위해서 크게 공헌이 되리라고 생각하고 있었다. 레나타 수녀는 균형잡힌 덕망의 수녀로 1936년에는 쾰른의 가르멜 수녀원 원장이 되었고 훗날 에디트의 생애에 관한 전기를 처음으로 공간한 사람이다. 에디트에게 자서전을 쓰도록 명한 것도 레나타 수녀였다. 에디트의 수련기에 장상이 지극히 예외적인 방침을 내려 에디트에게 학문 연구를 계속하도록 촉구한 그 배경에는 에디트의 성소의 그 확실성과 그녀의 수도생활에 대한 순응, 그리고 그녀의 공동체 자매들에 대한 겸손되고 충실한 태도가 있었기 때문이라고 여겨진다. 에디트는 성무 일과(聖務日課), 수련기 학습, 묵상기도, 식사, 레크리에이션 시간 이외에는 자기 수실에서 연구와 집필에 전념하는 것이 허락되었다. 이러한 장상들의 특별 배려에 의하여 에디트는 가르멜회에서 보낸 9년 동안에 방대한 양의 저작을 남기게 되는 것이다.

그렇게 뜻밖에도 장상의 명에 의해 학문 연구에 복귀하게 된 에디트는 이 일을 어떻게 받아들이고 있었을까. 이 무렵의 편지에서 알아보기로 하자.

> 나는 더 이상 아무것도 집필하지 않아도 되는 것이라면 정말 기쁠 것입니다. 그러나 장상들은 내가 집필을 계속하는 것으로 내가 가지고 있는 지식을 다른 이들을 위해서 쓸 수 있게 되기를 바라고 있는 것 같습니다. 그렇지만 내가 발표할 글이나 책을 통해서 내게 모자라는 점이나 미달되는 점이 남들의 눈에 띌 것이라고 생각하고 있습니다.[40]

> 부디 나를 위해서 기도해 주십시오. 수개월 전에 나는 다시 철학 연구를 시작하도록 명을 받았습니다. 지금 중요한 일에 막 손을 댔지만 거기에 필요한 문헌이

---

40. Brief 184 vom 4.11.1934 an P. Laurentius Siemer OP, SB II 20.

나 자료가 충분치를 않습니다. 순종의 은혜라는 것과 주님께서 원하실 때엔 가장 약하고 쓸모없는 도구라 해도 쓰이는 길이 마련된다는 것을 믿지 않는다면 나는 여기서 도저히 학문 연구의 계속을 엄두도 못 냅니다. 그래도 다른 학자들의 박학한 연구를 접하다 보면 내 용기조차 시들어버리는 일이 있습니다. 그러나 그럴 때엔 성체 앞에서 기도함으로써 언제나 새로운 힘을 얻고 있습니다.[41]

이전의 에디트에게 있어서 철학의 탐구는 자기의 논고(論考)와 사상을 구축하여 발표하는 것에 향해 있었다. 그러나 장상의 명에 의해 다시 시작하게 된 학문 연구는 주님의 도구로서 하느님께 봉사하는 것 이외의 아무것도 아니었다. 철학의 연구는 하느님에 관한 진리를 밝히고 신학을 준비하기 위한 것이었다. 그 무렵 집필된 에디트의 작품에서는 그녀의 명징(明澄)하고 관상적인 정신을 엿볼 수 있다.

「지성과 지식인」이라는 제목의 소논문 속에 다음과 같은 구절이 나온다.

정신은 최대한에까지 다다르면 그 자체의 한계에 부딪치게 됩니다. 우리들은 최고로 궁극적인 진리를 찾게 될 때에 자기가 가지고 있는 모든 지식은 불완전한 것에 지나지 않는다는 것을 깨닫게 됩니다. 그때까지의 자만이 사라지고 다음과 같은 두 가지 선택에 몰리게 됩니다. 다시 말해서 정신은 절망해 버릴 것인가 아니면 파악할 길 없는 진리 앞에 머리를 숙이고 정신의 자연적 행위에 의해서는 궁극적 진리를 손안에 넣을 수 없다는 것을 신앙 안에서 겸허하게 받아들일 것인가 하는 것입니다. 그렇게 해서 지성을 지닌 사람은 영원한 진리의 빛 속에서 자기의 지성에 대한 올바른 태도를 취하게 됩니다. 최고로 궁극적인 진리는 인간의 정신에 의해서 파악해 낼 수 없는 것이기 때문에 대단히 단순한 인간이 도리어 우수한 학자보다도 높은 계시를 받는다는 것도 있을 수 있습니다. 또 한편으로 지식인은 인간의 지적 활동에 알맞은 영역을 찾아 확인하고 논밭에서 일

---

41. Brief 204 vom 23.6.1935 an Mater Petra Brüning OSU, SB II 42.

하는 농부처럼 유익한 것을 생산하기 위해서 일을 하는 것이지만 언제나 인간 행위의 그 한계에 직면하고 있다는 것 또한 사실입니다. 이러한 단계에 달하고 있는 사람은 어떤 사람이라 해도 낮춰보지 않습니다. 그리하여 그런 사람은 단순하고 자연스런 인간성을 지니게 되는 것입니다. 거기서부터는 꾸밈없는 참된 깊은 겸손과 온갖 벽이 제거되는 마음의 넓이가 생겨나게 됩니다. 학자는 자연스런 작업으로 지적인 사물을 탐구할 것이고 지식인은 자기가 지닌 지성을 목수가 손이나 연장을 쓰듯 사용하고 있습니다. 그리고 학자는 자기 일이 다른 이들에게 쓸모가 있게 될 때 그것을 기쁘게 생각하는 것입니다. 하느님의 뜻에 따라 하느님께 찬미를 드리기 위해서 행해지는 모든 충실한 일처럼 지적인 일도 신성한 것이 될 수 있습니다. 성 토마스가 그랬던 것같이 말입니다.[42]

에디트가 가르멜에서 그 첫해에 손을 댄 일은 성 토마스의 『진리론』의 독일어 번역 색인을 만드는 것과 그녀의 『현실태와 가능태』를 고쳐 써서 완성시키는 것이었다. 그 틈을 타서 에디트는 수많은 영적 작품, 기도에 관한 책 그리고 시를 써서 남겼다. 이들 영적 서적에는 에디트의 영성이라고 할 수 있는 것이 남김없이 나타나 있다.

　수도생활 초기에 씌어진 영적 에세이 속에 「교회의 기도」(*Das Gebet der Kirche*)와 「크리스마스의 신비」*Das Weihnachtsgeheimnis*)라는 작품이 있다. 「교회의 기도」에서는 에디트의 영성의 그 원류로 되어 있는 유대교의 전통과 가톨릭의 기도, 구약의 이스라엘의 기도와 그리스도의 기도의 연관이 그 중심 주제로 되어 있다. 이 주제는 다음과 같이 전개되고 있다. 그리스도는 유대인의 기도, 구약의 율법에 대하여도 충실하셨다. 그리스도는 최후의 만찬에서 성체성사를 제정하심으로써 구약의 이스라엘의 기도를 완성하시고 유대교 전례를 넘어서는 것을 나타내 보이셨다. 교회의 기도는 공동체의 전례에 있어서나 개인의 기도에 있어서나 그리스도의 기도로부터 비롯되고 있다. 개인의 친

---

42. Edith Stein, Der Intellekt und die Intellektuellen, in: Waltraut Herbstrith (Hrsg.), Wege zur inneren Stille (Frankfurt a. M. 1978), 74-75.

밀한 하느님과의 대화나 많은 신비가들의 기도나 그 모두가 교회의 기도와 연결되어 있는 것이다. 가르멜회의 관상생활이라는 것도 교회의 심장부에 위치하고 고대의 이스라엘로부터의 기도를 계승하고 그리스도를 통하여, 그리스도와 함께, 그리스도 안에서 아버지이신 하느님께로 나아가는 길인 것이다.

에디트의 영적 생활에서 엿볼 수 있는 유대적 기질에 관하여 그녀와 함께 생활한 일이 있는 어느 가르멜 수녀는 다음과 같은 점을 지적하고 있다. 에디트는 구약성서에도 매우 통달했었다는 것(제2차 바티칸 공의회 이전에는 드물었던 일이다), 개인적인 묵상기도 때에는 곧잘 두 손을 펼치고 기도하고 있었다는 것, 자기가 그리스도의 핏줄을 이은 같은 민족에 속하고 있다는 것을 자랑스럽게 여기고 있었음을 들고 있다.

또 하나의 아름다운 영적 수필인 「크리스마스의 신비」는 에디트의 심원한 기도를 엿보게 하는 작품이다. 이것은 에디트 자신의 크리스마스에 관한 묵상에서 태어난 것이리라.

> 베들레헴의 별은 오늘날에도 어두운 밤에 빛나는 별입니다. 지금 신성한 손님을 맞는 기쁨은 어디에 있는 것일까요. 거룩한 밤의 고요가 안겨주는, 그 위에 더 없는 진복은 어디에 있는 것일까요. 지상의 평화는 어디에. 착한 이들에게 평화! 그러나 모든 이들이 다 착한 것은 아닙니다. 그렇기 때문에 영원한 성부의 성자는 하늘의 영광으로부터 내려오신 것입니다. 암흑이 지상을 뒤덮고 있어 성자는 빛으로 오신 것입니다. 성자를 받아들이는 이들에게는 빛과 평화가 주어집니다. 그러나 암흑 속에 있는 이들에게는 평화란 없습니다. 평화의 주님은 평화만이 아니라 칼도 또한 가져오십니다. 이러한 사실은 구유의 아기에 달린 장식에 눈이 어두워서 예사로이 보아 넘겨서는 안될 중대하고 엄숙한 일입니다. 육화의 신비와 죄악의 신비는 밀접하게 연관되어 있는 것입니다.[43]

---

43. Edith Stein, Das Weihnachtsgeheimnis (Köln 1950), 3.

이러한 에디트의 무겁고 엄숙한 기도에는 그 당시의 독일을 지배하고 있던 나치즘의 위협과 사람들의 무지와 죄악에 대한 호소 소리가 번져나오고 있다. 에디트는 묵상을 계속한다.

> 구유에 누워 있는 아기는 그 작은 손을 내밀고 있습니다. 아기의 두 손은 무엇인가를 찾고 주는 손입니다. 그대들 영리한 사람들은 지식에서 손을 놓고 어린이처럼 단순하게 되십시오. 그대들 임금들은 왕관을 벗고 왕중왕 앞으로 나와 겸손되이 경배하십시오 — "나를 따르라" — 이 말씀은 그리스도께서 훗날 직접 말씀하신 것처럼 아기의 손이 말하려 하고 있는 것입니다. 그리스도는 왕중왕이시고 삶과 죽음을 주시는 주님이십니다. 그리스도는 "나를 따르라"고 말씀하고 계십니다. 그리스도를 따르지 않는 사람은 그리스도께 등을 돌리는 사람이 됩니다. 그리스도는 우리들을 부르시면서 빛과 어둠을 분별하고 선택할 것을 요구하고 계십니다.[44]

"나를 따르라"는 부르심은 에디트가 처음 그리스도의 십자가의 신비와 만났을 때, 세례를 받았을 때, 그리하여 가르멜회에로 인도되었을 때 그녀의 전 생애의 모든 때에 마음 속 깊은 곳에 울려오는 목소리였다. 확실히 에디트에게 있어서 가르멜로의 성소에 의해 자기의 모든 것을 주님께 봉헌한 것은 그녀의 생애에서 하나의 절정을 이루는 것이었다. 그러나 봉헌이라는 행위는 한 번으로 그쳐서는 충분하지 않고 오히려 전생애의 방향을 규정하는 것이다. 그러므로 항상 새로운 여로에로, 미래가 숨어 있는 사막으로 들어갈 각오가 서 있었다.

에디트가 가르멜에 들어가서 쓴 영적 작품들을 보면 "하느님의 아드님", "하느님의 손길", "하느님의 뜻", "자기를 준다는 것"과 같은 말들이 빈번히 등장하고 있다. 에디트는 젊어서 진리를 탐구하고 포착하려 하고 있었다. 그러나 에디트의 영적 행보 속에서 서서히 변화가 일어난다. 하느님께서 이니셔티브를 잡으심 없이 어떻게 하여 살아나갈 수 있을 것인가, 사랑받는 것에 위탁하고

---

44. Ibid., 5.

자기의 모든 것을 내어드리고 바친다는 것 속에 얼마만큼 풍요롭고 깊은 진리
가 있는 것일까. 에디트의 영적 지도자였던 발쩌 신부가 "에디트는 어머니의
품에 안긴 어린이같이 가르멜로 들어간 것입니다"라고 말하고 있듯이 그녀의
영성의 진수는 극히 단순하고 명징한 것이었다. 거기에는 "작은 길", "영적인
아기의 길"을 가리킨 리지외의 성녀 데레사에게도 통하는 것이 있다. 에디트
자신 성녀 소화 데레사에 관하여 다음과 같이 말하고 있다.

> 작은 데레사에 대한 내 인상을 얘기하지요. 그녀의 생애는 마지막 순간에 이르
> 기까지 전적으로 하느님의 사랑만으로 충만되어 떠받쳐진 일생이었습니다. 내게
> 이 이상 훌륭하다고 생각되는 것은 없습니다. 그러므로 나도 데레사의 길을 따
> 라 데레사의 성성(聖性)에 가까이 가고 싶다고 생각하고 있습니다.[45]

에디트 자신의 메시지를 다시 주워보자.

> 더욱 하느님의 자녀가 된다는 것은 하느님의 손길에 이끌려 자기의 소망이 아니
> 라 하느님의 뜻을 따르고 하느님의 손에 모든 고민과 희망을 위탁하고 자기 일
> 이나 장래의 일을 걱정하지 않고 살아감을 의미하고 있습니다.
>
> 그러나 우리는 하느님께서 무엇을 바라시는지 모를 때에도 정말로 "하느님의 뜻
> 이 이뤄지도록" 기도할 수 있을까요. 우리가 내면의 빛을 느낄 수 없을 때에도 하
> 느님의 그 길을 계속해서 걸어나갈 수 있을까요. "구하라, 그러면 받을 것이다" —
> 이 말씀은 우리를 향해 하신 말씀입니다. 그렇기 때문에 "하느님의 뜻이 이뤄지도
> 록"이라고 마음 속으로 날마다 기도한다면 실제로 하느님의 뜻을 확실히 알 수는
> 없다 하더라도 그 뜻에 반하는 길을 걷는 일은 없다고 확신해도 좋을 것입니다.
>
> 하루하루의 하느님과의 관계를 둘러보십시다. 점점 영적으로 발달해 나아가면
> 하느님께서 기뻐하실 일과 슬퍼하실 일에 대해서 좀더 주의깊게 됩니다. 그래서

---

45. EeS 351.

자기 자신에 어느 정도 만족하고 있던 지난날과는 달리 느끼도록 애쓰게 되고 자기의 좋지 않은 점을 알아차리게 되어 되도록 그 점을 고치려 합니다. 그렇지만 좋지 않다고 여겨지는 많은 점들을 고치지 못하고 있는 자기 자신과 맞부딪치게 됩니다. 여기서부터 우리들은 점점 더 작아지고 겸허해져 갑니다. 그리하여 오직 자기의 큰 결점에 눈길을 돌리려 하는 것만도 힘에 겨워 남의 작은 결점에 대해서는 참을성있게 되고 점점 관대해지는 것입니다. 결국에는 하느님께서 현존하시는 그 빛 속에 자기 자신을 위탁하게 됩니다. 독선적인 "좋은 가톨릭 신자" — 자기 의무를 다하고 좋은 신문을 읽고는 있지만 자기가 하고 싶은 것만을 하는 사람들 말입니다 — 로부터 참으로 하느님의 손길에 이끌려 살게 되기까지엔 상당히 긴 도정이 놓여 있습니다. 어린이의 단순함과 세리의 겸손됨이 요청됩니다. 그러나 일단 이 길을 걷기 시작한 이는 이젠 다시 뒤로 돌아가는 일 따윈 결코 하지 않을 것입니다.[46]

"하느님께선 내가 오직 가르멜에서만 찾아볼 수 있는 무엇인가를 마련해 주셨습니다"라고 에디트는 입회 직후에 말하고 있다. 바로 그 "무엇인가"에 대해 에디트는 많은 것을 말하려 하지 않는다. 또한 에디트는 자기의 영적 생활에 대해 공동체의 자매들에게도 많은 것을 말하고 있지 않다.

가르멜에 들어가서는 에디트에게 특정의 영적 지도자는 없었다. 이전에 에디트가 가톨릭의 세례를 받은 이유를 그녀에게 물었을 때 "내 비밀은 나만의 것입니다"라고 잘라 말했던 것처럼 하느님과의 친교는 하느님께서만 아시면 되는 것이리라. 그러나 우리들은 에디트가 남긴 편지나 글들을 읽어 보게 될 때 가르멜에서밖에 찾아낼 수 없다는 "무엇인가"란 단순하고 작은 겸손의 길의 심화였으리라고 짐작해 볼 수 있다.

에디트와 수도생활을 함께한 가르멜 수녀들이 현재 쾰른에 한 사람, 네덜란드의 에히트에 네 사람이 있다. 그녀들은 에디트의 인품에 대해서 이렇게 말하

---

46. Edith Stein, Das Weihnachtsgeheimnis (Köln 1950), 13-14.

고 있다. "단순하고 꾸밈이 없는 사람, 늘 기쁨에 넘쳐 있던 사람, 자기의 내면적인 일에 대해선 별로 말이 없던 사람, 군소리가 없던 사람, 언제나 내적 평화를 지니고 있어서 어떤 일에도 동요됨이 없던 사람, 사람들과 교제할 때엔 언제나 밝고 매력적이던 사람 그리고 겸손한 사람."

에디트에 대해 뭔가를 아는 수녀들이 한결같이 일치해서 한 말은 그녀의 "단순함"(Einfachheit)이었다. 오랜 세월을 두고 철학 연구에 전념해 온 사람이 어떻게 하여 단순한 사람일 수 있었을까. 아마도 에디트의 그 단순함은 오로지 하느님의 뜻만을 소중히 하고 자기를 전적으로 비우려 하는 자세로부터 자연스럽게 우러나온 것이리라. 한없이 투명하고 적나라해져 가는 자기 — 에디트는 하느님의 시선을 받고 하느님에게 사랑받고 있는 것만으로 충만되어 갔다.

이 무렵부터 에디트는 장상의 권고로 자서전을 쓰기 시작한다. 자기의 생애를 뒤돌아보고 어린 시절의 일들, 학창시절의 일들을 엮어간다. 선명하게 되살아나는 추억. 정신없이 무엇인가를 추구하는 데 열중하던 자기가 지금 이 간소한 수실에 있다는 것이 왜인지 이상한 느낌이 들었으리라. 전적으로 하느님의 그릇이면 족한 생활. 지극히 단순한 생활. "한평생 은총과 복에 겨워 사는 이 몸, 영원히 주님 집에 거하리이다"(시편 23)라는 시편의 말씀이 끊임없이 에디트의 입에서 되풀이되었을 것이다.

에디트가 가르멜회에 입회하고 일 년 반, 그리고 착복식이 있고 꼭 일 년이 지났다. 1935년 4월 21일 부활 주일에 에디트는 첫 서원식을 가졌다. 이 서원은 특히 가르멜리트에게는 그리스도의 배우자로서 축성되는 신비적 혼배의 날을 의미한다. 그리고 서원의 진수는 그리스도와 그분의 신부 사이에 교환되는 친밀한 사랑의 봉헌에 있다. 아빌라의 성녀 데레사는 회헌 속에서 서원을 수도원의 금역 안 성당에서 하도록 하여 보통 경우 거기에는 사제, 친구, 친지도 불러들일 수 없도록 지시하고 있다. 가르멜에서의 서원식은 매우 간소하고 신중하게 가르멜 공동체의 가족적인 기쁨으로 축하하도록 되어 있다.

에디트는 서원을 앞두고 열흘 동안의 피정을 가졌다. 이때의 피정에 대하여 그녀는 편지나 수기 속에 아무것도 적고 있지 않다. 그리스도에게 모든 것을 바치고 그리스도와 굳게 결합되기를 간절히 바라고 있던 에디트에게 서원은 큰 기쁨이었음이 틀림없으리라. 첫 서원의 그날, 부활절 대축일의 동이 틀 때 부활을 알리는 종소리가 수녀원에 울려퍼졌다. 촛불을 손에 든 수녀들은 소리 높이 "알렐루야"를 노래한다. 부활 주일의 전례와 기도가 끝난 뒤 에디트는 중앙으로 나아가 수녀원장 앞에 무릎을 꿇고 간결하고 아름다운 서원문을 읽는다.

"나 십자가의 데레사 베네딕타 수녀는 여기 3년 동안의 유기(有期)서원을 선서합니다. 나는 맨발의 가르멜회의 회칙과 회헌을 따라 주님이신 하느님과 가르멜 산의 성모 마리아 그리고 원장님과 수녀님들에게 순종, 정결, 청빈을 맹세합니다."

이 말을 받아 "찬미의 희생을 주님께 바치십시오"라는 원장의 말에 이어 "전능하신 하느님께 대한 당신의 서약을 지키십시오"라는 수녀들의 답창(答唱)이 뒤따른다. 그러고는 늠름하고 맑은 에디트의 목소리가 청아하고 조용한 성당 안에 울렸다. ─ "나는 사람들 앞에서 주님의 집에서 주님께 대한 서약을 다할 것입니다."

원장은 하얀 장미 화관을 에디트의 머리에 씌운다. "테 데움"의 종이 울리고 그 사이 에디트는 십자 모양으로 마룻바닥에 부복하고 완전한 봉헌을 표했다. 그러고는 미사 성제가 이어지고 모든 것이 가르멜다운 간소함과 아름다움으로 서원식은 마무리되었다.

첫 서원 후 며칠 만에 에디트를 방문한 어느 학교 교사는 이렇게 회상하고 있다.

> 나는 그녀가 서원을 마친 그 주에 그녀를 만나러 갔습니다. 그때 그녀의 그 빛나는 표정과 싱싱함을 잊을 수 없습니다. 그녀는 스무 살이나 더 젊어진 것같이 보였습니다. 그리고 그녀의 행복감에 넘쳐 있는 그 모습에 깊은 인상을 받았습니다. 정말 그녀는 성인·성녀들처럼 하느님께로부터 커다란 은혜를 받고 있었음이 틀림없습니다.[47]

---

47. **Renata** 140.

첫 서원이 끝난 뒤 어느 젊은 예비 수녀가 소감을 물었을 때 에디트는 "어린양의 신부가 된 기분입니다"라고 대답했다고 한다(데레사 마르가레타 수녀의 증언). 이 "어린양의 신부"라는 말에서 에디트가 서원에 의해 어떤 은혜를 받았는지 짐작할 수 있을 것이다. 이 무렵의 에디트는 그리스도에게 영원히 결합되어 그리스도의 신부로서 완전히 주님의 것이 되어 "살아 있는 것은 이미 내가 아닙니다. 그리스도께서 내 안에 살아계십니다"라고 한 성 바울로가 체험한 그 은혜에 함께 참여하고 있었다고 여겨진다. 그리하여 "오라, 그리스도의 배필이여"라는 부르심을 따라 거룩한 어린양의 희생에 일치하고자 하는 열망으로 불타 있었으리라.

에디트의 서원에 대한 생각을 헤아리게 하는 데 있어서 귀중한 메모가 있다. 에디트가 서원을 갱신했을 때 행한 공동체를 위한 강론이라는 형식으로 쾰른의 가르멜회에 남겨진 것이다. 에디트의 깊은 영적 통찰이 담겨진 부분을 일부 발췌하여 소개하도록 하자(이 강론에서는 요한 묵시록 19장, 어린양의 혼인잔치와 어린양의 신부에 관한 말씀을 자료로 하고 있다).

영혼이 거룩한 서원에 의해 그리스도에게 자기 자신을 바치며 "오라, 그리스도의 배필이여"라는 부르심을 감지하게 될 때 그것은 천상적인 혼인잔치의 예고 같은 것입니다. 그러나 서원은 기쁨의 영구적인 잔치의 약속에 지나지 않습니다. 신부로서 하느님께 바쳐진 영혼의 행복과 충성은 매일의 평범한 수도생활 가운데에서 눈에 보이는 또는 보이지 않는 싸움 속에서 진실됨을 나타내 보여야 합니다. 그녀가 선택한 배필은 십자가에 못박히셨습니다. 그녀는 그리스도와 함께 하늘의 영광 안에 들어가기를 바란다고 한다면 그녀 자신도 그리스도의 십자가에 못박혀야 하는 것입니다. 세 가지 서원은 십자가에 박히는 못입니다. 그녀 스스로 원해서 십자가상에서 몸을 펼쳐 망치로 못박히는 것을 참으면 참을수록 그녀는 십자가에 못박히신 이와 결합된다고 하는 진실을 더 깊이 체험하게 될 것입니다. 이렇게 해서 십자가에 못박힌다고 하는 것이 그녀의 혼인잔치가 되는 것입니다.

청빈의 서원에 의해 꽉 잡고 있던 모든 것을 놓아버리며 두 손을 펼치도록 요청받고 있는 것입니다. 청빈의 서원은 세속적인 것을 추구하는 일이 없도록 우리들을 주님께 묶어놓는 것이기도 합니다. 또한 성스런 청빈의 서원은 우리들을 근심·걱정에서 해방시켜 주고 백합이나 참새의 자유로움을 안겨줍니다. 그리하여 영혼과 마음은 하느님을 위해서 자유로워집니다.

성스런 순종의 서원은 우리들의 발목을 묶어 이제는 자기 자신의 길이 아니라 하느님의 길을 걷도록 하는 것입니다.

정결의 서원은 인간을 온갖 자연적인 혈연관계에서 해방시켜 주고 자연적인 결합보다도 훨씬 드높은 십자가에 우리들을 묶고 인간의 마음을 십자가에 매달리신 분과 하나로 합쳐지도록 지향하게 해주는 것입니다.[48]

알렐루야!
주 우리 하느님
전능하신 분께서 다스리신다.
기뻐하고 즐거워하며
하느님께 영광을 드리자.
어린양의 혼인날이 되었다.
그분의 신부는 몸단장을 끝냈고
하느님의 허락으로 빛나고 깨끗한 모시옷을 입게 되었다.
이 고운 모시옷은 성도들의 올바른 행위이다.
……
"어린양의 혼인잔치에 초대받은 사람은 행복하다"(묵시 19,7.9).

가르멜회에의 입회, 착복식, 첫 서원을 거쳐 가르멜에서의 수도생활에 익숙해짐에 따라서 에디트는 더 평정을 찾아 온화해지고 명랑해져서 여성으로서의 인

---

48. Edith Stein, Hochzeit des Lammes, in: Edith Steins Werke, Bd. XI, 129-131.

격이 활짝 꽃피게 되었다. 그것은 여성이 자기의 모든 것을 위탁할 수 있는 한 사람의 남성을 만나 자기의 껍데기로부터 빠져나와 남성과의 결합을 통하여 그녀의 인격 속 깊은 곳에 있는 것이 추출되어 사랑으로 충만해 가는 그 과정과 비슷하다 하겠다. 에디트에게 그리스도는 자기의 모든 사랑과 열정 그리고 충성과 지혜를 주입할 만한 배필이었다. 수녀원에 들어간 에디트가 이전보다 더욱더 자연스러운 여성다움과 온유함을 지니게 된 것은 참된 은혜에 의한 영적 성숙이 그 정신면에서만이 아니라 여성으로서의 신체와 정감을 갖춘 인격 전체에까지 미쳤음을 나타내고 있는 것이리라. 에디트는 전날 유럽 각지에서 행한 강연에서 여성론에 관하여 얘기하던 것을 지금 가르멜에서 실제로 몸소 실천하여 살게 된 것이다.

가르멜에 들어가서부터 에디트가 보여준 인격적 성숙과 개화(開花)에 대하여 몇몇 사람들은 이렇게 말하고 있다.

> 베네딕타 수녀는 여성다워진 것처럼 보였습니다. 그녀는 가르멜에서 정감과 지성이라는 두 영역을 통합시켜 이전보다도 더 조화, 균형이 잡힌 인격이 되어갔습니다. 그녀의 생활과 지식은 영적 직관에 의해 인도되어 풍요해짐으로써 여성적인 특징이 강하게 나타나게 된 것입니다〔베네딕도회, 다니엘 포일링(Daniel Feuling) 수사의 증언〕.

또 쉬파이어 시절의 에디트의 한 제자는 이렇게 말하고 있다.

> 그녀는 가르멜에서 훨씬 더 모성적인 분이 된 것 같습니다. 나는 그런 변화에 아주 놀랐기 때문에 그런 내 인상을 그녀에게 직접 전해줬습니다. 그랬더니 그녀는 "사람은 일생 사는 동안 그것으로 최종목표에 도달했다고는 말할 수가 없는 것입니다. 아직도 도상에 있어 성숙해 가야만 하는 것이지요"라고 대답했습니다. 이전에 나는 그녀 속에서 어떤 따뜻함을 느낄 수 없었습니다. 그런데 지금의 그녀는 훨씬 사귀기 쉽고 이해심이 많은 분으로 변한 것같이 보였습니다.

첫 서원 직후에 에디트를 찾아간 옛 친구 헤트비히 마르티우스도 다음과 같은
인상을 전해 주고 있다.

> 그때의 방문은 잊을 수 없는 기억으로 남아 있습니다. 에디트는 평소에도 어딘
> 지 친근감이 있었고 어린이 같은 데가 있었습니다만 지금의 그녀에게서 넘치는
> 그 어린이 같은 행복감과 충족감을 엿보게 하는 그런 분위기는 이렇게 말해서
> 좋을지 모르겠습니다만, 아주 색다르게 매력적이었습니다. 그라시아(gratia)라
> 는 말이 지니는 두 가지 뜻인 은혜로움과 우아함이 그녀 안에서 하나가 되어 있
> 었습니다.[49]

여성이 지니는 본래적인 소망은 반려로서 사는 것 속에서 실현된다고 에디트
자신이 말하고 있었지만, 누군가의 반려가 되어 함께 산다는 것은 그 사람을
위해 마음을 쓰고 돌보며 보호한다고 하는 관계 이상으로 아낌없이 자기 자신
을 주는 사랑을 필요로 한다. "그리스도의 반려"(sponsa Christi)로 사는 자가
해야 할 전적인 자기 봉헌은 여성으로서의 삶의 태도의 궁극적인 성숙과 직결
되어 있다. 순결 무구(無垢)한 여성은 그리스도의 신부가 됨으로써 그녀가 지
닌 모성이 풍부하게 열매맺게 되는 그때를 맞게 된다. 신부는 그리스도의 배후
에는 전인류가 있음을 알고 있다. 그녀가 모성애적인 사랑을 쏟는 것은 그녀와
생활을 함께하고 있는 자매들이나 특정의 사람들만이 아니라 끝없이 많은 수의
동포들이다. 그리스도의 신부는 속죄해야 할 모든 사람들의 영적인 어머니가
되도록 요청받고 있는 것이라고 에디트는 생각하고 있다. 여성, 반려, 모성이
라는 세 역할을 도맡아 훌륭하게 그것을 실현하고 있는 이는 성모 마리아이다.
언젠가 발쩌 신부가 말한 것처럼 "어머니의 품에 안긴 아이같이 가르멜로 들어
갔던" 에디트의 마음에서 떠나지 않은 것은 슬픔의 성모 — 피에타의 모습이었
다. 에디트는 어느 강연 속에서 이렇게 말하고 있다.

---

49. Waltraut Herbstrith, Das wahre Gesicht Edith Steins, 4. Aufl. (München 1980), 118.

> 마리아는 온유함과 강인함을 겸비한 이상(理想)의 여성입니다. 성모는 십자가
> 아래 서 있었습니다. … 지금 우리 가톨릭 여성들도 마리아와 교회와 함께 십자
> 가 아래 서 있어야 할 때를 맞고 있습니다.[50]

피에타는 자기 자신을 완전히 하느님께 내어드린 모습이며 거기에는 모든 이들
의 고통과 슬픔에의 공감이 넘쳐 있다. 십자가 아래 선 성모는 참된 의미에서
주님의 반려요 그리스도의 어머니요 그리하여 모든 이들의 여성이 된 것이다.
　가르멜에서의 수련기를 보내고 있던 에디트의 표정에서 엿볼 수 있는 어린이
같고 밝고 빛남은 비장한 사명이 지워진 자의 무거운 짐보다는 사랑하는 이의
품에 안긴 자의 기쁨과 평화를 느끼게 한다. 십자가의 성 요한은 기쁨과 사랑
으로 충만된 신부의 영혼을 다음과 같이 노래하고 있다.

> 여명이 가까워오는 조용한 밤
> 소리 없는 음악, 소리 있는 맑은 고요
> 흥겹고 황홀한 저녁 잔치
> 함께 기뻐하자, 사랑하는 님
> 가자, 그대의 아름다움 속에 서로를 보러,
> 맑은 샘 솟아나는 산으로, 언덕으로 —
> 들어가자, 우거진 숲속 더 깊은 곳으로(십자가의 성 요한『영혼의 노래』, 영혼과
> 천상의 신부 사이에 불리는 노래, 15, 36).

가르멜에서의 생활은 고독과 침묵이 중히 여겨지고 기도와 침묵에 의한 식사
그리고 식후의 레크리에이션 이외에는 거의 혼자서의 생활이다. 아빌라의 데레
사 성녀가 "우리들이 이곳에서 목표로 하는 생활은 단지 수도자로서 사는 것만
이 아니라 은수자로서 사는 것입니다"라고 『완덕의 길』에서 말하고 있는 것처

---

50. F 225-226.

럼 가르멜은 하느님만이 계시는 곳에 은둔하는 생활을 바라는 자가 향하는 사막이다.

에디트는 자기의 수실로 돌아가 혼자서 기도하거나 독서하거나 집필하거나 하는 것을 좋아했지만 가르멜에서의 생활은 근본적으로는 "공동체 안에서의 은둔생활"임을 이해하기 시작하고 있었다. 입회하고 반 년이 지난 뒤에 쓴 그녀의 편지에는 이렇게 적혀 있다.

> 당신은 내가 어떻게 해서 가르멜에서의 고독한 생활에 익숙해졌느냐고 묻고 있는데 그러한 당신의 물음을 앞에 두고 나는 미소짓지 않을 수 없습니다. 나는 여태까지 내 인생의 태반을 이곳에 있을 때보다 훨씬 더 고독하게 살아왔기 때문입니다. 세속에 있을 때 가지고 싶었던 것으로 지금도 가지고 싶어하는 것은 아무것도 없습니다. 아니 도리어 세속에선 결코 얻을 수 없었던 모든 것이 여기서 주어져 있는 것입니다. 그러므로 나는 전혀 무상으로 주어진 이 부르심이라고 하는 멋진 은혜를 마음 속으로부터 감사드리고 있습니다.[51]

이십여 명의 수녀들과의 공동생활에는 기쁨도 있지만 주님께 바치는 희생이 따르는 일도 있다. 에디트가 자기 의사를 억제해야만 했던 것은 무엇보다 시간을 어떻게 쪼개 쓰느냐 하는 것이었다. 예전에는 기도하고 싶을 때에는 자기가 하고 싶을 만큼 기도할 수가 있었다. 묵상중에는 밤을 새워 가며 성당에서 기도한 일도 있었다. 그러나 가르멜에서는 정해진 장소에서, 또 정해진 시간에 기도하도록 되어 있다. 또 하나의 구체적인 장벽은 연구 집필과 관상생활의 그 양립에 있었다. 데레사 성녀는 가르멜의 딸들이 특정한 일에 마음을 빼앗기지 않도록 하기 위해 두 시간 이상 똑같은 일을 하는 것을 허락하지 않았다. 가령 어떤 일에 집중하고 있어도 일단 종소리가 나면 즉시 그 일을 중단하고 다음 일과로 옮겨가야 한다. 데레사 성녀가 요구하고 있던 것은 개인과 공동성의 조

---

51. Brief 194 vom 11.2.1935 an Pfarrer Konrad Schwind, SB II 30.

화·균형이었다. 고독과 침묵 안에서의 은둔생활은 똑같은 사막을 여행하고 있는 동료들과의 공동생활이어야 하기도 했다.

　어떤 통합된 시간과 집중하며 계속 일을 해야만 하는 학문 연구나 집필을 위해서는 토막난 일과로 구성되어 있는 가르멜에서의 생활은 말할 필요도 없이 불리한 것이었다. 에디트는 이 문제에 대하여 친구에게 보낸 편지 속에서 이렇게 털어놓고 있다.

> 이러한 종류의 일은 우리들 생활의 짜인 틀 안에서는 쉽게 해결될 일이 아닙니다. 그것은 나 자신에게뿐만 아니라 공동체의 자매들에게도 온갖 희생을 강요하는 것이지요.[52]

그러나 실제로 에디트는 놀랄 만한 집중력을 가지고 일을 정력적으로 해나갔다. "가르멜에서 이러한 지적 활동을 계속한다는 것은 가장 준엄한 보속입니다"라고 불쑥 고백한 일도 있었다고 한다. 그리고 주일이 되면 에디트는 언제나 짓고 있던 심각한 표정을 풀고 "오늘은 글을 쓰지 않아도 되니 얼마나 고마운 일인지요. 마음껏 기도할 수 있고요"라며 즐거워하고 있었던 모양이다.

　가르멜이 요구하는 공동생활은 어떤 의미에서는 대단히 엄격한 것이다. 함께 생활하는 이십여 명의 자매들은 이십사 시간 그리고 일생 동안 서로 같이 있어야 한다. 이 작은 공동체는 주님의 사랑만으로 맺어진 인연으로 거기에는 기쁨이나 상호 격려 같은 것도 있지만 때로는 영적 교분에 상처를 주는 몰이해나 질투 같은 것도 있을 수 있다. 가르멜에서의 생활이 사랑의 순교와 끊임없는 자기희생의 삶이라고 일컬어지는 이유도 그런 데 있을지 모른다. 오랫동안 혼자 생활해온 에디트에게 연령이나 생활체험이나 또 사고방식도 제각기 다른 자매들과의 공동생활은 그녀의 인격에 한결 관용함을 더하도록 했음이 틀림없으리라. 에디트는 공동생활이 지니는 의미에 대하여 다음과 같이 말하고 있다.

---

52. Brief 213 vom 17.11.1935 an Hedwig Conrad-Martius, SB II 50.

사람은 저마다의 개인적인 양식으로 그의 가장 내적인 깊이로부터 공동체의 구
성원임과 동시에 오직 자기 혼자만의 존재가 되도록 부르심을 받고 있습니다.
사람은 가장 본래적인 존재방식에 있어서 사람들과 함께 사는 것을 통해서 저마
다의 입장에서 사람들을 인도하고 그들에게 유익한 결실이 맺어지도록 자기를
열어나가야 하는 것입니다.[53]

나보다 나이가 많아 더 성숙하고 앞선 사람들과의 교제는 나에게 많은 감화와
또한 성숙을 가져다줬습니다. 그렇지만 거기엔 어떤 종류의 위험이 따랐다는 것
도 사실입니다. 사람들과의 관계를 의외로 간단히 이해하고 예사롭지 않은 힘으
로 사람들의 상황 속에 자기 자신을 놓는다고 하는 것이 결국 그 사람들을 즉시
따라가게도 하는 것이었습니다. 그렇게 되어 마치 자기가 그 사람들의 수준에
도달했구나 하고 착각하게 되는 일도 있었습니다.[54]

타자의 생활에 참여하고 그런 생활 속에서 만나게 되는 크고 작은 갖가지 일들
— 기쁨, 고통, 작업, 번뇌 그 모든 것을 서로 나눠가진다는 것은 보람이며 행복
입니다.[55]

에디트가 함께 살고 섬기려 했던 사람들은 공동체의 자매들에 한정되어 있지
않았다. 에디트가 가르멜에 들어가서 쓴 편지들을 보면 그녀가 입회 이전에 사
귀었던 사람들과의 친교를 소중히하고 관계가 있는 모든 이들을 따뜻한 영적인
마음으로 맞고 격려하고 인도하고 있음을 알 수 있다. 에디트는 애당초부터 단
지 정적이나 은둔만을 구하는 자기중심적인 관상생활과는 전혀 인연이 없었다.
에디트에게 기도란 다이내믹한 사도직이었다. 에디트는 관상생활이 지향하는
목적에 대하여 이렇게 말하고 있다.

---

53. WP 97.　　　　　54. L 133.　　　　　55. F 4.

누구든지 기도에 의해 다른 사람들에게 은혜가 내려지도록 할 수 있다고 생각합니다. 기도하는 사람은 아직 은총 지위에 있지 않은 사람과 한마음이 되어 그가 범하고 있는 죄에 대해 가책을 공감하게 되는 것입니다. 그렇게 해서 그를 대신해서 고통받기를 서슴지 않을 때 주님께서는 그에게 은혜를 내려 주십니다.[56]

많은 수녀들은 응접실로 불려나가는 것을 무슨 보속처럼 생각하고들 있습니다. 확실히 그것은 낯설고 어색한 세계로 들어가는 것 같아서 성무일과 때의 마음의 평화에 몸을 담고 성체 앞에서 주님께 탄원을 말씀드리는 편이 편하게 느껴지게 마련이지요. 하지만 내가 이곳에서 받고 있는 마음의 평화라고 하는 은혜는 전적으로 무상으로 받는 은혜로 자기 혼자만의 것이 아닙니다. 어떤 이는 우리들에게 찾아와서 실의와 혼란을 드러내 보이며 우리들에게서 평화나 위로를 앗아 갑니다. 하지만 나는 이런 일을 참으로 기쁘게 생각합니다. 물론 내가 여기저기에서 받은 온갖 부탁들을 다 기억해 둘 수는 없습니다. 언제나 내가 해야 할 꼭 한 가지 일은 자기가 선택한 성소의 이 길을 충실하게 또 순수하게 끝까지 살아간다는 것이고 그렇게 해서 자기와 맺어지고 있는 모든 이들의 의향이 이뤄지도록 희생으로써 수도생활을 바친다는 것입니다. 사람들은 우리들의 생활에 대단한 신뢰심을 보이고 우리들의 성소에 대해서도 아주 높은 평가를 하고 있다는 것을 압니다. 매일 내가 이곳에서 체험하고 있는 마음의 평화는 나 혼자만의 것으로 독차지하기엔 분에 넘치는 은혜입니다. 그러기에 누군가가 근심·걱정으로 좌절하고 실성해지다시피 되어서 이곳으로 찾아왔다가 어떻게 해서 평화와 위로를 받고 돌아가게 될 때 나는 크나큰 행복을 느끼게 됩니다.[57]

에디트는 브레슬라우에 있는 연로한 어머니에게도 매주 편지를 보냈다. 한동안 어머니로부터의 답장은 전혀 없었다. 대신 언니 로자가 집안 소식을 에디트에게 편지로 전해 주었다. 에디트의 첫 서원이 있은 뒤 한참 있다가 어느 날 로

---

56. WP 168.

57. Brief 164 vom 11.1.1934 an Sr. Adelgundis Jaegerschmid OSB, SB I 159-160.

자에게서 온 편지 속에 어머니의 짤막한 필적이 있었다. "최선의 행복을 비는 마음으로, 어머니로부터." 그후 에디트조차 믿을 수 없는 소식이 왔다. 어머니가 아무도 모르게 브레슬라우에 있는 가르멜 수녀원을 방문했다는 것이다. 어머니는 딸의 생활을 알고 멀리 떠나간 딸의 마음을 사로잡은 무엇인가를 직접 보고 확인하고 싶었으리라. 그로부터는 어머니와 딸의 관계는 조금씩 달라져 피가 통하는 것으로 되어갔다. 언제나 언니 로자의 편지 끝에는 반드시 어머니가 쓴 몇 줄의 글이 추가해 있었다.

에디트와 사람들과의 관계도 더욱더 친밀해지고 영적인 차원으로 높아져 가고 있었던 것 같다. 많은 이들이 에디트를 만나러 갔다. 친구로 세례 때의 대모였던 헤트비히 콘라트 마르티우스, 철학자인 페터 부스트, 예수회의 철학자 에리히 프시와라 신부 같은 이들이 에디트와 친교의 시간을 가졌다. 그들 중에서도 에디트의 친구로 작가인 게르트루트 폰 르 포르는 1934년 11월 가르멜로 에디트를 방문하고 이때 받은 인상으로부터 르 포르의 작품 『영원한 여성』 속에 나오는 베엘의 의미에 대해 쓰도록 착상을 얻었다고 한다. 이때 이후로 르 포르의 책상 위에는 착복식 때 찍은 신부 의상 차림의 에디트의 사진이 놓이게 되었다고 한다. 르 포르는 에디트로부터 받은 감동을 이렇게 전하고 있다.

> 말로는 다할 수 없는 기쁨으로 변용한 그 얼굴은 내게 깊은 인상을 주었습니다. 나는 내 생애에 두 번 마치 성인(聖人) 앞에 서 있는 것 같은 압도되는 듯한 감명을 안겨주는 인간을 만났습니다. 그 한 사람은 십자가의 데레사 베네딕타 수녀였고 또 한 사람은 교황 비오 10세였습니다.[58]

에디트는 첫 서원을 마친 후에도 가르멜회의 규칙을 따라 3년 동안 수련원에 머물러 있었다. 1936년초에는 수련장 레나타 수녀가 수녀원장으로 선출되어

---

58. Gertrud von le Fort, Brief vom 12.11.1964, in: Gisbert Kranz, Gertrud von le Fort. Leben und Werk in Daten, Bildern und Zeugnissen (Frankfurt a. M. 1976), 29-30.
   에디트와 게르트루트 폰 르 포르는 1932년에 뮌스터에서 만나, 그후 서로 편지를 주고받아, 1934년 르 포르는 쾰른의 가르멜 수녀원으로 에디트를 방문하고 있다.

전 원장이던 요제파 수녀(Sr. Josepha)가 수련장이 되었다. 에디트는 수련원에서 가장 나이 많은 수녀로 젊은 예비수녀들을 돕고 라틴어도 가르치면서 충실한 수련기를 보내고 있었다. 1936년 부활절 대축일을 즈음해서 고향 브레슬라우에서 뜻하지 않은 소식이 왔다. 지금까지 한 번도 앓은 일이 없던 에디트의 어머니가 병석에 누워 있다는 것이다. 수녀들의 열심한 기도가 계속되었음에도 병세는 악화일로에 있었다. 87세라는 고령의 어머니에게 임종의 때가 다가오고 있음을 안 에디트는 얼마나 어머니의 머리맡에 달려가 그 옆에 모시고 싶었을 것인가. 그러나 당시의 가르멜회의 규정으로는 그것은 허락될 수 없는 일이었다. 침묵의 기도 속에서 어머니와 고통을 함께하고 하느님께 모든 것을 위탁하는 것만이 에디트가 할 수 있는 유일의 길이었다. 당시의 심경을 다음의 편지에서 엿볼 수 있다.

> 부디 불쌍한 우리 어머니를 위해서 당신의 고통을 바쳐 주십시오. 어머니가 병석에 누워 있은 지 석 달이 되어갑니다. 처음엔 일시적인 것으로 그다지 큰 병은 아닐 것이라고 생각하고 있었습니다. 그런데 이 병은 치유될 가망이 없다는 것을 알게 됐습니다. 어머니는 이젠 음식을 받아먹을 수조차 없게 됐습니다. 말할 것도 없이 어머니에겐 딸인 내가 옆에 가 있을 수 없다는 것이 대단히 괴롭고 이해할 수 없는 일인 것입니다.[59]

가르멜에서는 한 해에 두 번, 1월 6일 주님의 공현 대축일과 9월 14일 성 십자가 현양 축일에 공동체의 수녀 전원이 서원을 갱신하는 관례가 있었다. 이것은 데레사 성녀의 권고에 의해 지켜지고 있는 하나의 신심행사이다. 1936년 성 십자가 현양 축일에 에디트는 서원을 새로이 했을 때 사랑하는 어머니의 현존을 체험하고 그 직후에 어느 수녀에게 이렇게 말했다고 한다. "나는 가대소(봉쇄구역 안 성당)의 자기 자리에 서서 서원 갱신의 차례를 기다리고 있었는데

---

59. Brief 223 vom 9.8.1936 an Sr. Agnella Stadtmüller OP, SB II 62.

어머니가 내 곁에 있는 것같이 생각됐습니다. 나는 그때 어머니의 현존을 확실히 느꼈습니다."

바로 그날 브레슬라우에서 날아온 전보로 어머니의 부고가 전해졌다. 이상스럽게도 어머니가 숨을 거둔 것은 마침 에디트가 서원을 갱신하고 있던 그 시각이었다. 에디트가 가르멜에 들어간 이래로 다시 만나볼 수 없던 어머니와 딸은 얼굴을 맞대고 화해할 수도 없었고 손을 마주잡고 기쁨과 고통을 함께 나눌 수도 없었다. 그러나 어머니가 이 세상을 떠나는 최후의 순간에 에디트와 함께 있어 딸의 서원을 지켜보아 주었다고 하는 확신은 그녀에게 커다란 위안과 평화를 안겨주었다. 어머니를 향한 그녀의 심정은 이 무렵에 씌어진 편지 속에 이렇게 엮어지고 있다.

> 어머니는 당신이 사랑하는 하느님을 마음 속으로부터 사랑했기에 하느님께 대한 신앙에 의해서 무거운 짐을 지고 많은 착한 일들을 해왔습니다. 어머니가 임종의 병석에 누워 있던 마지막 몇 달은 어머니에게 특별한 은혜의 시기였다고 생각됩니다. 최후를 맞는 때에 어머니가 영원한 생명에 관한 일을 생각했을까 어떠했을까 하는 점에 대해서는 아무도 그 영혼 안에 일어나고 있던 일에 대해서 알 수는 없고 하느님께서만 아시는 일입니다. 로마인들에게 보낸 편지 중의 "하느님을 사랑하는 사람들, 곧 하느님의 계획에 따라 부르심을 받은 사람들에게는 모든 일이 서로 작용해서 좋은 결과를 이룬다는 것을 우리는 압니다"(8,28)라는 성 바울로의 말씀은 크게 위로가 됐습니다.[60]

브레슬라우에서 어머니를 간호하고 있던 언니 로자는 이전부터 가톨릭의 신앙에 입교하기를 원하고 있었다. 어머니의 사후, 가톨릭으로 개종하는 데 장애는 없어져서 그해 크리스마스에 쾰른의 가르멜 수녀원에서 세례를 받았다. 지금까지 가족 중에서 신앙의 문제를 서로 털어놓고 얘기할 수 있었던 오직 한 사람

---

60. Brief 225 vom 13.9.1936 an Mater Petra Brüning OSU, SB II 65.

인 언니 로자가 떳떳하게 가톨릭 교회에 영입된 것은 에디트에게 큰 기쁨이었다. 가르멜 수녀원 안에서의 세례식이란 이례적인 것이어서 수녀들의 기쁨 또한 한결 더 컸다. 그 이후로 이 두 사람의 자매는 신앙에 의해 굳게 맺어지고 수난의 길을 함께 가게 되는 것이다.

첫 서원의 그날부터 3년이 지난 뒤인 1938년 4월 21일, 에디트는 하느님께의 영원한 봉헌을 표하는 종신서원을 했다. 이것으로 가르멜에서의 양성기간은 끝나고 에디트는 평생을 가르멜에서 지내도록 결정되었다. 이러한 종신서원 열흘쯤 뒤에는 가르멜의 전통인 공개적으로 베일을 수여하는 예식이 스토쿰즈 (Stockums) 주교에 의해 집행되었다. 이 예식에는 에디트의 친구들과 친지들도 참여했다. 식이 시작되기 전에 "나는 그리스도를 사랑합니다. … 그리스도를 사랑하기에 나는 정결하고 그리스도와 맺어짐으로써 나는 순결하며 그리스도를 받아들임으로써 나는 동정녀입니다. 이 반지에 의해서 그리스도는 나를 맺고 한없이 고귀한 보배로 나를 꾸며 줍니다"라고 수녀들은 노래한다.

이어서 주교가 "오십시오, 그리스도의 신부여, 주님이 그대 위해 영원토록 마련한 이 관을 받으십시오"라고 부른다.

에디트는 "당신의 말씀으로 주님, 나를 받아주십시오. 그리하여 내 소망을 꺾지 말아 주십시오"라고 답한다.

여기서 주교는 에디트의 머리에 검은 베일을 덮어주고 하얀 장미꽃 관을 씌워준다. "거룩한 외경과 순결의 증표인 신성한 베일을 받으십시오. 우리 주님 예수 그리스도가 심판하러 오시기 전에 영원한 생명을 얻기 위해 이 베일을 쓰십시오"라는 주교의 말을 이어받아 에디트는 "주님은 그 증표를 나에게 주셨습니다"라고 응답한다. 수녀들이 "다른 어떤 이에게도 애착하지 마십시오"라고 합창하는 가운데 에디트는 십자가 모양으로 마루에 부복한다.

수녀원의 종소리가 드높이 울려퍼지는 가운데 모두들 "테 데움"을 노래했다.

어떤 한 사람에게 쏟아지는 하느님의 은혜가 많은 사람들에게도 파급되는 원심적인 힘을 지닌다는 것은 참말일 것이다. 에디트가 종신서원을 하기 전 수개월 동안 그녀의 은사인 훗썰은 죽음의 병상에 누워 있었다. 에디트와 함께 프라이부르그에서 철학을 공부한 친구 아델군디스는 그 무렵 베네딕도회의 수녀가 되어 프라이부르그의 성 리오바 수녀원에 있었다. 유대인이었던 훗썰이 나치의 박해를 피해 몸을 숨기고 있는 그동안, 아델군디스 수녀는 종종 병상에 누워 있던 훗썰을 찾아가 병간호를 하고 있었다. 에디트는 아델군디스를 통해 훗썰의 병세가 악화했음을 알고 있었기 때문에 은사의 일이 한시도 그녀의 마음에서 떠나지를 않았다. 종신서원 한 달 전에 에디트는 아델군디스에게 다음과 같은 편지를 써보내고 있다.

> 우리들의 편지는 임종의 병상에 있는 이에 관한 것들뿐이군요. 오늘 우리들의 친애하는 클라라 수녀가 일 년 동안의 고통을 겪은 뒤에 조용히 영원한 생명으로 불려갔습니다. 나는 경애하올 은사의 일을 그녀의 보호 아래 위탁하며 기도드렸습니다. 오늘의 밤샘 연도 때에도 그분을 위해서 기도드립시다. 훗썰 교수님은 클라라 수녀와 함께 여로에 오르게 될 것입니다. 우리들의 경애하올 스승에 대해 나는 아무것도 걱정하고 있진 않습니다. 하느님께서 눈에 보이는 교회에 속하는 사람들에게만 그 자비를 베푸시리라고는 생각되질 않기 때문입니다. 또 하느님은 진리이시고 진리를 탐구하고 있는 사람은 누구든지 그것을 의식하고 있진 않아도 하느님을 탐구하고 있기 때문이기도 합니다. …[61]

훗썰은 에디트가 종신서원을 마친 며칠 뒤인 1938년 4월 27일, 79년에 걸친 생애를 마쳤다. 임종의 자리에 있던 훗썰을 지켜보고 있던 아델군디스 수녀는 훗날 『시간의 흐름』이라고 하는 가톨릭 신학지에 당시의 훗썰과의 대화를 발표했다.[62] 그것에 의하면 훗썰은 성 목요일에 "좋은 죽음이란 정말 있는 것인가"라고 물었다고 한다. 그리고 다음 날인 성 금요일에는 "아! 얼마나 아름다운 날인가! 성 금요일!"이라며 감탄했고 아델군디스 수녀는 "하느님께선 선한 분

---

61. Brief 259 vom 23.3.1938 an Sr. Adelgundis Jaegerschmid OSB, SB II 102.

62. 훗썰의 만년의 나날과 죽음에 이르기까지의 일들을 적은 기록은 다음 것을 참조. Vgl. Adelgundis Jaegerschmid, Die letzten Jahre Edmund Husserls (1936~1938), in: Stimmen der Zeit 199 (1981), 129-138.

이십니다"라고 대답했다. "확실히 하느님은 선(善)이지만 나로선 도저히 깨닫지 못할 일이다"라고 훗썰은 말한 뒤 최후로 "빛과 어둠 … 칠흑의 어둠, 그리고 난 뒤에 다시 빛을 …"이라고 말했다고 한다. 아델군디스 수녀는 훗썰이 죽음을 앞에 두고 하느님과 마주보고 깊은 종교적 세계에로 인도되고 있었음을 느꼈다고 술회하고 있다. 훗썰은 죽기 직전에 곁에 있던 부인에게 이렇게 말하고 숨을 거두었다. ― "나는 참으로 아름다운 것을 봤다. 아니 당신에겐 말할 수가 없다."

훗썰의 임종이 평화스러웠다는 것을 알게 된 에디트는 아델군디스에게 이런 편지를 쓰고 있다.

> 내가 서원을 갱신하고 있는 사이 어머니가 돌아가신 일을 상기했습니다. 내 기도가 효험이 있었다고는 제발 생각하지 말아 주십시오. 다만 하느님께서 어떤 이를 불러가실 때 그 사람만을 위해서 불러가시는 게 아니라는 것을 그리고 하느님 사랑의 증거를 아낌없이 보여주신다는 것을 나는 확신하고 있습니다.[63]

이렇게 하여 에디트와 훗썰의 오랜 세월에 걸친 사제간의 교분은 끝이 났다. 에디트는 임종의 병상에 누워 있던 스승에게 병문안 드릴 수는 없었다. 그러나 영적으로는 깊이 그리고 가까이 스승 곁에 가 있어 스승이 영원으로 떠나가는 그 출발을 전송했던 것이다.

---

63. Brief 262 vom 15.5.1938 an Sr. Adelgundis Jaegerschmid OSB, SB II 104-105.

4. 『유한한 존재와 영원한 존재』

수녀원에 들어가서 일 년도 채 못되었을 때 장상의 명으로 시작하게 된 에디트의 철학 연구와 집필 작업은 1936년 『유한한 존재와 영원한 존재』라는 제목이 붙은 저작으로 완성되었다. 이것은 교수 자격 취득 논문으로 예정되었던 「현실태와 가능태」를 고쳐쓴 것으로 그 분량도 500쪽이나 되는 방대한 원고로 에디트의 중요한 철학적 저작이 되었다. 이 저작은 1950년에 에디트의 저작집 제2권으로 독일의 헤르더 출판사에서 간행되어 현재까지 중판을 거듭하고 있다. 뛰어난 재능의 주인공들이 집필활동을 하기에는 이상적이라고 할 수 없을 환경 아래에서 충분한 시간을 제대로 가지지 못하면서도 놀랄 만한 질과 양을 지닌 저서를 써냈다는 예는 상당히 있다. 특히 그리스도교 저작자인 경우는 아우구스티누스, 안셀무스, 토마스, 십자가의 성 요한에서 볼 수 있듯이 영적인 에너지가 독창적인 사색활동의 원동력이 되어 수많은 우수한 역작들을 내놓는 일이 많다. 에디트의 집필활동도 그녀가 가르멜에 들어가서 도리어 현저하게 되었다.

에디트의 중요한 저서인 『유한한 존재와 영원한 존재』(*Endliches und ewiges Sein*)[64]의 부제는 「존재의 의미에로의 등반, 그 시론」(*Versuch eines Aufstiegs zum Sinn des Seins*)이라고 되어 있어 이 글에서는 현대철학이 회피하고 있는 영원한 존재, 하느님의 문제가 현상학적 관점에서 고찰되고 있고 또 재구성되고 있다. 이 책의 서론에서 에디트 자신이 말하고 있듯이 그녀의 사상적 과제는 토마스의 존재론과 형이상학을 현대철학과 대결시킴으로써 스콜라학의 유산이 현대에는 어떤 의미를 지니고 있는가 하는 것을 되묻는 데 있었다. 에디트는 이렇게 묻고 있다.

---

64. 이 논문의 초고(*Akt und Potenz*)는 브뤼셀에 있는 에디트 슈타인 자료실에 보관되어 있어 현재에 이르기까지 출판되지 않고 있다.

중세철학의 재생과 20세기 철학의 신생은 "영원의 철학"(philosophia perennis)이라고 하는 하나의 강바닥〔河底〕에서 만날 수 있는 것일까[65]

에디트는 "영원의 철학"이라는 호칭을 좋아했지만 그것이 의미하고 있는 것은 이 세계의 "로고스" 또는 "라시오"를 탐구하려 시도하는 참된 철학적 사색의 정신이라 할 수 있다. 이 저서는 에디트가 훗썰과 토마스를 연구해 온 것을 통하여 추구해 온 "영원의 철학"을 집대성한 것이나 다름없었다.

"존재의 의미"(Sinn des Seins)에 대한 물음은 1927년에 출판된 하이데거의 『존재와 시간』에서 취급되고 있는 주제이기도 하고 시기적으로 보아서도 에디트의 저서에서의 주제 설정에 하이데거의 영향은 부정할 수 없을 것이다.[66] 그러나 주목할 만한 것은 에디트는 "존재의 의미에 대한 물음"(die Frage nach dem Sein)이라는 하이데거의 언어를 쓰지 않고 "존재의 의미에로의 등반"이라고 표기하고 있다는 점이다. "등반"(Aufstieg)이라는 부제에는 에디트가 이해하는 궁극적인 존재, 다시 말해 인간이 그의 손안에 넣을 수 없는 제일의 존재로서의 하느님을 탐구하는 길이 제시되고 있다. 존재란 인간이 지배하고 자기 의향대로 파악할 수 있는 것이 아니다. 존재는 다른 것을 접근하도록 하지 않고 아득히 먼 저편에 있는 참된 초월적인 존재이다. 따라서 존재의 의미는 끝없는 초월의 행위, 경험 속에서밖에 드러나지 않는다. "등반"이라고 에디트가 이름을 붙임으로써 부여하고 있는 그 의미도 바로 그러한 데서 비롯되었다.

에디트는 현대철학이 간과하고 있는 근원적인 존재론적 과제와 대결하려 하고 있다. 그러나 존재론적 구조의 그 출발점은 에디트의 경우, 토마스와 같이

---

65. EeS 7.

66. 「마르틴 하이데거의 실존론적 철학」(*Martin Heideggers Existentialphilosophie*)이라는 논문 속에서 에디트는 하이데거의 존재의 의미에 대한 물음이 현존재의 존재 이해를 전제로 하여 탐구되고 있는 데 대해, 스콜라학적 그리스도교 철학의 입장에서 대결하고 있다. 하이데거의 존재의 의미에 대한 물음은 존재의 시간성을 탐구하는 데에 역점을 두고 있어서 거기에서는 존재와 본질이 일치하고 있는 영원한 것에 대한 지평은 열려오지 않는다고 에디트는 주장하고 있다. Vgl. WP 113-114. Martin Heidegger, Vorwort, in: Edmund Husserl, Vorlesungen zur Phänomenologie des inneren Zeitbewußtseins (Hrsg. Martin Heidegger), Jahrbuch für Philosophie und phänomenologische Forschung, Bd. IX (Halle 1928).

하느님 및 천사들에게서 찾아볼 수 있는 것이 아니라 우리들의 실존과 의식에 있다. 자기 자신의 존재양식을 내성하는 데 있어 존재는 인간 정신에 대하여 열려 있다(Sein ist Offenbarsein für den Geist)[67]라고 에디트는 말하고 있다.

> 자기 자신의 존재의 확실성은 어떤 의미에서 가장 근원적인 인식입니다. 그러나 그러한 인식은 시간적으로 말해서 최초의 것은 아닙니다. 왜냐하면 인간의 자연적 인식은 우선 외적인 것으로 향하기 때문입니다. 또한 그것은 다른 모든 진리가 그것으로부터 추출되는 근본적인 원리도 아닙니다. 내가 존재한다고 하는 것은 나에게는 가까운 것이며 나로부터 잘라버릴 수 없는 것이며 또한 그것보다 앞서 거슬러올라갈 수도 없는 출발점인 것입니다.[68]

우리들은 결단의 타당성에 대하여 또 자연계의 존재에 대하여 그리고 학문적인 정당성에 대하여 의심할 수가 있다. 그러나 실제로 보고 생각하고 결론을 내리고 있는 자기의 존재 그 자체를 의심할 수는 없다. 내 소원, 의지, 희망, 기쁨, 슬픔이라고 하는 일상의 모든 일들에서 내가 살고 존재하고 있다고 하는 것은 의심할 바 없는 전제인 것이라고 에디트는 주장한다. 예컨대 기쁨은 자기 자신의 내부에 일어남과 동시에 외부로부터도 받을 수 있다. "내가 살고 있다(Ich leben)는 의식은 그 내용이 외적 세계에나 내적 세계에나 부합될 수가 있는 것이다"[69]고 한다.

에디트는 자기의식에 대한 해명을 현상학적 수법으로 다음과 같이 전개시키고 있다.

> 기쁨이 내 속에서 우러나올 때 그것은 내부로부터 생기는 것이다. 하지만 실제로 기쁨은 무엇인가 외부로부터 초래되는 것에 대한 반응이기도 하다. 이렇게 해서 의식적으로 내가 살고 있다는 것은 외적인 세계와 동시에 내적인 세계에 그 중심 내용을 가지고 있다.

---

67. EeS 276-277 und 287-288.   68. EeS 35.   69. EeS 36.

사람은 자기가 어디서 왔는지 모르면서 자기 자신의 존재를 찾아내고 있다. 그러나 "어디서"라는 물음을 회피할 수는 없다. 사람은 이러한 물음을 앞에 두고 침묵하려 해도 그리고 무의미한 일이라고 피하려 해도 인간 존재의 독자성 때문에 그것 자체가 근원이며 다른 것에는 의존할 수 없는, 우리들의 근원이 되는 존재가 있다는 것을 인정하지 않을 수가 없다. 그리하여 그러한 존재는 던져 넣는 분으로 우리들은 던져져 들여놓인 존재인 것이다. 바로 이렇게 던져져 들여놓여 있다고 하는 것은 피조물로서 존재하는 것이다.[70]

피조물이라고 하는 것은 무(無)로부터의 창조를 의미한다. 에디트는 인간 존재의 무를 깊이 성찰함으로써 유한적 존재의 저편에서 그것을 떠받쳐주고 창조하는 영원한 존재를 긍정하려 한다.

현존하는 나의 존재는 무이다. 나는 자기 자신에 의해서는 존재하고 있지 않다. 나 자신에 의해서는 무이고 모든 순간 무 앞에 있어 순간에서 순간 새로운 존재를 증여받고 있다. 이 무라고 하는 존재는 존재로서 나는 모든 순간에 존재의 충만에 닿아 있는 것이다.[71]

나의 존재 다시 말해 내가 자기를 거기서 찾아내는, 있는 그대로의 존재(gegenwärtig wirkliches Sein)는 시간 속에 있는 가변적(可變的)인 존재이다. 자기라고 하는 존재는 "이미"(nicht mehr)와 "아직"(noch nicht)의 그 중간인 지금(jetzt)에 지나지 않는다. 인간의 의식은 언제나 과거, 현재, 미래라고 하는 시간의 지평을 경험하는 무한의 흐름 속에 있다. 에디트는 훗썰의 현상학적 시간의 개념을 택해 물리적인 시간과는 구별되는 무한한 흐름으로서의 내적 순수의식의 체험을 강조하고 있다.[72]

---

70. EeS 52.　　　　　　　　71. EeS 53.

72. Edmund Husserl, Cartesianische Meditationen und Pariser Vorträge, in: Husserliana (Edmund Husserl, Gesammelte Werke), Bd. I (Haag 1950), 81-83.

나의 삶은 언제나 과거로부터 미래로 옮겨가는 것으로 나타나고, 그럼으로써 가
능태가 현실태로, 또한 현실태가 가능태로 생성되는 것이다.[73]

훗썰의 시간성에 관한 이해에서 순수의식의 영역이 확보된 것은 경험주의로부
터 구별되는 것이므로 의의가 있다고 에디트는 생각한다. 그러나 훗썰에게서는
초월론적 의식이 그의 철학의 출발점으로서 고정되어 있기 때문에 순수 가능태
로서의 하느님이 존재할 여지가 없다. 에디트는 이런 점에서 토마스의 존재론
적 문제의 전개에로 헤쳐 들어가고 있다. 순수 가능태로서의 하느님 속에는 인
간에 있어서의 가능태와 현실태로 이뤄지는 그러한 구성은 있을 수 없다. 다시
말하여 인간에 있어서는 존재(esse)와 본질(essence)이 구별되어 있는 데 대
해 하느님은 "스스로 존재하시는 존재"로서 존재 자체를 가지고 스스로의 본질
로 삼는 것이다. 하느님 안에는 어떠한 현실태도 포함되어 있지 않다는 것이
명백하다. 하느님에 있어서의 그 존재는 본질과 일치되어 있다고 할 때 그것은
하느님은 일체의 현실태와 질료적(質料的) 조건을 넘어서는, 순수한 가능태로
파악되고 있기 때문이다. 에디트는 이 저서에 "존재의 의미에로 오르는 등반"
이라고 그 부제를 붙임으로써 형이상학이 목표로 하는 그 최종 목적을 하느님
께 설정하고 있다. 그것은 근대와 현대의 철학에서는 탐구된 적이 없었던 바,
존재론과 신론(神論)이 하나가 되는 것을 목표로 삼고 있다.

에디트의 논구는 시간성(Zeitlichkeit)과 유한성(Endlichkeit)에 무한성
(Unendlichkeit)과 영원성(Ewigkeit)의 대비적 고찰로 향한다. 에디트에 의
하면 가능적 존재는 "존재의 정상"(Seinshöhe)이며, 현실태는 "높이에로 향하
는 제일단계"(Vorstufe zur Höhe)로 규정된다.[74] 가능태와 현실태로 이뤄지는
인간 존재는 시간적인(zeitlich) 존재이며 실존적 움직임(Existenz
Bewegung) 그 자체이다. 시간적 존재는 시작과 종말을 가지고 스스로의 유
한성을 인식하는 원인이 되는 것이다. 이에 대하여 무한한 존재는 "존재를 소

---

73. EeS 43.　　　　　　　　74. EeS 60-61.

유"(Herr des Seins)하고 "시간성을 지배"(Herr der Zeit)하며 그럼으로써 존재 그 자체, 영원한 존재인 것이다. 에디트가 저서의 제목을 『유한한 존재와 영원한 존재』라고 붙인 이유도 여기에 있다고 여겨진다. "영원한 존재"란 에디트에게는 존재하여 존재하는 것, 존재의 완전한 소유(Vollbesitz des Seins)를 의미하고 있는 것이다.

여기까지의 에디트의 형이상학적 사색은 "나라고 하는 존재"를 향해 철저하게 되돌아감으로써 "영원한 존재"를 이해하려는 방향, 즉 인간으로부터 존재에로 향하는 철학적 전개라는 태도를 취하고 있다. 그러나 자연적 이성에 의한 철학은 그 허용되어 있는 인식 영역에 있어서도 한계가 있다. 영원한 존재에로 오르는 그 등반은 오직 신앙을 차단한 철학적인 논구에 의해서만 도달될 수 있는 것이 아니라고 에디트는 생각하고 있다.

우리들이 영원한 존재를 인식하고 그것과 관계를 맺을 수 있는 길은 두 갈래로 생각할 수 있다. 하나는 자연적 이성에 의한 철학적 방법이다. 철학에 의해 인식될 수 있는 하느님은 절대적이어서 접근하기가 어려워 내성적 또는 추리적으로밖에 파악될 수 없는 존재로 영속된다. 에디트는 자연적 이성을 보완하는 것으로써 신앙을 도입한다. 훗썰에게 신앙이란 종교적 영역에 있어서의 행위이며 이러한 행위를 철학에 도입한다고 하는 것은 상상도 하지 못할 일이었다. 그러나 에디트는 철학이 신앙에로 실질적으로 의존할 것을 주장한다. 에디트가 "등반"이라는 말로 나타내려 한 것, 다시 말해 영원한 존재로 향한 길을 인간이 걸어감에는 신앙을 수반해야 한다는 뜻이다. 에디트는 신앙에 의해 발견하게 되는 세계에 관하여 이렇게 말하고 있다.

나는 지나가는 자기의 존재에서 영원한 존재를 파악한다. 나는 떠받쳐져 있음을 알고 있으며, 그 안에서 자기 힘으로 서 있다고 하는 확신이 아닌 평정(平靜)과 안정을 발견하고 있다. 그것은 강한 팔에 안긴 어린이가 느끼는 것과 같은 온화하고 축복받은 평안함이다. … 내가 나 자신 속에서 만나는 존재는 내것이 아니라 토대와 근거를 그 자체 안에 가지지 않는 나를 떠받쳐주는 근거로서의 존재인 것이다. 이러한 영원한 존재를 만나는 길이야말로 신앙의 길이다. 하느님은 하느님 자신을 존재로서 그리고 창조주로서, 보호자로서 계시하신다.[75]

신앙은 어두운 빛이다. 신앙은 무엇인가를 이해하도록 해주지만, 우리들에게는 끝까지 파악해 낼 수 없는 무엇인가를 나타내는 데 지나지 않는다. 모든 것의 궁극적인 근거란 헤아릴 길이 없어 그 알아낼 길 없는 근거로부터 찾아볼 수 있는 모든 것은 신앙과 신비의 어두운 빛 속으로 들어가는 것이다. …
　신앙은 온갖 철학적·신학적 학문보다도 신성한 지혜이다. 그러나 어둠 속을 걷기가 어려워지고 앞길을 비추는 빛줄기마저 밤속으로 스러지는 일이 있다. 이 때야말로 우리들이 자기 자신의 길을 걸어나감에 대한 신뢰를 잃지 않기 위해서는 신앙만큼 훌륭한 도움은 없다고 하겠다.[76]

유한한 존재와 영원한 존재는 어떤 관계에로 이끌려 나아가는 것일까. 인간은 유한한 존재로 하느님과는 근본적으로 상이한 존재이기 때문에 참으로 친교(親交)에로 불림을 받고 있다고 에디트는 생각한다. 그렇기 때문에 더욱 사랑의 본질을 발견하게 되는 것이다.

사랑의 가장 내적인 본질은 자기 자신을 준다는 그 속에 있다. 사랑이신 하느님 께서는 사랑 때문에 창조된 피조물에게 자기 자신을 나누어주시는 것이다.[77]

사랑 안에서 생명은 최고로 성취된다. 당신 자신을 주시면서 아무것도 잃는 것이 없으신 존재는 한없이 열매를 맺어가시는 것이다.[78]

사랑은 그 궁극의 의미에서 자기 자신을 나눠주고 사랑하는 자와 하나가 되는 것이다. 신성한 정신, 하느님의 생명, 하느님의 사랑을 아는 사람은, 하느님의

---

75. EeS 56-57.　　　　76. EeS 29.　　　　77. EeS 383.　　　　78. EeS 386.

뜻을 행하는 사람에게 하느님께서는 모든 것을 가능하게 해주신다는 것을 깨닫게 된다. 그리하여 자기 자신의 가장 깊은 것을 바치며 하느님께서 원하시는 것을 행하게 되어 하느님의 생명은 그 사람 자신의 내적인 생명에 참여하게 된다. 그러므로 그 사람은 자기 자신 속으로 들어감으로써 자기 안에서 하느님을 만나보게 되는 것이다.[79]

더욱이 이 저서의 후반부에서 에디트는 피조물 안에서의 삼위일체의 모상에 대하여 논구하고 있다. 에디트가 이해하고 있는 바에 의하면 삼위일체는 피조물을 일관하는 원리로 인격으로서의 인간은 원래 삼위일체를 본떠서 창조되고 있다는 것이다. 인간 존재는 신체적·영신적·정신적 존재(leiblich-seelisch-geistiges Sein)이며 이러한 존재양식 속에 하느님의 삼위일체적인 작용이 반영되어 있어 영혼은 육체에 형상을 주고 육체 속에 자리잡고 정신과의 교제로 들어선다. 영혼은 모든 것이 그로부터 비롯되는 성부(聖父) 하느님의 모상이다. 육체는 말씀이 사람의 모양을 취한다는 뜻에서 그리스도를 가리키고 있으며 정신은 그렇게 사랑에 의한 친교와 일치에로 이끌린다는 뜻에서 성령의 모상이 된다는 것이다. 에디트는 아빌라의 데레사 성녀의 신비주의로부터 통찰을 얻어 영혼의 가장 깊은 그 안은 하느님께서 거처하시는 곳이라고 한다. 하느님께서는 인간의 영혼 속에 하느님의 거처를 만드셨기 때문에 우리들은 영혼의 성(城)에 머물러 하느님 안에 안식하고 하느님과 하나가 되어 결합되도록 부르심을 받고 있다는 것이다.

철학적 고찰로부터 시작된 이 저서는 최종적으로는 하나의 장대한 신비신학을 전개하는 데에 이르고 있다. 이러한 전개는 무엇보다도 에디트 자신이 참으로 살아 있는 신앙과 기도에 의해 신비적 관상으로까지 인도되었음을 말해주고 있다.

---

79. EeS 410.

모든 창조된 정신을 완전히 파악한다는 것은 오직 하느님께서만 하실 수 있는 일이다. 그러므로 하느님께 모든 것을 바치는 사람은 사랑에 의한 하느님과의 일치에 도달하게 된다. 인간이 도달하는 사랑은 자기 자신이라는 존재의 최고의 완성이 되는 것이며 동시에 그것은 자기의 지식이나 마음을 나눠주는 자유로운 행위이기도 하다. 인간 존재가 최고로 달하는 단계는 사람이 모든 것을 바쳐 하느님께 향하는 것이다. 또 한편으로 창조된 정신은 신성한 사랑과의 일치 속에서 자기 자신을 알고 은혜를 받아 자유로이 자기를 긍정하는 것이고, 하느님께 자기 자신을 바친다는 것은 동시에 하느님께로부터 사랑받고 있는 자기의 존재를 받아들이고 온갖 피조물 특히 하느님에 의해서 결합된 정신적 존재에 자기 자신을 준다는 것을 의미하고 있는 것이다.[80]

몇 사람인가의 연구가들이 지적하고 있는 것처럼 에디트의 철학은 현상학에서 스콜라학으로, 그리고 그녀의 생애는 학문적 세계에서 신앙의 세계로 옮아갔다고 생각하고 있는데 그러한 생각은 에디트가 탐구하려 한 것 속에 있는 그 연속성을 파악하고 있지 못한 것이라고 여겨진다. 확실히 에디트는 훗썰의 현상학을 통하여 사상(事象) 그 자체에로 육박하고 인식에 있어서의 자의(恣意)나 선입관으로부터 해방되어 가는 철학적 자세를 배웠다. 충실한 철학도로서의 구속되지 않는 그러한 태도는 에디트를 가톨릭의 진리로, 그리고는 토마스의 형이상학으로 가는 길로 이끌어 갔다. 에디트는 훗썰의 현상학이 성립되는 그 근본적인 동기인 완전한 주객(主客)의 분리에로 다다른, 근대철학의 방법론과 인식론이 지니는 그 한계를 충분히 주시하고 확인하면서도, 초월론적으로는 순화된 의식의 영역만을 철학 탐구의 영역으로 삼는, 훗썰의 철학에서는 추구되지 못했던 존재론을 토마스에게서 찾아보게 되었다. 존재론의 출발점은 유한한 존재의 영원한 근거에 대한 물음인 것이다. 우리들의 유한한 존재는 순수하고 영원한 무한 존재에로 열려 있어 자기 안에서 자기 존재의 그 근거가 되는 영원

---

80. EeS 420.

의 존재와 만나게 된다. 이러한 존재는 다른 존재를 받아들이는 것이 아니라 본질(이다)과 실존(이 있다) 사이에 그 구별이나 분리를 가지고 있지 않다. 에디트는 『유한한 존재와 영원한 존재』 속에서 근대와 현대의 철학이 회피하고 있던 근원적인 존재론을 탐구할 뿐 아니라 우리들을 영원한 존재에로 오르도록 등반의 그 길로 인도하려 한다.

에디트의 경우 존재에 대해 생각한다는 것은 하느님을 관상하는 것으로 향하게 한다. 존재에 대해 말한다는 것은 창조주와 피조물과의 관계에 관하여 말하는 것이다. 에디트가 『유한한 존재와 영원한 존재』 속에서 전개한 그 투명하고 심원한 사색은 존재 그 자체를 고찰하고 논구하는 것에서 출발하여 영원한 존재인 하느님을 신앙 속에서 사랑한다는 것 — 신비적 관상에까지 도달하고 있다. 그 이후의 에디트의 저작이 신비주의나 영성에 관한 것들에 집중되어 있는 점에서도 알 수 있듯이 에디트는 근원적인 존재론에 관한 문제를 탐구하면서 그것을 통하여 자기 스스로의 사색을 영성으로 가는 교량 역으로 삼고 있다. 그리스도교 철학의 과제는 우리들이 경험하고 믿고 사랑하고 있는 것을 반성하고 해명하는 데에 있는 것이라고 에디트는 이해하고 있었다.

현대의 그리스도교 철학이 탐구해야 할 그 근본적인 과제를 우리들에게 제시한 에디트의 사색은 1942년 그녀의 죽음에 의해 미완으로 끝이 났다. 아마도 에디트가 제시한 그리스도교 철학의 방향성은, 1934년에서 1936년 사이에 프라이부르그에서 철학을 배웠고 토마스의 형이상학에 관한 박사논문을 발표한 칼 라너(Karl Rahner, 1904~1984)에 의해 계승되었다고 볼 수 있을는지도 모른다. 에디트와 라너는 서로 면식은 없었지만 이 두 사람 사이에는 그 근본적인 통찰에서 놀랄 만큼 공통되는 점이 있다.

에디트는 현대철학이 회피하고 있는 참된 철학적 자세 — 다시 말해 단지 관념적인 사유가 아니라 실존을 동반해야 한다는 것 그리고 사색은 사랑과 신앙에 의하여 보완되어야 한다는 것을 자기의 생애로 몸소 우리들에게 가리켜 보이고 있는 것은 아닐까.

제7장

최후의 나날

1. 네덜란드로의 도피

에디트가 가르멜에서 평온한 세월을 보내고 있는 그 사이 반유대주의의 질풍은 독일 전역을 뒤흔들어 놓고 있었다. 1933년 히틀러의 정권 장악과 함께 진행된 유대인 박해는 1935년에 "뉘른베르그 법"이 제정됨에 따라 한층 더 급진적인 단계로 들어갔다. "뉘른베르그 법"에 의하여 독일 국민은 독일인의 피를 잇는 독일국 공민에 한한다는 것과 유대인은 여기서 제외된다는 것이 명시되어 유대인의 선거권 및 공직의 박탈이 합법화되었다.

그런데 이러한 사회 정세 속에서 가톨릭 교회는 어떤 대응을 하고 있었을까. 로마 교황청과 히틀러 정부 사이에는 1933년 "정교(政敎)조약"이 체결되었다. 그 정교조약에 의하여 독일 국내의 가톨릭 신자들은 교회의 구성원으로서의 입장이 보장되었지만 교회의 활동 영역은 정신적인 면으로만 국한되어 국가와 교회는 서로가 상대방의 영역을 침범하지 않도록 결정되었다. 히틀러 자신이 오스트리아 출신인 가톨릭이었기 때문에 조약이 체결된 당초 가톨릭 교회는 히틀러의 이데올로기를 그렇게는 위험시하고 있지 않았던 것이다. 그러나 1935년 이후로 나치즘은 유대인의 결정적 배제를 의미하는 아리안 조항 — 독일인의 혈통과 독일인의 명예를 지키기 위한 법률에 의해 비아리아인은 제외된다는 것 — 의 도입으로 비단 정치적 이데올로기의 영역에만 그치는 것이 아니라 인간 존재 그 자체를 지배하며 위협하는 데까지 이르렀다. 이러한 상황에는 교회측도 우려를 표시하지 않을 수 없었다. 그렇지만 가톨릭 교회는 성직자들과 신자들의 보호라고 하는 점을 고려하지 않을 수 없어 노골적으로는 반히틀러의 깃발을 높이 드는 일은 없었다. 그럼에도 1937년에는 교황 비오 11세는 「애타는 우려로」라는 회칙을 공표하여 그 속에서 당시의 나치즘의 행동을 비난했다. 이 무렵부터 가톨릭 내에서도 당당하게 나치에 반대하는 발언을 서슴지 않는 사람들이 나타나기 시작했다.[1]

에디트가 몸담고 있었던 쾰른의 가르멜 수녀원에 당시의 정치적 동향이나 교회의 대응이 어느 만큼 정확하게 전해졌는지는 모른다. 가르멜로 들어오는 많은 정보들은 입에서 입으로 전해지는 구전이나 편지로 전해지는 서간전에 의한 단편적인 것들뿐이었으리라고 여겨진다. 에디트의 가족은 유대인이었고 그녀 자신 뮌스터에서 유대인 배척의 그 현장을 목격한 일도 있었으므로 에디트에게 유대인 박해는 자기 자신의 신변에도 직결되는 절박한 문제였음이 틀림없겠다. 에디트는 1937년 어느 친구에게 보낸 편지에 이렇게 쓰고 있다.

> 지금까지의 우리들은 수녀원의 울타리 안에서 아무것도 간섭받지 않으며 그저 깊은 평안함 속에서 지내왔습니다. 그러나 스페인의 수녀들이 (인민전선 때문에) 맞은 운명은 우리들이 어떤 마음의 준비를 해두고 있어야 하는가를 교시하고 있는 것같이 생각됩니다. 스페인의 가르멜 수녀들에게 일어난 사건은 우리들의 신변에 이러한 사회의 심각한 변화가 일어날 때 유익한 경고가 되어주는 것입니다.[2]

이 무렵부터 에디트도 장래에 닥칠 운명을 받아들일 내적 준비를 미리 하고 있었을 것이라고 생각되지만 쾰른의 가르멜회 또한 나치즘에의 대처 방안을 놓고 고심하고 있었다. 1938년에 실시된 국민투표 당시의 일에 대해 수녀원장인 레나타 포셀트 수녀는 다음과 같이 회상하고 있다.

---

1. 나치에 대한 교회의 저항운동에 관해서는 다음 것을 참조. 宮田光雄『ドイツ教會鬪爭研究』(創文社 1986). 中井晶夫『ヒトラー時代の抵抗運動』(每日新聞社 1982).

2. Brief 238 vom 7.5.1937 an Sr. Callista Koph OP, SB II 80.

"총통에게 당신의 찬성표를"이라는 큰 글씨들이 (수녀원이 있는) 린덴탈의 듀렌 거리의 나무에 씌어 있었습니다. … 히틀러의 정치체제와 국가주의의 기본원칙은 명백히 하느님과 그리스도교를 반역하는 것이며 아무리 순박한 독일인도 히틀러의 목표에 대해서 더 이상은 속지 않고 있었습니다. 동시에 사람들은 국가권력의 힘과 잔인함을 아주 두려워하고 있었습니다. 쾰른의 가르멜회도 어떻게 대처할 것인가에 대해서 대단히 불안해하고 있었지요. 이미 게슈타포는 아무 예고도 없이 수녀원에 닥쳐들어 수도자를 연행해 가는 일이 여러 곳에서 일어나고 있었고 우리들도 오랫동안 똑같은 운명을 겪게 될 것을 두려워하고 있었습니다. 만일 국가권력에 거역했었다면 그런 일은 벌써 일어나고 있었음이 틀림없습니다. 그러므로 국민투표를 기권하자고 하는 의견은 받아들일 수가 없었습니다.

그러나 베네딕타 수녀(에디트)는 히틀러에게 투표하는 것에 강한 저항의 뜻을 나타냈습니다. 그럴 때의 에디트에게서는 평소의 그 조용하고 침착한 모습은 찾아볼 수 없었지요. 그녀는 개인이나 공동체에 어떠한 일이 일어난다고 하더라도 히틀러를 선출해선 안된다고 강력하게 수녀들에게 요청했습니다. 히틀러는 하느님의 적이며 독일을 파멸의 길로 이끌 것이라는 것이 그녀의 의견이었습니다.

드디어 선거일 아침이 되어 선거관리 위원회 관리 직원이 투표함을 가지고 수녀원으로 찾아왔습니다. 선거인 명단을 훑어보고 있던 그 공무원이 "아직 전원이 투표하지 않은 게 아닙니까, 에디트 슈타인 박사는요?" 하고 물었고, 어느 수녀가 "그녀에겐 선거권이 없습니다"라고 대답했지요. "그럴 리가 있나요. 그녀는 1891년생인데"라는 공무원의 재차 물음에 "그녀는 아리아인이 아닙니다"라고 철석같은 조용한 목소리로 대답했고, "그러면 여기에 그녀는 비아리아인이라고 적어주십시오"라고 말하고 그렇게 적자 그 공무원은 돌아갔습니다.[3]

이 회상에는 에디트의 나치즘에 대한 의연한 자세와 나치즘의 위협이 두려워서 매우 조심하는 수녀들, 그러고는 에디트가 아리아인이 아님을 공언하지 않을

---

3. Renata 180.

수 없었던 수녀원의 당시 상황이 나타나 있다. 에디트는 이미 뮌스터 시절에 교황 비오 11세에게 유대인 보호를 간청하는 서신을 보냈던 점에서도 알 수 있듯이 나치즘에 대해 서슴없이 저항 자세로 일관했다고 생각된다. 그러나 수녀원의 공동체를 위하여 또 관상생활이라는 가르멜의 목적을 위하여도 에디트는 직접 나치즘을 공박하거나 나치 정부와 대결하는 행동을 자제하고 있었다. 에디트의 가족, 형제자매나 친척들도 점점 격해지는 반유대인 정책 아래에서 속속 국외로 빠져나갔다. 특히 1938년이 되자 유대인에 대한 탄압과 테러는 무서운 기세로 확산되어 독일 국내에 머문다는 것은 목숨을 위협받는다는 것을 뜻하게 되었다. 다음 두 통의 편지는 가족의 이산을 마음의 동요 없이 그러나 깊은 고뇌와 비탄 속에서 받아들이고 있던 에디트의 심경을 전해 주고 있다.

이 속에 우리 가족 중에서 가장 나이 어린 주얄과 에른스트 루트비히, 누이와 동생의 사진을 동봉합니다. 언니들은 될 수만 있다면 되도록 오래 아이들과 함께 독일에 머물러 있기를 원하고 있었습니다. 그러나 당신도 아다시피 그것은 불가능하게 됐습니다. 그래서 언니들은 아이들을 영국으로 데려가려 하고 있습니다. 이 두 아이들은 서로가 굳은 사랑으로 맺어져 있기 때문에 비록 부모 곁을 떠나는 일이 있게 되더라도 둘은 함께 있기를 바라고 있습니다. 동생에게 누나는 더없는 지주(支柱)가 될 것이니까요.[4]

10월 14일에 아르노 오빠가 미국으로 떠나기 전에 내게 작별을 고하러 왔습니다. 아마 영원한 이별이 되겠지요. 언니는 두 아이들과 함께 이미 미국으로 건너갔지만 나이가 위인 두 형제는 아직도 독일에 있습니다. 그리고 한스 비버슈타인 형부도 의사의 개업 면허를 빼앗긴 이래로 미국으로 건너가 가족의 생계를 위해 애쓰고 있습니다. … 내 조카 볼프강 슈타인(현재 26세)도 아르헨티나로 이주하려 하고 있고요. 부디 기도해 주심으로써 도와 주십시오.[5]

---

4. Brief 273 vom 1.8.1938 an Sr. Callista Kopf OP, SB II 113.

5. Brief 277 vom 20.10.1938 an Sr. Callista Kopf OP, SB II 117.

이어서 이듬해가 되자 함부르그에 살던 엘제 고튼 언니는 남편과 함께 콜럼비아로, 엘제의 둘째딸은 노르웨이로 이주해 갔다. 이렇게 반유대주의의 질풍 속에서 점차 그 생존권(圈)이 좁혀들어 남아 있던 독일 거주 유대인들은 쫓겨나듯이 조국을 떠나갔다. 거기에는 얼마나 괴롭고 슬픈 이별이 있었을까 상상하기 어렵지 않다. 그리하여 에디트에게도 모국 독일과 사랑하는 쾰른의 가르멜회를 떠나야 할 그날이 다가오고 있었다.

1938년 11월 9일에 일어난 "수정(水晶)의 밤"[6]이라 일컬어지는, 독일 전역을 휩쓴 가공할 대규모의 유대인 박해 사건은 쾰른의 가르멜 수녀원의 수녀들조차 전율케 했다. 이 사건은 1938년 11월 7일, 파리 주재 독일 대사관 직원인 에른스트 폰 라트가 한 유대인 청년에게 살해된 것을 발단으로 나치의 반유대주의적 움직임은 조직적인 폭발을 일으키기에 이르렀다. 이날 독일 국내의 거의 모든 회당과 유대인 상점들이 파괴되고 수많은 유대인들이 살해되었다. 회당과 유대인 주택들의 유리창이라는 유리창은 모두 산산조각이 나고 엄청나게 많은 유리 파편들이 거리마다 어지럽게 흩어져 있었다. 그 깨어진 유리 파편이 그날 밤 가로등 아래서 차갑게 반짝반짝 빛나고 있던 광경을 보고 "수정의 밤"이라 부르게 된 것이다. 이 사건은 나치에 의해 점차 격화해 간 일련의 반유대주의적 움직임이 유대인 박해에서 다시 그 신체적 전멸에로 옮겨가는 새로운 단계에 접어든 것을 의미하고 있었다. "수정의 밤"으로부터 두 달이 지나는 사이에 거의 3만 명에 달하는 유대인들이 체포되고 강제수용소로 이송되었다. 유대인의 시나고그(회당) 공동체가 금지되고 유대인에 의한 출판물의 간행도 정지되었다.

에디트는 신변의 안전을 기하기 위하여 국외 이주가 피할 수 없는 형편이 되었다. 에디트는 당초 팔레스티나로 이주하여 베들레헴의 가르멜 수녀원에 옮겨지기를 희망하고 있었지만 팔레스티나는 이주에 대해 그 문호를 폐쇄하고 있었

---

6. 수정의 밤과 그후의 경과에 대해서는 다음 것을 참조. H. J. デッシャー『水晶の夜 ナチ第三帝國におけるユダヤ人迫害』(人文書院 1990). 大野英次『ナチズムとユダヤ人問題』(リブロート 1988).

기 때문에 쾰른의 가르멜 수녀원 원장은 이전부터 관계가 있던 네덜란드의 에히트(Echt)의 가르멜 수녀원에 편지를 써서 에디트의 전지(轉地)를 받아들여 주도록 부탁했다. 이러한 "전지"가 지니는 중대한 의미를 이해한 에히트의 수녀들은 즉각 에디트를 받아들이기로 결정했다.

에디트는 시시각각으로 변해가는 신변의 상황에도 불구하고 내적인 고통을 밖으로는 드러내는 일이 없었고 그저 침착하고 담담하게 자기 본분을 다하고 있었다. 네덜란드로 떠나는 3주간 전 편지에는 다음과 같이 적고 있다.

> 볼크마이어 씨는 내 책『유한한 존재와 영원한 존재』를 인쇄할 준비중에 있습니다만 아직은 교정 단계에 있을 뿐입니다. 간행은 언제 될지 모릅니다. 만일 출판된다면 그것은 나의 독일에 드리는 이별의 선물이 될 것입니다. 경애하올 원장수녀님은 네덜란드 에히트의 수녀들이 나를 받아주도록 부탁해 주었습니다. 오늘 깊이 진심으로 배려한 승낙의 답장을 받았습니다. 모든 서류들을 될수록 빨리 준비해서 12월 31일 이전에 네덜란드로 떠날 수 있게 하고 싶습니다. 이상이 최근에 일어난 일들입니다. … 부디 은총이 가득한 성탄 대축일을 맞이하시기 빕니다. 우리들 주변이 어두워지면 질수록 우리들은 위로부터의 빛에 우리들 마음을 열어야만 하는 것입니다.[7]

결국 에디트의 철학적 저작『유한한 존재와 영원한 존재』는 이때에는 출판되지 못했다. 유대인의 저서를 출판한다는 것은 금지되어 있었기 때문이다.

네덜란드로 떠날 준비가 진행되어 수녀들은 짐 싸는 것을 돕거나 필요한 서류들을 정리하거나 했다. 여권 내는 데 필요한 사진을 위해 수녀원 금역 문 앞에서 에디트의 최후의 수녀복 차림을 찍었다. 이 사진 속의 에디트에는 모든 것을 감싸들이는 듯한 고요함과 마음 속 깊이에 있는 슬픔이 가득히 괴어 있는 듯 보인다.

---

7. Brief 287 vom 9.12.1938 an Mater Petra Brüning OSU, SB II 125.

에디트가 안주하던 사랑하는 쾰른의 가르멜에서 최후의 크리스마스가 지나
갔다. 그리하여 마침내 12월 31일 네덜란드로 떠나는 날이 왔다. 그 누구도 바
란 날은 아니었다. 공동체의 한 수녀는 이 날의 일을 이렇게 회상하고 있다.

> 그녀는 1938년 12월 31일에 수녀원을 떠났습니다. 우리들 모두에게 고통스러운
> 작별이었습니다. 나는 그녀를 마음으로부터 경애하고 있었기 때문에 그녀가 없
> 는 생활이란 상상도 못할 일이었습니다. 모두가 함께 지낸 최후의 크리스마스는
> 이별이 가까이 다가오고 있었으므로 대단히 가슴 답답한 것이었습니다. 드디어
> 그녀가 떠나가는 날이 왔습니다. 우리들은 작별의 인사를 나누기 위해서 레크리
> 에이션 룸에 모였습니다. 그녀는 우리 수녀들 한 사람 한 사람을 껴안았습니다.
> 하지만 정작 그녀가 내 앞에 다가서기까지의 그 사이 나는 더 이상 울음을 참아
> 낼 수가 없었습니다. 나는 헤어질 때 간신히 그녀의 이름을 부를 수 있었을 뿐
> 이었습니다. 그녀는 떨리는 몸으로 순간 억누를 수 없었는지 나와 함께 울기 시
> 작했습니다. 그러나 그것은 한순간의 일이었고 곧 그녀는 침착함을 되찾고 떠나
> 갔습니다.[8]

에디트는 섣달 그믐날의 그 밤안개 속에서 가르멜회의 친지 의사가 운전하는
차를 타고 독일 국경을 넘어 네덜란드의 에히트에 당도했다.

에디트가 나치의 박해로부터 몸을 지키기 위하여 이주한 에히트는 독일의 아
헨에서 가까운 네덜란드 남부의 시가지 마스트리히트(Maastricht) 근교에 있
는 작은 마을이다. 에히트의 가르멜 수녀원은 독일에서 건너온 수녀들이 1875
년에 창립한 독일계 가르멜회로 에디트가 이주할 당시, 원장인 오틸리아
(Ottilia) 수녀나 부원장인 안토니아(Antonia) 수녀 모두 독일인이었고 13명
의 성가대 수녀들 중 10명이 독일인이었다. 에디트의 마음의 고향이기도 했던
쾰른 린덴탈의 가르멜 수녀원은 1944년 전화를 입어 그 흔적도 없이 파괴되었

---

8. Sr. Teresia Margareta a Corde Jesu, Gespräche, Edith-Stein-Archiv, Karmel Köln.

고, 그후 쾰른 시내에 새로운 수녀원이 세워졌지만 이 에히트의 가르멜 수녀원은 현재도 당시 그대로의 모습을 간직하고 있어서 에디트의 개인 방은 그대로 남아 있다.

가르멜회는 각 수도원이 수도원장 아래 독립하여 생활하고 있어 각 수도원의 기풍과 계승되고 있는 규칙이 제각기 독자적인 것이었다. 일단 수도원에 들어가면 어지간히 절박한 이유가 없는 한 수도원을 옮긴다는 것은 원칙적으로 허용되지 않는다. 에디트의 경우도 불안정한 정치 정세 때문에 우선 향후 3년간 에히트에 머물도록 허용은 되었지만 정식으로는 그 수도원의 구성원 지위에 있는 것이 아니었다. 익숙해지지 못한 나라와 풍토, 거기에 전혀 새로운 인간관계 속에 들어선 에디트는 그러한 공동체에 익숙해지는 데 남모르는 고생을 체험했으리라. 에히트에 도착한 뒤에 씌어진 편지는 다음과 같다.

> 린덴탈에 있는 나의 친애하는 가르멜 수녀님들 — 특히 연로한 수녀님들과의 이별이 얼마나 고통스러웠는지에 대해선 새삼 말할 필요도 없을 것입니다. … 여기서 다시 또 모든 것이 시작인 것같이 느껴지고 있습니다. 이곳의 수녀님들은 모두들 깊은 사랑으로 대해 주고 있습니다. 부디 내가 이러한 사랑에 보답할 수가 있고 또 공동체에 쓸모있는 사람이 될 수 있도록 기도해 주십시오. … 에르나 언니는 얼마 있으면 아이들과 함께 미국으로 떠나게 됐습니다. 언니는 베를린에서 보낸 편지에서 모든 준비가 다 됐음을 알려왔습니다. 로자 언니는 여기 네덜란드로 올 수 있는 가능성을 찾고 있습니다.[9]

에히트로 이주한 후부터의 에디트는 험악한 사회 정세에, 나치 정부에 대한 공포와 무력감 그리고 가족의 이산 그리고는 새로운 공동체 안에서의 생활을 겪어가면서 점점 더 기도 속으로 침잠해 갔다. 세상을 지배하는 혼란과 비참 그리고 악의 원흉을 눈앞에 두고 할 수 있는 방도란 없지 않은가. 도대체 이런

---

9. Brief 290 vom 3.1.1939 an Mater Petra Brüning OSU, SB II 127.

시기에 어떻게 하여 기도할 수 있을 것인가고 사람들은 물을 것이다. 에디트가
가르멜에 입회할 때에 "인간의 행위는 도움이 되지 않습니다. 그리스도의 수난
만이 우리들을 구하는 것입니다"라고 단언했듯이 가르멜리트에게 최후의 성채
(城砦)는 기도였다. 설사 나치가 인간에게서 모든 것 — 집, 가족, 고향 — 을
앗아갔다고 해도 이 세상에서의 목숨이 다할 그 마지막 순간까지, 끝까지 기도
하는 인간의 마음을, 사랑을 어떻게 빼앗을 수 있다는 말인가. 에디트는 깊은
침묵 속에서 암흑의 심연을 눈앞에 보며 아버지이신 하느님의 자비와 합일하는
것에 의해 오직 "하늘의 뜻이 이루어지도록" 기구할 뿐이었다. 에히트로 옮겨
와서 거의 한 해가 지났을 무렵의 편지에는 다음과 같이 쓰고 있다.

> 내가 에히트로 온 이래 언제나 감사의 정으로 넘쳐 있습니다. 여기서 생활할 수
> 있도록 허락받은 일이며 이러한 공동체의 일원으로 있을 수 있게 된 데 대한 감
> 사의 마음입니다. 우리들은 이 세상에서는 영원히 살 수 있는 집이 없다고 하는
> 것을 언제나 상기하고 있습니다. 내 안에 그리고 나를 통해서 "하느님의 뜻이
> 이루어지도록", 그것 이외에 내가 바라는 것은 아무것도 없습니다. 내가 이제
> 얼마 동안을 여기서 생활할 수가 있을지 그리고 그후는 또 어떠한 일이 일어날
> 것인지, 그 모든 것은 오직 하느님께 달려 있습니다. 내 운명은 하느님의 손안
> 에 있습니다. 하느님 안에서 모든 것은 좋게 될 것입니다. 그러므로 나는 아무
> 것도 걱정하고 있지 않습니다. 하지만 어떠한 상황 아래에서도 늘 성실할 수 있
> 도록 많은 기도가 필요합니다.[10]

---

10. Brief 300 vom 16.4.1939 an Mater Petra Brüning OSU, SB II 136-137.

2. 눈에 띄지 않는 순교를 바람

에디트가 어려서부터 막연하게 품어온 "인류에 봉사하고 싶다"고 하는 꿈, 그리하여 처음으로 그리스도의 십자가를 만났을 때에 알게 된 고통의 의미, 주님의 십자가에 참여하기 위해 가르멜로 들어간 것 — 지금 에디트의 전 생애가 그곳으로 향하고 있다는 것이 명백해지려 하고 있었다. 에디트는 기도 속으로 침잠하면 할수록 구체적인 생활 안에 나타나는 하느님의 뜻을 확신하게 된다. 이 무렵부터 에디트는 이전보다도 더욱더 깊어졌고 더욱더 긴요해진 자기의 사명에 대하여 서슴지 않고 말하게 된다.

에디트의 기도가 봉쇄 수녀원의 울타리를 넘어 수백만 명이나 되는 뭇 사람들의 슬픔이나 고통을 함께하고 겨레를 위해 자기 자신을 바치고 싶다는 다이내믹한 것으로 점점 더 깊어가는 그 밑바닥에는 그녀의 "이웃"에 대한 통찰이 있음을 잊어서는 안될 것이다.

> 그리스도인에게 낯선 사람이란 있을 수 없습니다. 우리들 가까이에 있어 우리들을 필요로 하고 있는 사람은 모두가 다 이웃입니다. 그 사람이 우리들과 어떤 관계에 있는지, 우리들이 그 사람을 좋아하는지 아닌지, 또 그 사람은 윤리적으로 바른 사람인지 아닌지 그러한 것들을 물어서는 안됩니다. 그리스도의 사랑은 무한(無限)입니다. 끝이 없는 것입니다. 사랑은 추함이나 더러움에 의해서도 손상되는 것이 아닙니다. 그리스도는 의인을 위해서가 아니라 죄인을 위해 오셨습니다. 그리스도의 사랑이 우리들 안에 있다면 우리들은 그분이 하신 것처럼 길 잃은 양을 찾아야 합니다. … 그리스도의 사랑 안에 사는 사람은 자기 자신을 위해서가 아니라 하느님을 위해 사람들을 사랑할 일입니다.[11]

---

11. Edith Stein, Das Weihnachtsgeheimnis (Maria vom Frieden, Köln 1948), 8.

에디트는 자기와 가족 그리고 겨레인 유대인을 이렇게까지 괴롭히고 절망케 하는 히틀러를 기도 속에서 받아들이고 사랑할 수가 있었을까. 만일 그렇다고 한다면 무엇을 기도한 것일까. 에히트에 있을 당시 에디트를 잘 알게 된 독일인 예수회 수사 히르슈만은 이렇게 술회하고 있다.

> 그녀는 유대인과 사랑으로 결합돼 있었을 뿐 아니라 똑같이 독일인으로서 독일인을 사랑하고 있었습니다. 그녀는 몇 번이고 내게 이렇게 말하는 것이었습니다. "독일인의 이름으로 유대인에게 행해진 이 일을 누가 속죄할 것입니까?" 그녀는 독일인이 유대인에게 행한 것 때문에 고통받고 있었습니다. 그녀는 히틀러같이 세례를 받은 그리스도인이 유대인에 대해 이토록 가공할 죄를 범하고 있다는 것에 자기 자신도 괴로워하고 있던 것입니다. 그래서 그녀는 이렇게 덧붙여 말했습니다. "누가 독일인과 유대인을 위해 이 무서운 죄가 축복으로 변화되도록 할 수 있는 것일까요."[12]

에디트가 유대인의 고통을 똑같은 피를 나눈 사람으로서 자기의 몸에도 받고 있었음은 당연할 것이다. 그러나 그 이상으로 에디트는 자기와 똑같은 그리스도인인 독일인이 저지르고 있는 최악의 행위에 대해 스스로도 괴로워하고 무시무시한 지상의 지옥 그 한가운데에서 고통받는 하느님의 사랑의 부르짖음을 듣고 있었을 것이다. 에디트는 히틀러를 그리고 그를 따른 많은 독일인들을 심판하려 하지도 않고 또 그들과 동떨어져 있으려고 하지 않는다. 고통 속으로 가라앉으며 깊이 생각하고 저 스스로도 찢어져 쪼개짐으로써 하느님과 일치하는 것 이외에 에디트의 길은 없었던 것이다.

에히트에서의 생활도 3개월째로 접어든 1939년 3월, 에디트는 에히트의 가르멜 수녀원 원장인 오틸리아 수녀 앞으로 다음과 같은 편지를 쓰고 있다.

---

12. Edith Stein, Aus der Tiefe leben (Hrsg. Waltraut Herbstrith, München 1988), 43.

친애하는 원장수녀님, 참된 평화를 기원하며 화해의 제물로 예수 성심께 나 자신을 바치도록 해주십시오. 세계대전이 재발하지 않고 그리스도를 배반하는 자의 지배가 무너져 새 질서가 재건되도록 말입니다. 이제 마지막 시간(12시)이 다가오고 있기 때문에 나는 지금이라도 이 한 몸을 바치고 싶다고 생각하고 있습니다. 나는 아무것도 할 수 없는 몸이지만 예수님께서 내게 바라고 계십니다. 그리고 예수님께선 오늘 다른 이들에게도 분명히 호소하고 계실 것입니다.[13]

에디트가 네덜란드의 에히트 가르멜회로 옮겨온 지 반 년이 지나 1939년도 여름철로 접어들고 있었다. "수정의 밤" 이래 유대인 박해는 격화하여 에디트의 가족, 친구들도 속속 국외로 이산해 갔다. 그러나 가르멜에서의 에디트의 생활은 그러한 외적인 상황에도 동요됨이 없이 평정과 정적의 나날이었다. 에디트는 네덜란드어에도 숙달하게 되어 공동체에 잘 융합되어 갔다. 에히트의 한 수녀는 "에디트의 그 단순하고 허식이 없는 태도와 겸손됨, 친절함은 곧 새로운 공동체 자매들의 마음을 사로잡았던 것입니다"라고 말하고 있다. 에히트의 수녀원장은 에디트의 지적 재능을 높이 평가하고 그녀에게 학문 연구와 집필을 계속하도록 권했다. 이 무렵 씌어진 에디트의 저작에는 가르멜회의 영성과 그 정신을 취급한 것이 많아, 「사랑을 위한 사랑 — 예수의 성녀 데레사의 생애와 그 작품」, 「가르멜의 역사와 그 정신」, 「십자가 예찬」 등이 있다. 그리하여 에디트는 그러한 신비주의적이고 명상적인 작품을 써나가는 가운데, 예전보다도 더욱더 시간을 내어서는 기도 속으로 몸을 가라앉혀 하느님의 뜻에 마음을 합치고 있었다. 에히트에서 에디트와 생활을 함께한 한 수녀는 아직 밤이 새지 않은 꼭두새벽에 에디트의 수실 창문을 통해 그녀가 두 손을 펼치고 꿇어앉아 꼼짝하지 않고 기도하고 있는 모습을 자주 볼 수 있었다고 회상하고 있다.

이 무렵부터 에디트는 자기의 죽음이 멀지 않을 것이라고 각오하고 그리스도와 함께 사람들을 위하여 자기 자신을 봉헌하고 싶다는 소망을 깊이하고 있었

---

13. Brief 296 vom 26.3.1939 an Mutter Ottilia Thannisch OCD, SB II 133.

던 것으로 보인다. 그리하여 하느님의 뜻과 자기에게 맡겨진 사명에 대한 이해, 그리고 죽음에 대한 깊은 통찰을 에디트의 영적 작품이나 편지 속에서 엿볼 수 있게 된다. 에디트가 유대교의 속죄의 날에 태어나서부터 일관하여, 그리고 가톨릭이 되고 가르멜리트가 되어서는 더 명확한 모양으로 에디트의 삶의 모티브가 되어간 것은 "자기 봉헌"의 길이었다. 에디트에게 자기 봉헌의 길은 성서적인 홀로코스트(holocaust), 그리고 그리스도의 십자가상 죽음에 의한 완전한 번제(燔祭)에 결합함으로써 역사상의 홀로코스트(유대인 대학살)에 자기 자신을 바치는 것으로 향해 나아갔던 것이다. 이 무렵의 에디트의 문장에서는 모든 것을 하느님의 뜻에 위탁하고 아무것도 두려워하지 않는 결사의 기백을 읽을 수 있다. 이미 죽음이 가까이에 다가오고 있음을 의식하고 있던 에디트는 1939년 6월, 에히트의 가르멜 수녀원 원장 앞으로 유서를 남기고 있다.

가르멜 수녀원 원장님, 그리고 수녀님들에게 진심으로 감사를 드립니다. 여러분은 사랑으로 나를 받아들여 주었으며 수녀원에서 넘치는 친절을 베풀어 주었습니다. 지금 나는 이미 하느님께서 나를 위해 마련해 주신 죽음을 기꺼이 받아들이고 거룩하신 하느님의 뜻에 완전히 순종할 각오를 하고 있습니다. 부디 주님께서 내 삶과 죽음을 하느님의 영광을 위해서 그리고 예수성심, 성모성심과 교회의 지향을 위해서 받아주시옵기를 빌며 우리들의 거룩한 수도회 특히 쾰른과 에히트의 가르멜회가 수호되고 성화되고 완전한 것이 되도록 빕니다. 또한 주님께서 받아들여지고 영광 속에 그 나라가 임하시기를 기도드리며 유대인들의 불신앙의 보속으로 나 자신을 바칩니다. 독일의 구원과 세계 평화를 위해서 그리고 하느님께서 내게 맺어주신 모든 이들, 살아 있는 이들과 죽은 이들 그리고 모든 이들을 위해서 이 기도를 바칩니다.

1939년 6월 9일, 거룩한 묵상의 일곱째 날, 성부와 성자와 성령의 이름으로.

십자가의 베네딕타 수녀.[14]

---

14. Testament, Edith-Stein-Archiv, Karmel Köln.

이 유서 속에서 에디트는 스스로의 희생을 증거하기 위하여 죽음을 받아들일 의지를 명백히하고 있다. 바로 이런 점에 우리들은 에디트가 짊어지려 한 특별한 사명을 유념해야 할 것이다. 비록 한 수녀원장에 대한 고백이라 해도, 다가올 자기의 죽음이 단지 집단적인 학살에 불과한 부정적인 죽음으로 그치지 않고 그리스도를 위한 죽음을 증거하는 그러한 죽음이 되어줄 것을 에디트는 기구하고 있는 것이다. 인간의 모든 자유가 박탈당하는 홀로코스트에 있어서도 한 사람 한 사람의 인간이 하느님 앞에서 하는 자유로운 선택과 동의가 있을 수 있다는 것, 그리하여 이렇게 자유로이 선택한 희생이 그리스도를 위하여 바쳐질 때 그것이 침묵으로 그리고 익명(匿名)으로 행해진다 하더라도 참으로 그리스도교적인 순교라고 말할 수는 없는 것일까.

에디트는 유대인 그리스도인이며 독일인이요 가르멜리트였다. 에디트의 인격을 깊이 규정하고 있는 이러한 아이덴티티에 의해 여기에 순교자의 새로운 전형이 제시되는 것이다. 수백만 명이 넘는 헤아릴 수 없을 만큼 많은 뭇 사람들의 영혼과 결합되어 있음을 감지하고 자진하여 고통을 받으려 하는 가르멜리트적 순교의 정신이 현대에도 그 맥을 잇고 있는 것이다. 순교에 대한 고전적 이해는 복음을 위하여 목숨을 버리는 것으로 그리스도교 신앙의 증인이 된다는 것을 그 중심으로 하고 있다. 에디트는 순교라고 하는 말을 쓰고 있지는 않지만 자기 자신의 죽음을 사람들과의 연대, 인간의 악, 불신앙, 죄에 대한 연대와 연결시켜 희생적인 죽음을 자유로이 수락한다고 하는 점을 분명히하고 있다. 에디트가 바라는 죽음이 이기적인 순교와는 얼마나 거리가 먼가 하는 것은 다음의 편지 내용을 읽어보면 잘 알 수 있을 것이다.

주님은 내 생애를 모든 이들을 위한 제물로 받아들여 주셨다고 나는 확신하고 있습니다.[15]

---

15. Brief 281 vom 31.10.1938 an Mater Petra Brüning OSU, SB II 121.

> 그리스도의 십자가의 의미를 아는 사람은 모든 이들의 이름으로 그 십자가를 짊어지고 가야만 합니다.[16]

> 화해의 산 제물로서 나 자신을 바치도록 해주십시오.[17]

에디트는 자기의 삶과 죽음이 그리스도의 신비체, 전세계의 사람들과 결합되기를 소망하고 있었다. 이러한 가르멜리트는 자신의 순결을 지키기 위해 이 세상을 멀리하는 것이 아니라 악의 신비, 암흑, 절망의 그 한복판으로 스스로 들어감으로써 그 고통을 몸에 받고 찢기기를 바라고 있었다. 절망 한가운데에서조차 존재하는 희망, 하느님의 부재 그 중에도 존재하시는 주님을 찾아 구하고 있었던 것이다. 이러한 외고집이라고도 할 수 있을 관상 수녀의 영혼은 세상을 그 밑바닥으로부터 정화하는 힘을 지니고 있다.

모든 사람들을 대신하여 자기의 목숨을 바치려 하는 사람은 그것이 수도원이나 수용소의 침묵 속에서 이름없이 눈에 띄지 않게 행해짐으로 해서 아무런 평가나 보답을 받는 일이 없다. 이러한 침묵과 고독이야말로 "보이지 않는" 순교에 따르는 가장 깊은 수난이었다. 에디트는 이렇게 적고 있다.

> 외부로부터 내려덮는 고통 같은 것은 영혼의 어둠과는 비할 바도 못됩니다. 영혼의 어둠에는 거룩한 빛은 이미 비치지 않고 주님의 목소리도 들리지 않습니다. 그럼에도 하느님은 거기 계십니다. 하느님께서는 숨어 들어오셔서 말없이 계시는 것입니다.[18]

---

16. Brief 287 vom 9.12.1938 an Mater Petra Brüning OSU, SB II 124.

17. Brief 296 vom 26.3.1939 an Mutter Ottilia Thannisch OCD, SB II 133.

18. Edith Stein, Das Weihnachtsgeheimnis (Maria vom Frieden, Köln 1948), 10.

3. 『십자가의 학문』

1939년 여름에 2차대전이 발발하여 유럽 전역에 전화가 번져나갔다. 에디트도 목숨을 하느님께 내어드릴 날이 가까움을 직감하고 하루하루를 주님의 십자가로 다가가는 길잡이로 삼고 있었다. 독일과 편지를 주고받는 일도 어려워졌다. 그해 9월의 성 십자가 현양 축일에 서원을 갱신할 때 쓴「십자가 예찬 ― 십자가, 유일의 희망」이라는 영적 작품에서는 당시의 긴박한 정세 속에서 그리스도의 십자가의 의미를 깊이 생각하는 에디트의 기도가 표현되어 있다.

당신은 십자가에 달리신 분에게 늘 충실했습니까. 잘 생각해 보십시다. 세계는 화염으로 뒤덮여 그리스도와 반(反)그리스도인 사이의 싸움이 공공연하게 벌어지고 있습니다. 그리스도 편에 설 결심을 하는 사람은 자기 목숨을 걸게 될 것입니다. 당신이 약속할 일을 곰곰히 생각해 보십시다. 서원하고 서원을 갱신한다는 것은 대단히 중대한 의미를 지니게 됩니다. …

당신의 구세주는 사랑의 정신으로 당신에게 "나를 따르라"고 부르고 계십니다. 인간의 의지는 맹목이고 허약하므로 주님은 당신에게 순종을 구하고 계십니다. 인간은 하느님의 뜻에 자기 자신을 완전히 내어드리지 않는 한 길을 찾아낼 수는 없는 것입니다. 주님께선 청빈을 구하고 계십니다. 천상의 것을 받아들이기 위해선 지상의 것으로부터 자유로워져야 하기 때문입니다. 주님께서 요구하시는 정결에 의해서 모든 지상적 애정으로부터 해방이 되고 하느님께 대한 사랑을 향해서만 마음을 돌릴 수 있게 됩니다. …

전쟁이 일어났을 때에 우리들이 무엇을 할 수 있을까요. 주님과 결합됨으로써 당신도 주님과 같이 어디에나 현존할 수가 있습니다. 의사, 간호사, 사제와 같이 특정한 장소에서 사람들을 도울 수는 없지만, 온갖 장소에서, 슬픔이 있는 모든 장소에 당신은 십자가 힘의 그 도움을 받아 그들과 함께 있을 수가 있는 것입니다. 그 모든 장소에 당신의 자비로운 깊은 사랑을 쏟고 사람들에게 평화와 치유와 구원을 가져다주시는 그리스도의 고귀한 성혈을 쏟을 수 있습니다. 십자가에 달리신 분의 눈길이 무엇인가를 찾아 구하는 것처럼 당신을 바라보는 것을 느끼지 않습니까. 십자가 위에서 그 눈길은 당신에게 이렇게 묻고 계십니다. 당신은 정말로 진술하게 십자가에 달리신 분과의 서약에 또 한 번 참여할 각오가 되어 있습니까. 이러한 물음에 당신은 어떻게 대답하려 하고 있습니까.

주님, 우리들은 어디로 가야만 하는 것일까요. 주님만이 영원한 생명에 이르는 말씀을 가지고 계십니다. 성스런 십자가여, 유일한 희망이여.[19]

히틀러는 놀랄 만큼 짧은 기간에 유럽 각국을 제압하고 드디어 1940년 5월에는 네덜란드에도 침입하여 프랑스와 벨기에를 포함한 지역을 점령했다. 이 무렵부터 유대인의 강제수송도 실시되었고 온갖 공포와 박해 속에서 유대인의 생존은 점점 극심하게 좁혀지게 되었다. 이런 숨막히는 공기 속에서도 에디트에게 기쁜 일이 있었는데, 그것은 그해 여름 언니 로자가 망명에 성공하여 벨기에를 경유 네덜란드의 에히트에 도착한 일이었다. 가톨릭 신자가 된 로자는 그 날부터 에히트의 가르멜 수녀원에서 접수계원으로 일하게 되어 틈틈이 에디트와도 만날 수 있었다. 로자도 언젠가는 수녀가 되기를 지망하고 있었기 때문에 에히트에서 수녀들과 함께 기도생활을 할 수 있게 된 것을 기뻐하고 있었다.

에디트는 에히트로 이주했을 때 향후 3년 동안만 잠정적으로 머물도록 정해진 채 공동체의 구성원이 되어 있었지만 영구히 그곳에 머물 것인지 어떤지 하는 것은 정황에 따라 결정될 일이었다. 그러나 그 사이 나치에 의한 반유대주의적인 행동은 제어할 수 없는 기세로 촉진되어 1941년이 되자 유대인은 누구나 황색 유대의 별을 착용해야 한다는 경찰 명령이 집행되었고 은밀하게 유대인의 대량학살이 개시되고 있었다.[20] 에디트 자신도 멀지 않아 수녀원에서 연행될 날이 오리라고 예측하고 있었다. 에히트의 한 수녀의 회고에 의하면 이 무렵의 에디트는 장차 강제수용소에 수용되어 강제노동에 종사해야 할 그날을 위

---

19. VL 124-126.

20. ルーシー・S. ダビドビッチ『ユダヤ人はなぜ殺されたか』大谷 역(サイマル出版會 1978) 참조.

하여 자신의 신체를 단련하고 최소한의 생활용품만으로 살 수 있도록 훈련도 하고 있었다고 한다. 에디트가 어떤 마음가짐으로 박해의 그날을 준비하고 있었는지 1941년 9월의 편지에서 알아보기로 하자.

> 가난이란 우리가 사랑하는 수녀원을 떠날 준비만 해두면 되는 것이 아닐까요. 우리는 봉쇄 속에 살기를 서약했습니다만 하느님께선 영구히 나를 봉쇄의 울타리 속에 살도록 약속하시지는 않았습니다. 하느님께서는 우리를 수호하기 위한 또 다른 울타리를 마련하고 계시기 때문에 언제까지나 우리를 한 울타리 속에 두실 필요는 없는 것입니다. 성사(聖事)에 대해서도 마찬가지로 말할 수 있겠습니다. 우리에게 성사란 은총으로 다가가기 위한 수단이기 때문에 우리는 기꺼이 성사를 받고자 하는 것입니다. 그러나 하느님은 성사만에 의해 한정될 그런 분이 아니십니다. 만일 외부의 힘에 의해 우리가 성사를 받을 수 없게 되는 때가 온다면 하느님께선 우리가 이전에 성사를 받고 있던 때보다도 더욱 확실하게, 충실하게 은혜를 주실 것임이 틀림없습니다. 우리들이 봉쇄의 규칙을 될 수 있는 대로 양심적으로 지키고 그리스도와 함께 하느님 안에 고요하고 숨은 생활을 해나간다는 것은 보람있고 가치있는 의무입니다. 우리가 이것을 충실히 지킨다면 설령 길거리에 끌려나간다 하더라도 주님께서는 나를 지켜주시기 위해 수호천사를 보내주시어 높고 견고한 수녀원 울타리보다도 더 안전하게 평화 속에서 우리들을 쉬게 해주실 것입니다. 물론 우리가 그러한 일을 당하지 않게 해주시옵기를 기도할 수는 있지만 그러한 기도에 덧붙여 진심으로 "내 뜻이 아니라 주님의 뜻대로 이뤄지도록" 기도해야 할 것입니다.[21]

바야흐로 1942년 여름이 되어 십자가의 성 요한의 탄생 400주년 기념일이 경축되려 하고 있었다. 에히트의 가르멜 수녀원 부원장 안토니아 수녀는 에디트에게 십자가의 성 요한에 대한 저작을 쓰도록 의뢰했다. 에디트는 이전부터 가

---

21. Renata 212.

르멜회의 성인인 십자가의 성 요한에 대하여 깊이 경애하는 마음을 품고 있었다. 십자가의 성 요한과 에디트는 그들이 산 시대나 풍토가 동떨어져 있었지만 공통되는 점은 두 사람 다 그리스도의 십자가에 강하게 끌려 십자가를 통하여 높으신 하느님의 영광이 머무는 가르멜 산으로 걸어 올라가는 인생을 보냈다는 것이다. 성 요한이나 에디트나 십자가의 신비에 참여하고 싶다는 열망으로 스스로 "십자가의"라는 수도명으로 불리기를 바랐던 것이다.

십자가의 성 요한이 태어난 스페인의 카스틸리야 지방은 대지가 건조하고 초목은 염열에 타고 곳곳에 다갈색 암산(岩山)이 노출되어 있는 고장이다. 십자가의 성 요한의 작품들의 배경이 되고 있는 이러한 풍토 — 모든 것이 약탈되고 메마른 사막의 이미지는 에디트의 눈에 악의 암흑과 사람들의 피를 토하는 듯한 통곡을 삼키고 있는 나치 정권하의 유럽과 겹쳐지는 것이었으리라. 온갖 인간적 행위가 아무 도움이 되지 못하는 곳에 몸을 둘 때 그리스도의 십자가가 지니는 힘만이 찬연히 빛을 발하는 것을 체득하게 되는 것이다. 유럽에 휘몰아치는 전쟁의 질풍, 불행의 밑바닥으로 추락해 가는 유대 민족, 절망과 희망, 빛과 어둠, 존재와 무(無)가 숨바꼭질하듯 하는 시대에 있다면 십자가의 성 요한은 어떤 메시지를 전할 것인가. 얼마 안 있어 자기도 박해와 죽음의 길로 가게 될 것이라는 생각이 에디트의 마음을 무겁게 짓누르고 있었다. 십자가의 성 요한이 꾸준히 추구한 것에는 시대를 넘어서 현대에 사는 사람들의 마음을 뒤흔들어 놓는 것이 있다는 것을 에디트는 호소하고 싶었다. 에디트는 이 글을 쓰기 위하여 수녀원에서의 자유시간이나 밤의 휴식시간에도 집필에 몰두하여 자기의 최후의 심혈을 이 작품에 쏟았다. 당시의 편지에는 이렇게 쓰고 있다.

지금 내가 쓰고 있는 이 작품 때문에 내 머릿속은 십자가의 성 요한에 대한 생각으로 가득 차 있습니다. 이것은 커다란 은혜라고 생각됩니다. 원장님, 부디 이 성인을 기념하는 해를 맞아 유익한 일을 할 수 있도록 기도해 주십시오.[22]

---

22. Brief 328 vom 18.11.1941 an Mutter Johanna van Weersth OCD, SB II 165.

에디트는 우선 관련 문헌을 수집하면서 스페인어 판인 십자가의 성 요한과 아빌라의 성녀 데레사 전집과 프랑스어 원서인 바뤼지(Baruzi)나 브뤼노(Bruno)의 성 요한에 관한 연구서,[23] 그리고 성 요한이 영향을 받은 디오니시오 아레오파구스의 작품들을 골랐다. 십자가의 성 요한은 오늘날에 와서는 영성의 위대한 스승·신비가로서 널리 알려져 있지만, 에디트가 이 성인을 연구하기 시작했을 당시만 해도 성 요한은 교황 비오 11세에 의해 교회박사로 선언(1926년)되고 나서부터 조금씩 교회 내에서 평가되고 그의 저작의 번역·연구서가 간행되기 시작한 시기였다. 에디트는 1941년 가을부터 이 저작의 집필을 시작하여 게슈타포에 의해 체포되는 그날까지 계속 써나갔다.

에디트가 『십자가의 학문』을 쓰기 위해 자기의 자유시간 전부를 바치고 있을 그 무렵의 편지 중에는 다음과 같은 내용이 있다.

> 십자가를 철저히 체험할 때에만 "십자가의 학문"(scientia crucia)을 이해할 수 있습니다. 이것을 나는 최초의 순간부터 확신해서 마음 속으로부터 "성스런 십자가여, 유일한 희망이여!"(Ave, Crux, spes unica!)라고 말했습니다.[24]

에디트에게 『십자가의 학문』은 그녀 자신이 살아나가는 길이기도 했다. 『십자가의 학문』이 목표로 하는 것에 대하여 그 책 속에서 이렇게 말하고 있다.

> 십자가의 학문에 대해 말할 때에 그것을 일반적인 의미로 말하는 학문으로서 이해해서는 안됩니다. 그것은 단지 논리가 아닙니다. 또한 현실이나 어떤 가정(假定)에 바탕을 두는 참된 원리가 연결되는 것도 아니며 사상의 이상적 구조를 의미하는 것도 아닙니다. 그것은 십자가의 신학이어서 지실(知悉)이 가능한 진리

---

23. 에디트가 『십자가의 학문』을 집필하면서 참고로 한 십자가의 성 요한에 관한 문서들은 다음 것들이다. Bruno de Jesu-Maria, *Saint Jean de la Croix* (Paris 1929); Bruno de Jesu-Maria, *Vie d'Amour de Saint Jean de la Croix* (Paris 1936); Jean Baruzi; *Saint Jean de la Croix et le problème de l'expérience mystique* (Paris 1924).

24. Brief 330 vom Dez. 1940 an Mutter Ambrosia Antonia Engelmann OCD, SB II 167.

이기는 하지만 살아 있는 현실의, 힘있는 진리이기도 한 것입니다. 십자가의 학문은 영혼 속에 씨앗처럼 깃들이고 뿌리를 뻗고 자라나 행위로써 밖으로 나타나건 안 나타나건 영혼에 특성과 존재양식을 주는 것입니다. 그렇게 해서 영혼은 자기 자신의 존재를 밝혀내고 인식하도록 합니다. 이런 뜻에서 우리들은 성스런 학문에 대해서 논하게 되며 그렇게 함으로써 십자가의 학문이 어떤 것인가 하는 것을 이해하게 되는 것입니다. 영혼의 깊이에 존재하는 살아 있는 힘은 인간에 관한 철학을 풍요하게 하고 하느님과 세계가 어떻게 해서 인간과 관계를 맺고 존재하고 있는가 하는 것을 밝혀내는 것입니다. 따라서 이러한 것은 이론적으로도 표현이 가능합니다. 십자가의 성 요한의 가르침에는 그러한 의미에서 말하는 십자가의 학문이 표현되어 있습니다. 그러므로 성 요한의 저작과 그의 생애에서 볼 수 있는 그 일관성과 특징을 추구해 보기로 합니다.[25]

에디트는 이 저작에서 단지 십자가의 성 요한의 생애를 개관(槪觀)한다든지 그의 가르침을 총괄하려고 하는 것이 아니다. 성 요한이 실제로 살았던 것 그리고 그의 심혈을 기울여서 표현하고자 했던 것의 그 저류에 있는 통일성(Einheit)을 탐구하려 하는 것이다. "그의 생애와 저작의 내용은 우리들이 그러한 통일성을 파악하려 하는 그런 관점에서 취급되어져야 한다"고 에디트는 말하고 있다. 여기서 다시 이 저작의 첫머리 부분을 인용해 보기로 하자.

참으로 살아 있는 신앙이 있는 곳에서는 신앙의 가르침과 위대한 행위가 생활의 중심이 되어 그밖의 것들은 모두 이차적인 것이 되는 것입니다. 성스런 객관성(heilige Sachlichkeit)이라고 해야 할 이것은 성령에 의해서 재생된 영혼의 근원적인 내적 수동성을 의미합니다. 그러한 영혼은 일어나는 모든 일들을 마음 속 깊이에서 받아들이게 됩니다. … 십자가의 신비가 영혼의 내적 존재양식을 만들어 갈 때 거기에는 십자가의 학문이 태어나는 것입니다.[26]

---

25. KW 3-4.   26. KW 4.

『십자가의 학문』이라고 이름지어진 이 저작은 3부 구성으로 되어 있어 그 제1부는 십자가의 알림, 제2부는 십자가의 가르침, 제3부는 십자가의 길을 감〔斷片〕이다. 에디트는 이 저작을 통하여 십자가의 가르침을 밝힘으로써 십자가의 신학과 십자가의 길을 산다고 하는 십자가의 실천적 배움이라고 하는 의미로서의 제이의적(第二義的)인 십자가의 학문을 전개해 나가고 있다. 따라서 이 책은 그밖의 에디트의 철학적 저작들에서 볼 수 있는 것과 같은 오직 학문 연구나 고찰의 대상으로서만 십자가의 성 요한을 취급하고 있는 것이 아니라 에디트 자신의 영적 깊이와 명상적 통찰 그리고 가르멜리트로서의 개인적 고백 같은 것도 풍부하게 포괄해 엮고 있어 그녀의 영적으로 가장 원숙한 작품 중의 하나라고 할 수 있다.

제1부인 십자가의 알림은 십자가의 성 요한의 생애에서 볼 수 있는 십자가 체험과 그 심화에 관하여 논하고 있다. 일곱 살 때 아버지를 여읜 일, 빈한(貧寒)과 고독으로 괴로워한 유년기, 고학하던 시절, 가르멜회 입회, 톨레도에서 9개월 동안 투옥되었던 일 등 실제로 성 요한의 생애는 십자가 체험의 연속이었다. 십자가의 메시지는 성 요한의 생애로 그 향방을 가리켰으며 성 요한의 영성도 그 자신의 체험에서 우러나왔다는 것은 명백하다.

제2부의 십자가의 가르침에서는 현대의 철학적 관점에서 성 요한의 영성을 논하고 있어 십자가와 밤, 신앙과 정신, 죽음과 부활 등의 중요 주제에 관하여 고찰하고 있다. 에디트의 해석에는 철학적 색채가 지나치게 강하다는 비판도 있지만 심원하고 근접하기가 어려운 십자가의 성 요한의 영적 세계를 현대인에 알맞은 표현으로 논하고 그렇게 함으로써 시대를 초월하는 참된 인간적 메시지를 귀담아들으려 하는 에디트의 자세에서 진지한 기상을 엿볼 수 있다.

성 요한의 신비스런 세계로 깊이 몰입해도 에디트의 현상학적인 관점은 달라지지 않는다. 특히 성 요한의 밤에 관한 이해는 에디트의 독자성을 잘 나타내고 있다. 십자가의 성 요한의 경우 영혼이 하느님께 가까이 갈 때에 체험하게 되는 밤, 그 어두운 밤은 중요한 주제이다.

신앙의 어두운 밤을 지나 적나라(赤裸裸)와 정화(淨化) 속에서 하느님과의 일치
에로 향한다(『가르멜 산 등반』 첫머리의 시).

더욱더 신비스런 일치에로 이끌린 영혼은 다음과 같이 노래한다.

아, 밤이여 길잡이여, 새벽도곤 한결 좋은 아, 밤이여 … 님과 한몸 되어버린 괴이
는 이를, 한데 아우른, 아하, 밤이여(『영혼의 어둔 밤』의 시 — 최민순 옮김).

성 요한이 명상적이고 경험적인 방식으로 "밤"의 주제에로 접근하는 데 대하여
에디트의 접근방법은 더욱 냉철하고 객관적이고 사색적인 성격을 띠고 있는 것
이라고 말할 수 있을 것이다. 에디트는 "밤"을 다음과 같이 묘사하고 있다.

밤은 자연적인 현상이다. 빛과는 반대되는 것이 모든 것을 둘러싼다. 그것은 언
어의 대상이 되지 못하는 것이다. 밤은 우리들에게 대립하거나 대항하거나 하는
것이 아니다. 밤에는 눈에 보이는 형태를 잡는 이미지가 없다. 밤이란 눈에 보
이지 않으며 형태가 없는 것이기 때문이다. 그러나 우리들은 밤을 느낀다. 실제
로 밤은 온갖 대상이나 형태보다도 더욱더 우리들 가까이에서 우리들의 존재와
친밀하게 관계를 맺고 있는 것이다. 마치 빛이 사물을 만들고 그 가시적인 내용
을 나타내는 것처럼. 밤은 온갖 가시적인 것을 삼키고 우리들을 위협한다. 밤이
가져오는 것은 단지 무(無)가 아니다. 그것은 밤 그것으로써 희미하게 눈에 보
이지 않는, 형태가 없는 것으로서 계속 존재한다. 그것은 위협을 주는 것이기도
하므로 그림자나 환영(幻影)같이 보이기도 한다. 그와 동시에 나 자신의 존재는
밤 속에 있어 숨겨진 위험으로부터 외적으로 위협받을 뿐 아니라 내면적으로도
위험에 드러나게 된다. 밤은 우리들의 감각을 마비시키고 동작을 앗아가고 능력
을 약하게 한다. 그리하여 우리들을 고독으로 떠밀고 그림자나 환영 같은 것으
로 우리들을 변화시킨다. 거기에는 죽음을 예감케 하는 것이 있다. 밤이 가져오
는 것은 자연적인 것만이 아니라 심리적이고 영적인 의미가 있다. … 우주의 밤

도 두 가지 면이 있다는 것을 인정해야 한다. 어둡고 격렬한 밤이 있는 데 대하여 부드러운 달빛에 비친 고요하고 불가사의한 매력을 지닌 밤도 있다. 이러한 밤은 사물을 삼키지 않고 밤 같은 한 면을 비춘다. 딱딱하고 날카롭고 꺼칠꺼칠한 것은 그러한 밤 속에서 부드러워지고 약해진다. 대낮의 밝은 빛 속에서는 나타나지 않던 모습이 나타나고 낮 동안의 소음들 때문에 들리지 않던 소리가 들려온다. 빛이 있는 밤만이 아니라 어두운 밤에는 훌륭한 의미가 있다. 낮의 소요와 혼잡이 사라지고 고요와 평화가 되살아난다. 이러한 모든 것은 심리적이고 정신적인 효과를 가져온다. 낮 동안의 소란에서 해방이 된 정신은 밤의 고요한 투명함에 충만되어 느긋하게 내성적으로 되어가고 그리하여 자연계와 초자연계 그 양쪽에 몸을 두고 자기 자신의 존재양식과 생활에 깊이 연관된 것으로 침잠해 가게 된다. 밤의 평화 그 속에는 깊은 감사로 충만된 휴식이 있다. 십자가의 성 요한이 밤이라는 것으로 상징하려 한 것을 이해하려고 할 때에 이상과 같은 생각이 떠오른다.[27]

여기서 에디트가 말하고 있는 밤은 이미 영혼의 정화를 거쳐서 정신이 내면 깊숙히 침잠하여 새벽을 기다리는 고요한 밤 … 십자가의 성 요한이 "정신의 밤"이라고 부르는 것에 가까우리라. 주변의 상황이 아무리 어둡고 무거운 밤으로 뒤덮여 있어도 앞길에 여명의 빛을 느끼며 에디트의 영혼은 하느님 안의 고요함과 평안함 속에서 그 언제나 쉬고 있었으리라.

---

27. KW 33-34.

4. 헌 신

제2차 세계대전과 함께 서(西)유럽에서 점령 지역을 확대한 독일은 1941년이
되자 이번에는 동유럽 제국, 그리스, 러시아에까지 침공하여 유대인 박해는 전
유럽을 휩쓸게 되었다. 1941년 10월에는 최초로 유대인들을 동쪽으로 강제이
송하는 일이 실행되었다. 이때에 약 2만 명의 유대인이 강제수송 열차로 폴란
드, 러시아로 이송되었고 폴란드에서는 수많은 게토(유대인 지역)가 설치되어
유대인은 그곳으로 격리되었고 1941년 가을에는 은밀하게 아우슈비츠에서 최
초의 가스 살육이 실행되었다. 많은 유대인들은 절망적인 상황 아래에서 심하
게 낭패하고 공포에 사로잡혀 사람들 사이에서 "수송"(Transport)이라는 단어
는 가장 두려운 말이 되었다. 1942년 1월에는 베를린 교외의 반제에서 유대인
문제에 관한 최종 해결을 위한 회의가 열려 유대인 강제수송과 살육에 관한 조
항이 구체적으로 결정되었고 이러한 "최종 해결"이란 유대인의 신체적 몰살을
의미하는 것이 되었다.

　당시 에히트의 가르멜 수녀원에서 평온한 생활을 보내고 있던 에디트에게도
가족이나 친구들의 사망이나 박해라는 슬픈 소식이 속속 날아들었다. 1941년
11월 8일자의 편지에는 다음과 같이 적혀 있다.

　　전날 나와 친했던 학우인 한스 립스가 동부 전선에서 머리에 총상을 입었다고
　　알려와 수녀님들에게 쾌유의 기도를 신신당부했었는데 어제 그의 사망 통지가
　　내게 왔습니다. 그는 두 딸을 남겼는데 이 딸들에게 그는 아버지이기도 어머니
　　이기도 했습니다. 그의 아내는 일찍 세상을 떠났기 때문입니다.

　　　그리고 내 언니들도 간절히 기도를 필요로 하고 있습니다. 브레슬라우에 남아
　　있던 프리다 언니는 시골로 이송되어 다른 열한 명의 여자들과 함께 지붕 밑 다
　　락방에 갇혀 8시간 노동봉사를 의무적으로 하고 있는데 언니는 재봉실 일에 할
　　당되어 있습니다. 내 큰오빠 파울과 새언니는 곧 강제노동을 하게 될 것으로 예

상됩니다. 그들이 미국으로 이주할 수 있도록 미국에 있는 친척들이 백방으로 알아보고 있지만 아직까지는 일이 잘 되고 있지 않습니다.[28]

유대인 근절이라고 하는 히틀러의 이데올로기적 광신에 대항할 수 있는 세력은 전혀 없었다. 가톨릭 교회도 결국 조직 전체로 히틀러에게 맞서는 자세를 보일 수 없었다. 쾰른과 에히트의 가르멜회에서도 에디트의 신변 안전이 염려되고 두려워 그녀가 더 이상 네덜란드에 머문다는 것은 곤란하다고 생각했다. 그래서 수녀원에서는 스위스로 도피시킬 가능성을 찾아 에디트의 친구를 통해 스위스의 프리불 근교에 있는 르 빠끼에(Le Paquier)의 가르멜 수녀원과 교섭하게 되었다. 르 빠끼에의 원장수녀는 곧바로 공동체에 이 일을 건의하여 에디트를 받아들이기로 승낙했는데 그러나 이 수녀원은 가르멜회의 회칙에 의해 정해진 수녀 정원을 초과할 수 없어 에디트의 언니인 로자를 외무담당 수녀로 받아들일 수 없다고 판단하고 로자를 위해 스위스에 있는 가르멜 제3회에 받아주도록 타진해 보았다. 두 자매가 스위스로 이주하기 위해서는 몇 가지 서류와 수속이 필요했는데 로자를 받아들인다는 제3회 장상의 허가서, 스위스 연방 경찰 외사계로부터의 두 자매의 스위스 입국 허가와 비자, 그리고 소관 교구 주교의 공식 승인서, 로마 교황청 수도회 담당부로부터의 인가를 신청하는 그 사이에 귀중한 시간은 흘러갔다.

에디트 자신도 스위스로 몸을 피해 신변의 안전이 지켜지기를 바라고 있었을 것이다. 아무튼 워낙 사태가 긴박했으므로 네덜란드의 팔켄부르그의 예수회 사제들은 비록 비합법적인 형식으로라도 지체하지 말고 스위스로 피할 것을 에디트에게 권했다. 그러나 에디트는 합법적으로 네덜란드를 떠나 스위스에서 받아들여지고 언니 로자와 함께 이주하게 되기를 강하게 요청했기 때문에 그 일은 쉽게 실현될 가망이 없었다. 편지에는 당시의 에디트의 심경이 이렇게 적혀 있다.

---

28. Brief 328 vom 18.11.1941 an Mutter Johanna van Weersth OCD, SB II 165-166.

이 수개월 동안 나는 마태오 복음 10,23의 "이 동네에서 너희를 박해하거든 저 동네로 피하여라"라는 말씀을 종이에 써서 마음에 새기고 있습니다. 르 빠끼에 의 건에 대해서는 아직 교섭중입니다. 그렇지만 나는 십자가의 성 요한에 관한 글을 쓰고 있으므로 이밖의 모든 일은 아무래도 좋다고 여기고 있습니다.[29]

스위스는 내 언니와 나를 위해 문을 열어주고 있습니다. 스위스의 프리불 주 르 빠끼에 있는 하나뿐인 봉쇄 가르멜 수녀원은 나를 받아주고 그곳에서 한 시간쯤 떨어진 거리에 있는 가르멜 제3 수도회는 내 언니를 받아들일 방침을 세웠습니다. 두 수녀원은 경찰 외사계에 평생 우리 두 사람을 받아들이고 그 책임을 지겠다고 보증했습니다. 그러나 출국 허가가 나오게 될지 어떨지는 아주 의심스러운 상태에 놓여 있습니다. 어떻든 많은 시간이 걸리겠지요. 설령 허가가 나오지 않는다 치더라도 나는 슬퍼하지 않을 것입니다. 두 번이나 정이 든 수녀원 가족들을 떠난다는 것은 쉬운 일이 아닙니다. 하지만 하느님께서 원하시는 것을 받아들일 각오가 돼 있습니다.[30]

사회를 휘감는 온갖 공포와 고통, 잔학한 죽음에의 위협 속에서도 에디트의 마음 속에 깊이 뿌리를 내린 하느님께 대한 신뢰를 뒤흔들어 놓는 것은 아무것도 없었다. 하느님의 뜻을 "이제"에 산다는 것이 에디트 생활의 기조가 되어 있었다. 에디트는 외부로부터의 불협화음이 들려오지 않는 듯 기도와 집필에 침잠한다. 모든 것이 자기에게 달려 있다는 듯 최선을 다하면서 한편으로는 전적으로 하느님께 위탁한다고 하는 삶의 태도로 기구하고 있었다. 앞을 내다볼 수 없는 불확실한 나날을 바로 눈앞에 두고 에디트는 그 어떤 일이 일어난다 하더라도 그것을 받아들일 마음의 준비를 하고 있었을 것이라고 생각된다. 에디트는 자기가 어딘가에 있는 강제수용소에 이송될지 모른다고 상정(想定)하고 있었던 것 같다. 언젠가는 자기에게도 닥칠 강제이송, 강제이주의 그날에 대비하

---

29. Renata 178.

30. Brief 329 vom 20.11.1941 an Mutter Johanna van Weersth OCD, SB II 166.

여 에디트는 추위와 빈 속으로 살아가기 위한 신체적 단련을 이미 에히트에서 시작하고 있었다고 그곳 수녀들은 증언하고 있었다.

이러한 에디트의 일련의 내적 생활을 지켜볼 때 거기에는 에디트의 영성의 핵심에 자리잡고 있는 것이 뚜렷이 나타난다. "에디트는 신비가였을까요"라는 물음에 대해 에히트에서 에디트를 알고 지낸 수녀들은 이렇게 대답하고 있다.

> 확실히 에디트는 기도의 사람이었습니다. 그녀가 기도 속으로 깊이 침잠해 가는 모습은 대단히 인상적이었습니다. 하지만 에디트가 많은 신비적인 조명이나 시현을 받고 있었다고는 생각되지 않습니다. 다만 그녀가 그 어떤 어려운 상황 속에 있었어도 결코 잃어버리는 일이 없었던 내적 평화는 하느님과 깊이 결합된 사람임을 밝혀주고 있었습니다. 그녀의 내면에 스며 밖으로 빛나는 그 깊은 평화는 언제나 하느님께 대한 신뢰를 잃지 않고 하느님의 뜻에 충실한 사람으로서의 삶의 태도를 나타내는 데 충분한 것이었습니다. 그 언제나 하느님과 깊이 결합돼 있는 사람이라는 의미에서 에디트는 신비가였다고 생각합니다.

에디트는 신비가의 생활, 신비적인 기도라는 것에 대하여 다음과 같이 말하고 있다.

> 신비가란 교회의 가르침을 체험적으로 알고 있는 사람을 가리키는 데 지나지 않습니다. 그러한 사람의 영혼 안에는 하느님께서 살고 계십니다. 교회의 가르침에서 영감을 받고 하느님을 탐구하는 사람은 누구든지 그 끝에 가서는 신비가가 찾아간 것과 똑같은 길을 걷게 됩니다. 신비가는 감각의 영역과 기억의 이미지 그리고 지성의 자연적 작용으로부터 동떨어져 내적인 자기 자신의 적나라한 고독으로 물러나서, 숨어 계신 모습으로 현존하시는 하느님께 성령으로 충만된 사랑의 눈길을 돌립니다. 주님께서 믿음을 눈으로 볼 수 있는 것으로 변화시켜 주실 때까지 신비가는 "주님의 안식처"에서 깊은 평안함 속에 머무는 것입니다.[31]

---

31. EeS 407-408.

"내 명상은 많은 경우 영적인 고양(高揚)을 받는 게 아니라 대단히 조심스럽고 단순한 것에 지나지 않습니다. 명상 속에서 얻게 되는 가장 좋은 것은 지상의 집인 이 장소가 주어졌다는 것과 영원한 집으로 돌아갈 수가 있다는 것에 대한 감사의 정입니다."[32] 에디트가 회심의 때 이래로 강하게 끌려온 아빌라의 성녀 데레사와 그리고 지금 모든 노력과 시간을 바쳐 그 연구에 전념하고 있는 십자가의 성 요한은 가르멜의 높고 깊은 신비스런 세계로 우리들을 이끈다. 이러한 가르멜의 영성의 진수는 흔하고 가까운 일상생활 속에서 그리고 하느님께서 배반당하시고 부정당하시는 세계의 한가운데에서 몸으로 증거함에 있다는 것을 에디트는 애써 말하려 하고 있다.

에디트의 전생애를 돌이켜볼 때 거기에는 두 개의 큰 기축(機軸)이 겹쳐져 함께 있음을 알 수 있다. 그것은 "하느님께로부터의 사랑"과 "하느님께 대한 사랑"이라는 하느님과 인간이 서로 주고받는 사랑의 일치에로 이르는 길이다. 에디트는 젊어서부터 하느님을 알지 못한 채 진리탐구에 불타고 있었다. 그러나 진리를 찾는 길이 하느님께서 자기를 찾고 계시는 길에 있음을 알게 되었을 때 에디트는 자기가 전적으로 하느님의 것이 되고 싶다고 생각하게 되었다. 그리하여 에디트는 십자가의 성 요한의 말 ─ "영혼이 하느님을 찾아 구하면 하느님이신 사랑하는 이는 훨씬 크고 뛰어난 사랑으로 그 영혼을 찾아 구하신다" (『사랑의 산 불길』 제3의 노래 82) ─ 을 온몸으로 살게 되는 것이다.

에디트의 영성의 핵심을 나타내고 있는 말은 "헌신"(Hingabe)이라고 에디트가 부르는 것이리라. "헌신"이라는 말은 에디트의 편지나 영적 저작 속에 빈번하게 나온다. 바로 이 "헌신"이라고 하는 간결한 표현 속에는 자기의 모든 것을 다 하느님께 드리고 싶다는 에디트의 소망과 함께 이러한 그녀의 소망이 아직 그리스도를 모르는 사람들, 겨레와의 가교가 되어 새로운 형제들과 함께 그리스도의 길을 걷고 싶다고 하는 그녀 특유의 사도적 의식이 함축되어 있다. 에디트가 "헌신"에 대해 말하고 있는 몇 가지 구절들을 인용해 보자.

---

32. Brief 182 vom 17.10.1934 an Mater Petra Brüning OSU, SB II, 18.

사랑은 가장 깊은 의미에서 자기 자신의 존재를 나눠주며(Hingabe), 사랑하는 이와 하나가 되는 것입니다. 하느님의 성령, 하느님의 사랑, 즉 하느님 자신이 성부의 뜻을 행하는 사람을 아시고 사랑하시게 됩니다. 왜냐하면 하느님께서 구하고 계신 것을 가장 깊은 헌신(Hingabe)의 마음씨로 행함으로써 하느님의 생명은 그 사람의 생명이 되고 그 사람은 자기 안에서 하느님을 찾아내게 되기 때문입니다.[33]

하느님께 자기 자신을 바친다는 것(Hingabe)은 동시에 하느님께로부터 사랑받고 있는 자기 자신과 모든 피조물 특히 하느님과 관계가 있는 모든 정신적 존재에 대해서 스스로 바친다는 것입니다.[34]

하느님께 드리는 한없는 사랑에 의한 자기 양여(讓與, Hingabe)와 하느님께로부터 받는 보답의 선물은 기도가 도달할 수 있는 가장 높은 단계입니다. 이러한 단계에 도달한 영혼은 참으로 교회의 심장이 되어 거기에는 대사제이신 예수님의 사랑이 넘치게 되는 것입니다.[35]

에디트는 여기에서 성성(聖性)의 핵심에 대하여 언급하고 있다. 자기 자신을 전적으로 하느님께 바친다는 의미로서의 "헌신"(Hingabe)은 단지 이상적인 영적 행위나 미덕으로 이해될 것이 아니라 인간 존재의 본연의 자세를 그 근저에서 잡도록 하는, 말하자면 전 인격의 중심이 되는 사랑의 충만이라는 것이다. 에디트가 말하는 헌신, 완전한 자기 증여는 하느님과 인간과의 관계에서의 개인적인 일치에 그치지 않고 공동체적·사도적 확장을 가리킨다. 그리하여 이 길이야말로 성화(聖化)와 신비적 일치에로 이르는 문을 여는 입구임을 에디트는 강조하고 있다.

---

33. EeS 410.   34. EeS 420.

35. Edith Stein, Das Gebet der Kirche, in: Edith Steins Werke, Bd. XI, 22.

그리스도인이 자기를 봉헌한다는 것은 막연한 것이나 집합적인 것 속으로 자기를 소멸시켜 비인격화되는 것을 의미하고 있는 것이 아닙니다. 하느님께 대한 전적인 자기 봉헌(Hingabe)에 의해서 인격은 더 높아지고 인격이 지닌 그 껍데기가 깨어져 존재의 확충 속으로 들어가 그렇게 됨으로써 여러 가지 일이나 사람들 사이에서 다해야 할 역할이 주어지게 되는 것입니다.[36]

아빌라의 성녀 데레사가 자기의 의지를 포기하고 하느님의 뜻을 따른다는 것을 하느님과의 일치에로 이르기 위한 본질적인 요소라고 생각하고 있는 것은 어떤 것에 바탕을 두고 있는 것일까요. 우리들의 의지를 포기하는 것을 하느님께선 모든 사람들에게 달성 가능한 일로서 요구하고 계시는 것입니다. 헌신(Hingabe)이라고 하는 것은 우리들 성성(聖性)의 척도입니다. 또한 그것은 동시에 우리들의 힘에 의하지 않는, 하느님께서 자유로이 주시는 신비적 일치에 이르기 위한 전제이기도 한 것입니다.[37]

---

36. EeS 462.　　　　　　　37. WP 67.

5. 아우슈비츠에서의 죽음

1941년 가을에 반제 회의에서 유대인 문제의 최종 해결책으로서 강제수송, 대량 학살이 결정된 이후로 유럽 전역에는 수많은 전멸 수용소가 설치되었다. 당시 유대인의 이송은 사람들 눈에 띄지 않는 방법으로 세심한 주의를 기울여 가며 시행되었다. 유대인은 가장 조직적으로 또한 능률적인 방법으로 체포되고 수용되고 살육되고 화형을 당했다. 이러한 나치의 반유대주의의 비인도적인 행위에 대하여 당시의 그리스도 교회, 가톨릭 교회가 보인 대응은 어떠했는가.[38] 원래 성서가 가르치는 그리스도인과 교회는 세상의 부정, 억압, 인권 침해에 대해서는 의연한 태도를 표명하고 그리스도의 복음에 반(反)하는 것에 마땅히 저항도 불사해야 하는 것이다. 1933년에 교황청과 나치 정부 사이에 체결된 정교조약 이래로 가톨릭 교회는 공공연하게 정치적인 발언을 할 수 없는 처지에 놓여 있었다. 그것과 맞바꿔 그 나라에 사는 가톨릭 신자들은 양심적인 신자로서 생활할 수 있도록 보장을 받았다. 1937년 비오 11세는 히틀러 정부의 처사에 대하여 우려를 표명하는 회칙을 발표하긴 했지만 그것도 수동적인 저항에 그쳐 나치 정부의 움직임을 무찌르는 것이 되지 못했다. 정부의 처사에 대해 과감하게 맞서 공개적으로 비난의 자세를 보인 독일 국내의 추기경이나 주교들도 적잖이 있었지만 그 이상 노골적으로 저항하면 가톨릭 신자들에게 막대한 위해(危害)가 가해질 것을 두려워한 가톨릭 교회는 진실을 알 수 없다는 이유를 내세워 나치 테러리즘에 대해 침묵을 지켰다.

이러한 분위기 속에서 나치에 저항하려 한 사람들은 초조와 격분으로 불타고 있었다는 것도 사실이다. 이 무렵 갖가지 저항운동[39]이 일어나 알프레드 델프 신부, H. 폰 몰토케, 디트리히 본회퍼 목사 같은 이들은 정부 전복운동을 비밀

---

38. 雨宮榮一 『ユダヤ人虐殺とドイツの教會』(教文館 1987) 참조.

39. 小林正文 『ヒトラ-暗殺計劃』(中公新書 1984); ボンヘッファ-/ライプホルツ 『ボンヘッファ-家の運命』, 初窪 역(新教出版社 1985); ペトリ 『白バラ抵抗運動記錄』 關 역(未來社 1984); 그밖의 다수 문헌 참조.

리에 계획하고 있었다. 또한 뮌헨의 지식인, 학생들은 인도적인 입장에서 "백
장미 그룹"을 조직하여 반나치 전단을 뿌리는 활동을 시작하고 있었다.

　이러한 나치에 대한 교회의 태도, 여러 가지 저항운동과 대비시키면서 에디
트의 유대인 박해에 대한 생각과 다가올 자기의 죽음에 대한 각오를 생각해 볼
때 거기에는 에디트의 독자성 — 울타리 속에서 생활하는 가르멜리트의 순교
정신이 돋보이게 된다. 에디트의 나치즘에 대한 명확한 저항의 자세를 알 수
있는 사실의 기록은 두 가지가 있다. 그 하나는 1938년의 국민투표 때 히틀러
는 하느님의 적이므로 그에게 투표하지 말도록 수녀들을 설득한 것이고, 또 하
나는 1942년 1월 스위스 이주를 신청하고 나서 네덜란드의 마스트리히트의 게
슈타포에 출두 명령을 받고 게슈타포 사무실에 들렀을 때에 "하일 히틀러!"라
는 게슈타포의 인사에 대해서 과감하게 "찬미 예수"라고 맞받았던 일이다.[40] 에
디트는 이 일을 수녀원장에게 보고하면서 나치의 강대한 권력과의 싸움은 그리
스도와 악마 루시펠과의 싸움을 상징하는 것이라고 말했다고 한다. 에디트가
원장수녀에게 남긴 유서 속에서도 "내 죽음의 희생을 예수 그리스도의 성심에
바치게 해주십시오"라고 언명하고 있듯이, 에디트에게 있어서 나치와의 싸움의
근거는 정치가 아니라 어디까지나 그리스도에 대한 충성과 신앙에 있었다. 나
치즘은 이제 정치적인 이데올로기이기를 넘어서 그 행동은 비인도적이며 인간
의 존재를 위협하는 것이 되었다. 여기서 에디트의 고찰은 이렇게 계속된다.
— 그리스도가 만일 이 유대인 박해의 시대에 사셨다면 유대인인 그 자신이 박
해를 받고 희생이 되어 있었을 것이라고. … 나치의 유대인 박해자는 그리스도
를 박해하는 자이며 유대인 학살에 의해 그리스도가 다시 한번 십자가에 못박
히시려 하고 있다고. 이렇게 고통받고 박해받고 십자가에 달리신 그리스도와
함께 자기 스스로도 고통과 박해와 죽음을 받아들인다면 그것은 그 어떤 정치
운동이나 폭력에 의한 저항보다도 훌륭하며 악을 선으로 변화시켜 모든 사람들
에게 화해를 안겨주는 힘이 될 것이라고 에디트는 생각하고 있었던 것이다.

---

40. Renata 346.

　1942년은 이미 여름철에 접어들고 있었지만 에디트의 스위스로의 이주 수속
은 마냥 늑장을 부리고 있었다. 이제 유대인의 강제수송은 에디트와 아주 가까
운 가족들에게까지 미쳐 언니 프리다와 오빠 파울이 가족들과 함께 텔레젠슈타
트의 강제수용소에 수송되었다는 소식이 들어와 에디트에게 큰 충격을 주었다.
그 무렵 네덜란드 주교단과 히틀러의 대리인인 판무관 사이에는 긴박한 관계가
조성되었다. 1942년 7월, 네덜란드의 주교단은 히틀러의 판무관에게 전보를
보내 강제수송은 하느님의 정의와 자비를 배반하는 행위라고 강도높게 비판하
고 즉각 중지할 것을 호소했다. 이러한 요구에 대하여 나치당 위원장인 슈미트
는 그리스도교 신자 유대인은 강제수송에서 제외된다고 하는 양보를 보였다.
그럼에도 유대인 강제수송은 더욱더 격증하기만 했으므로 네덜란드 주교단은
다른 그리스도 교회와도 단합하여 나치의 비인도적 행위에 대한 항의교서를 7
월 26일 모든 교회에서 공표하도록 결정했다. 이 교서의 내용을 사전에 안 히
틀러의 판무관은 교서의 철회를 요구했지만 이미 교서는 각 교회에서 회람되고
있었다. 그리하여 7월 26일의 주일미사 때 읽힌 교서의 내용은 다음과 같다.

　　우리들은 정신적으로나 물질적으로나 커다란 고난의 시대를 체험하고 있습니다.
　그 하나는 유대인들의 고난이고 또 하나는 외국에서 강제노동을 하고 있는 사람
　들의 고난입니다. 이들의 고난에 대해서 알려야 하겠습니다. 그래서 네덜란드의
　주교단은 다른 교회와도 협력해서 점령국의 권위에 맞서게 될 것입니다. …
　　친애하는 형제 자매 여러분, 깊은 겸손과 슬픔의 심정으로 반성해 보십시다.
　우리들 자신도 이러한 고통에 대해서 책임이 있는 것이 아닐까요. 우리들은 언
　제나 먼저 하느님의 나라와 그 정의를 구하고 있는 것일까요. 우리들은 이웃에
　대해서 정의와 자비가 요구하는 것을 실천해 온 것일까요. … 하느님께서 하루
　바삐 이 세상에 정의와 평화를 가져다주시기를, 그리고 오늘 시련 속에 있는 이
　스라엘 백성들을 굳세게 해주시고 그들을 예수 그리스도 안에서 성취되는 참된
　구원으로 이끌어 주시기를 기도합시다. … 고통과 억압 속에 있는 사람들, 체포
　되고 수용되어 있는 사람들, 목숨이 위태롭게 되어 있는 사람들, 그 모든 이들

을 위해 기도드립시다. 주님, 당신에게 의탁하여 호소하는 사람들의 기도를 들어주소서.[41]

이 교서는 가톨릭 교회의 나치즘에 대한 공개적인 항의이며 나치의 잔악한 행위에 대한 비난을 의미하고, 교회는 고통받고 박해받는 사람들 편에 서 있다는 것을 표명하고 있었기 때문에 네덜란드 국내에 센세이션을 불러일으켰다.[42] 이러한 교회의 용감한 증언을 칭찬하는 사람들도 많았지만 다른 한편에서는 그 보복을 두려워하기도 했다.

일주일이 지난 8월 2일, 두려워하고 있던 대로 나치의 가톨릭 교회에 대한 보복이 현실화되었다. 히틀러의 판무관은 유대인 가톨릭을 최대의 적으로 간주하고 그들을 조속히 동쪽으로 수송하겠다고 포고했다. "동쪽"이란 강제수용소를 넌지시 가리키는 말이었다. 그날 네덜란드 국내의 유대인 가톨릭 신자들, 사제들, 수도자들은 속속 체포되고 수용소로 연행되어 암흑의 유대인 사냥이 진행되었다.

8월 2일, 에히트의 가르멜 수녀원에서는 평상시대로 그날의 일과가 진행되고 있었다. 수녀들에게 유대인 가톨릭 사냥에 대하여는 아무것도 알려지지 않고 있었다. 그날은 눈부신 여름 햇살이 내리쬐는 주일이었다. 에디트는 이 날도 『십자가의 학문』을 쓰는 데 여념이 없었다. 에디트가 심혈을 기울여서 쓰고 있는 이 저작은 거의 그 마지막 페이지에 이르고 있었다. 그때 쓰고 있던 것은 십자가의 성 요한이 임종하는 장면이었다. 에디트는 성 요한의 죽음을 극명하게 묘사하고 난 뒤에 이렇게 말하고 있다.

이러한 죽음에는 십자가상의 예수 그리스도께서 머리를 숙이신 신성한 자유라는 것이 있는 게 아닐까. 그 최초의 성 금요일에 십자가 위에서 숨을 거두신 이는

---

41. Hirtenbrief der niederländischen Bischöfe vom 20.7.1942.

42. Vgl. Ambrosius Eszer, Edith Stein, Jewish catholic Martyr, in: Carmelite Studies IV (Washington, D.C. 1987), 314-316.

참으로 하느님의 아들이셨다는 표지와 경탄이 표현됐던 것처럼 지금 성 요한의
죽음에 대해서도 하느님께서는 선량하고 충실한 종이 주님의 기쁨 속에 들어갔
음을 증명해 주셨다. … 성부께서는 빛 속에서 하늘로 그를 불러가신 것이다.[43]

십자가의 성 요한의 임종과 죽음에 관해 쓰고 있는 에디트의 마지막 글에는 그
녀 자신의 신변에 닥쳐오는 죽음을 암시하는 것이 있다. 에디트는 그날 죽음에
관하여 — 죽음에서 부활로, 어둠에서 빛으로의 이행(移行)의 신비에 관하여
묵상하고 있었을 것이다.

(다음은 수녀원장 안토니아 수녀의 회상 기록을 기본 자료로 한다.)

오후 다섯시, 저녁 성무일도를 드리기 위해 수녀들은 성당에 모였다. 때마침
에디트가 그날의 성서 봉독을 하고 있었는데 수녀원장을 찾는 초인종이 울렸
다. 응접실에는 두 남자가 기다리고 있었고 에디트에 대해 물었다. 수녀원장은
스위스로 출국하는 것이라고 생각하여 곧장 에디트를 불러냈다. 에디트가 나타
나자 친위대원(SS)이라고 신분을 밝힌 이들은 5분 이내에 수녀원을 떠나야 한
다고 에디트에게 명령했다. 에디트는 "그렇게는 할 수 없습니다. 우리들은 엄
격한 봉쇄 구역에서 살고 있으니까요"라고 대답했다.

"이 격자문을 열고 어서 나와요."

"그렇다면 먼저 당신들이 어떻게 해야 격자문을 열 수 있는지 보이십시오."

"수녀원장을 불러요." — 이렇게 격한 대화가 오고갔다. 원장인 안토니아 수
녀가 다시 불려나왔다.

"슈타인 수녀는 5분 이내에 이 수녀원에서 나와야 합니다."

"그것은 불가능합니다."

"그럼 10분 이내에, 우린 시간이 없어."

"두 사람의 슈타인 자매는 스위스의 수녀원으로 옮겨가도록 결정이 났고 모
든 수속 절차가 준비되어서 독일에서의 허가만을 기다리고 있는 상태입니다."

---

43. KW 279.

"그런 건 나중에 생각합시다. 아무튼 슈타인 수녀는 여기서 나오도록 해요. 몸차림은 다시 해도 좋고 지금 그대로라도 좋아요. 담요와 컵, 스푼 그리고 3일분 식량을 마련해 줘요."

안토니아 수녀는 그래도 불복하는 태도를 굽히지 않자 친위대원은 말했다.

"만일 슈타인 수녀가 여기서 떠나지 않는다면 당신들의 이 수녀원에 어떤 일이 일어날지는 뻔해."

"그러면 적어도 30분은 주셔야지요."

"그건 안돼. 우리들에겐 시간이 없단 말이야."

"막무가내로 강요한다면 우리들은 하느님의 이름으로 그대로 하지요."

에디트는 수녀들이 성무일도를 드리고 있는 성당에 잠시 들러 제대 앞에 무릎을 꿇고 "부디 기도해 주십시오"라고 나지막이 말하고는 떠날 준비를 하기 위해 자기의 수실로 돌아갔다. 두세 명의 수녀들이 짐꾸리는 것을 도왔다. 에디트는 "지금 곧 하그에 있는 스위스 영사관에 편지를 보내 입국 허가를 받아 주서요"라고 부탁했는데 그렇게 말하면서도 에디트는 반은 방심상태에 있는 것 같았다. 다른 수녀들은 간단한 음식물을 열심히 준비하고 있었다. 그러는 동안에 시간이 되었다. 금역을 **나오는** 문 앞에서 에디트는 로자와 함께 무릎을 꿇고 원장수녀로부터 최후의 **강복**을 받았다. 수녀들도 모두 모여 두 사람에게 작별인사를 했다. 간단한 말 **몇** 마디도 못한 이별이었다.

에디트와 로자는 밖으로 **나왔다.** 수녀원 앞에 모인 사람들은 별안간에 쫓겨나듯 나오는 두 사람을 **보며 어리**둥절할 뿐이었다. 에디트는 침착했었지만 로자 쪽은 공포로 부들부들 **온몸**을 떨고 있었다. 이때 에디트는 로자의 손을 잡고 "자, 갑시다. 언니. 우리들의 백성을 위해서 …"라고 아무 거리낌없이 짧게 말하곤 차에 올라타는 것을 **가까**이에 있던 사람이 목격하고 기억하고 있다.

눈물도 허락되지 않는, **깊은** 슬픔에 빠질 겨를도 없는 돌연 닥친 작별이었다. "우리들의 백성을 **위해서**" 겨레가 기다리고 있는 곳으로 에디트는 떠나갔다. 최소한의 짐밖에 몸에 지니고 있지 못했지만 하느님께서 언제나 함께 계시다는 확신이 에디트에게 그 무엇과도 비길 수 없는 용기와 위로를 주었으리라.

1942년 8월 2일, 게슈타포에 의해 연행된 에디트와 로자의 행방은 며칠 동안 알려지지 않은 채 불명이었다. 에히트의 가르멜 수녀들은 점점 더 불안해했고 온 정성을 다해 밤낮으로 기도를 드렸다.

그러는 사이 8월 5일, 수녀원에 한 통의 전보가 날아들었다. 북네덜란드의 베스테르보르크(Westerbork) 집단수용소의 유대인 협의회에서 발신된 것으로 "즉시 따뜻한 옷가지들, 담요, 의약품을 보내주실 것"이라고 적혀 있었다. 이 전보로 수녀들은 잠시 안도와 희망을 가질 수 있었다.

그후 판명된 에디트의 경로는 다음과 같다. 8월 2일에 에히트의 수녀원에서 연행된 에디트와 로자는 게슈타포의 차로 유대인 집결 장소인 아메르스포르트(Amersfoort)를 향해 떠나 한밤중에 도착했다. 두 사람을 연행하는 차 속에서 독일인 친위대는 그들에게 예의바르고 친절하게 대했지만 일단 아메르스포르트에 도착하자 잡혀온 사람들 누구에게나 거칠게 총을 들이대고 가혹하게 취급하며 식사조차 지급하지 않은 채 바라크에 처넣었다. 아메르스포르트에서 개신교 유대인들과 혼혈 유대인들은 석방되었지만, 천이백 명 남짓한 가톨릭 유대인들은 8월 4일 밤 베스테르보르크의 집단수용소로 이송되었다. 나치에 항의하는 교서를 발표한 네덜란드 주교단에 대한 보복이 한결 명백해진 것이다.

독일과의 국경에 가까운 네덜란드 최북단에 자리잡은 베스테르보르크 수용소는 유대인 사냥에 의해 네덜란드 각지에서 조직적으로 연행된 유대인들을 살육수용소로 이송하기 위한 중계수용소였다.[44] 히틀러는 유대인 몰살을 될 수 있는 한 원활히 실행하기 위해 유럽 전역에 강제이송의 거점이 되는 중계수용소를 설치한 것이다. 기록에 의하면 1942년 7월부터 1944년 9월 사이에 이 베스테르보르크 수용소로부터 매주 천 명 이상의 유대인들, 남녀노소 할 것 없이, 병자나 갓난애 할 것 없이 닥치는 대로 빈틈없이 실린 긴긴 화물열차가 아우슈

---

44. 네덜란드계 유대인들이 아우슈비츠로 수송되는 최종 중계소가 된 베스테르보르크 수용소에서 1942년 7월부터 1943년 11월까지 직원으로 일한 에티 힐렘은 그의 서간 속에서 베스테르보르크 수용소의 상태를 말하면서, 1942년 8월 에디트를 비롯한 가톨릭 유대인 성직자들이 수용소에 도착한 당시의 일을 적고 있다. エティ・ヒレム『生きることの意味を求めて ─ エティの手紙』大社 역(晶文社 1989) 59-61, 253쪽.

비츠를 향해 출발했다. 에디트가 막 이곳에 도착했을 당시는 아우슈비츠에로의 강제이송이 가장 비인도적으로 실시되기 시작한 시기에 해당된다.

베스테르보르크 수용소에 수용된 사람이 맨 처음 살펴보게 되는 것은 진흙탕 투성이인 황량한 평지를 둘러싸고 있는 철조망과 반 평방 킬로미터의 부지 안에 빈틈을 두지 않고 빽빽이 들어선 목조 바라크들 그리고는 도처에서 노려보고 있는 무시무시한 감시탑들이었다. 가끔씩 기관총 소리가 연속으로 울리는 그 속에서 극도로 혼잡한 바라크에 수용된 사람들은 공포나 절망 때문에 심한 대혼란 속에 빠져 그곳에는 마치 생지옥 같은 광경이 펼쳐지고 있었던 것이다.

에디트는 베스테르보르크에 도착한 날, 에히트의 수녀들에게 다음과 같은 편지를 보내고 있다.

베스테르보르크, 바라크 36에서. 1942년 8월 4일.

경애하올 원장수녀님, 수녀님들에게.

오늘밤 우리들은 중계소인 아메르스포르트를 출발해 이곳에 도착했습니다. 여기서 우리들은 호의적으로 받아들여지고 있습니다. 왜냐하면 이곳에는 가톨릭 신자들이 수용되어 있어서 이 공동 침실에 있는 이들은 모두가 수녀들입니다. 두 사람의 트라피스트회 수녀와 도미니꼬회 수녀, 루트 칸트로비체와 알리스 라이스 그리고 마이로프스키 박사 등이 수용되어 있습니다. 필요한 경우가 생길지 모르겠으므로 우리들의 신분증명서, 가계(家系)표와 빵의 배급표를 보내주실 수 없을까요. 우리들은 아직까지는 마음의 동요 없이 지내고 있습니다. 명사의 주소를 찾아서 연락을 취해 주시겠습니까. … 우리들은 참으로 침착하게 잘 지내고 있습니다. 물론 현재로서는 미사나 영성체는 없습니다. 좀 있으면 가능하게 될지도 모릅니다. 우리들은 지금 내면으로부터 맑고 깨끗하게 살 수 있도록 조금씩 경험을 쌓고 있는 것입니다. 여러분에게 안부 잘 전해주십시오. 또다시 곧 소식을 드릴 수 있게 되리라고 생각하고 있습니다.

예수 성심 안에서, 당신의 베네딕타 수녀 올림.[45]

---

45. Brief 340 vom 4.8.1942 an Mutter Ambrosia Antonia Engelmann OCD, SB II 176.

이때의 에디트는 수용소 생활이 오랜 기간 계속될 것이라 짐작하고 스위스로 이주할 수 있는 가능성을 아직은 단념하고 있지 않았던 것 같다. 그러나 그 이 틀날 편지에는 비관적 전망과 긴박한 사태를 알리고 있다.

> 베스테르보르크, 바라크 36에서. 1942년 8월 5일.
> 오늘 적십자사 간호원이 영사에게 말해주기로 했습니다. 그러나 어제부터 가톨릭 유대인을 위한 모든 신청은 금지되었습니다. 아직은 외부에서 뭔가를 시도해 볼 수 있을는지는 모르겠지만 희망은 거의 없다고 보아야 할 것입니다. 오는 금요일에는 수송이 시행될 것 같습니다. 우리는 여러분의 기도를 필요로 하고 있습니다. 위로를 구하고 있는 많은 이들이 수녀님들을 믿고 의지하고 있습니다.
> 예수 성심 안에서 감사를 드리며, 당신의 베네딕타 수녀 올림.[46]

그리하여 강제수송이 시행된 전날인 8월 6일. 에디트는 재차 편지를 보내고 있지만, 이 편지가 그녀의 절필(絶筆)이 되었다.

> 예수 마리아. 베스테르보르크, 바라크 36에서. 1942년 8월 6일.
> 경애하올 원장 수녀님.
> 어느 수녀원의 원장수녀님이 어제 저녁 이곳에 수용된 자매 수녀에게 물건들을 가져다주러 오셨기 때문에 그이 편에 이 편지를 보내게 되었습니다. 내일 새벽 최초의 수송이 있게 됩니다(실레지아 쪽인지 체코슬로바키아 쪽인지 모르겠습니다). 가장 필요로 하고 있는 것은 털양말과 담요 두 장입니다. 그리고 로자를 위해서 따뜻한 속옷과 세탁한 의류. 우리 둘에게는 수건이 필요합니다. 로자는 칫솔도 없는데 십자가와 묵주조차 가져오지 못했습니다. 내게는 최근에 나온 성무일도서를 보내주셨으면 정말 고맙겠습니다(지금까지 마음 속으로 기도할 수 있었습니다). 그리고 또 우리들의 신분증명서, 가계표와 빵 배급표도 … .

---

46. Brief 341 vom 5.8.1942 an Mutter Ambrosia Antonia Engelmann OCD, SB II 177.

진심으로 감사를 드리고 있습니다. 에히트의 수녀님들 모두에게 안부 잘 전해
주시길.   베네딕타 수녀 올림.[47]

베스테르보르크 수용소에서의 며칠 동안은 에디트에게 어떤 나날이었을까. 이
미 그곳에는 가르멜의 고요함도, 개인 방도 그리고 미사도 없었다. 그 살벌한,
모든 인간성을 송두리째 빼앗긴 그런 장소에서 에디트는 무엇을 생각했으며 무
엇을 기도하고 있었던 것일까. 가혹한 시련에 의하여 씻겨지고 깨끗해진 영혼
의 가장 깊은 곳에 은총이 가득 쏟아진 것일까. 에디트와 하느님 사이에서 마
지막으로 나눈 친밀한 대화는 아무도 모르는 베일에 싸여 있다. 강제수용소라
는 삶의 폐허에서도 에디트에게서 넘쳐나오는 기도의 힘과 사람들에 대한 자비
는 주위 사람들의 가슴 속 마음에 뜨겁게 닿았던 것 같다. 그 당시 에디트와
함께 지낸 몇 사람들은 다음과 같이 말하고 있다.
　베스테르보르크에 수용되었지만, 죽음을 면하고 용케 살아남은 도미니꼬회
사제의 어머니 브롬베르그(Bromberg) 부인은 이렇게 회상하고 있다.

　에디트 슈타인과 다른 수녀들과의 차이는 그녀에게서 넘치도록 풍기는 정밀함
— 그 고요함·평안함이었습니다. 그녀는 깊은 슬픔 속에 침잠해 있긴 했지만
공포로 떠는 기색은 전혀 보이지 않았습니다. 아마도 그녀가 당면한 고난이 너
무나도 컸었기 때문일 것입니다. 나에겐 그녀의 미소조차 가슴 아프게 느껴졌습
니다. 그녀는 거의 말하는 일이 없었는데 가끔 말로는 다할 수 없는 슬픔으로
언니 로자를 쳐다보고 있었습니다. 그녀는 앞으로 사람들에게 어떤 일이 일어날
지를 예견하고 있었던 것 같습니다. 수용된 사람들 중에서 그녀만이 독일 출신
이었으므로 다른 이들보다도 사태의 심각함을 짐작하고 있었으리라 여겨집니다.
다른 트라피스트 수녀들은 그때까지도 해외 선교사업 같은 것을 화제로 삼고 있
었는데 에디트는 닥칠 고난에 대해서 생각하고 있었을 것입니다. 자기의 고난에

---

47. Brief 342 vom 6.8.1942 an Mutter Ambrosia Antonia Engelmann OCD, SB II 178.

대해서는 이미 충분히 각오를 하고 있었지만 그녀는 다른 이들에게 닥칠 고난에 대해서 생각하고 있었던 것입니다. 그녀가 바라크에 앉아 있던 그 모습을 상기할 때마다 그리스도가 없는 피에타(Pieta)가 마음 속에 떠오릅니다.[48]

또 한 사람, 그때 그 수용소에 갇혀 있던 사람들 중에서 극소수의 생존자 가운데 한 사람인 율리우스 마르칸(Julius Marcan)은 이렇게 증언하고 있다.

수용된 사람들 중에서도 에디트 슈타인이 지니고 있던 그 침착함과 고요함은 두드러졌습니다. 수용소의 비참함은 언어로는 형언할 수 없는 것이었습니다. 특히 새로 그곳에 도착한 사람들은 극도의 공포로 떨고 있었는데 에디트 슈타인은 그러한 부인들에게 다가가 마치 천사처럼 그들을 위로하고 돕고 다독거려 주며 격려해 주고 있었습니다. 많은 경우 애엄마들은 거의 실성해서 아이들을 그대로 버려둔 채 며칠씩 비탄의 눈물 속에 잠겨 있었습니다. 에디트 슈타인은 곧바로 아이들을 돌보기 시작했으며 그녀는 아이들을 씻어주고 머리를 빗어주고 식사나 몸주체 등을 보살펴주곤 했습니다.[49]

"우리들의 백성을 위해서 갑시다"라는 말을 남기고 수녀원을 떠난 에디트에게 무신지대(無神地帶)라고도 할 수용소는 최후의 사도직을 위한 자리였다. 공포와 절망으로 거의 실성한 사람들을 돕고 달래주고 있는 에디트의 모습은 그녀의 기도가 궁극적으로 사도적인 열의와 하나가 되어 있음을 나타내고 있다.

에디트와 같은 바라크에 있던 울술라회의 루트 수녀를 면회하고 일용품을 건네주려고 갔던 사람은 에디트와의 만남을 다음과 같이 회상하고 있다.

루트 수녀는 우리들에게 가르멜회 수녀를 소개해 줬습니다. 그 수녀의 침착하고 온화한 모습은 내게 일종의 감명을 안겨주었습니다. 내가 동정하는 투로 그녀에

---

48. Renata 214   49. Renata 192.

게 몇 마디 말을 건넸을 때에 그녀는 "어떤 일이 일어난다 해도 나는 모든 일에 대해서 준비하고 있습니다. 예수님께서 우리들과 함께 계시기 때문입니다. …" 라고 말했고 헤어질 때에 굳게 손을 잡으면서 그녀는 나와 내 사랑하는 이의 머리 위에 하느님의 강복을 빌어주었습니다. 그리고 작별인사를 나눈 뒤 마지막으로 그녀는 "내 걱정은 하지 말아 주십시오. 모든 것은 하느님의 손안에 있으니까요"라고 덧붙이는 것이었습니다.[50]

한편 일용품을 보내달라는 전보를 받은 에히트의 수녀들은 곧 두 사람의 남자를 베스테르보르크로 파견했다. 이 두 사람은 수용소에서 에디트를 다시 만났을 때의 일을 이렇게 말하고 있다.

우리들은 저녁 다섯시 경에 호그할렌에 도착했습니다. 거기서부터 5킬로미터 떨어진 곳에 많은 바라크가 늘어서 있는 수용소가 있었습니다. 우리들은 네덜란드 경찰에 들러 전보를 보였습니다. 수분 동안 기다린 뒤에 높은 철조망이 달린 문이 열리더니 멀찍이 갈색 수녀복과 검은 베일의 베네딕타 수녀님과 그녀의 언니 로자의 모습이 보였습니다. 기쁨과 슬픔이 뒤섞인 감정이 솟구쳤습니다. 재회의 악수를 나누고서도 말이 입에서 나오지를 않았습니다. 두 자매는 에히트에서 온 사람들을 만날 수 있어서 매우 기뻐하는 모습이었습니다. 곧 긴장이 풀리자 우리들은 가르멜에서 가져온 물건들을 건네주었고 에히트의 수녀들 모두 열심히 기도드리고 있음을 전하자 베네딕타 수녀는 참으로 기뻐했습니다. … 그녀는 수용소에서 몇 사람인가 아는 사람을 만났다고도 했는데 베네딕타 수녀님은 대단히 침착한 모습으로 그 모든 일들을 말해주었습니다. 그때 그녀의 눈동자는 가르멜의 성녀 같은 빛을 띠고 있었습니다. 그녀는 모든 이들이 겪고 있는 고난에 대해 조용히 침착하게 말하고 있었지만 그녀 자신의 고통에 대해선 일체 말이 없었습니다. 그녀는 아직까지도 가르멜의 그 수녀복을 입고 있을 수 있다는 것

---

50. Renata 229.

이 기쁘고, 또 같은 바라크에 있는 수녀들도 마지막 순간까지 수녀복을 입을 수
있었으면 좋겠다고 생각하고들 있다고 말해주기도 했습니다. 수용소에 있는 사
람들은 그곳에 가톨릭의 사제나 수도자가 있다는 것을 기뻐하고 있는 것 같았습
니다. 수도자, 성직자의 존재는 모든 것을 빼앗긴 수용소 사람들에게 희망과 정
신적인 지주가 되었을 것입니다. 베네딕타 수녀는 말과 행동으로 사람들을 돕고
위로할 수 있다는 것을 기쁘게 생각하고 있었고 그녀의 깊은 신앙은 주위에 성
스런 신뢰의 분위기를 자아내고 있었습니다. 그녀는 원장수녀님에게 걱정하시지
말라고 전해주기를 당부했고 식사 때 이외에는 하루 종일 기도할 수 있다고 말
하는 것이었습니다. 식사나 친위대원들의 처우에 대해서 불평하는 소리는 들을
수가 없었습니다. 그렇지만 이 수용소에 앞으로 얼마 동안 억류되어 있게 될지
모른다는 것, 오늘(8월 7일) 중에 실레지아 쪽으로 수송될 것이라는 소문이 있
다는 것, 그러나 아무도 확실한 정보는 알 수 없다는 것 등을 말해주었는데 암
스테르담으로부터의 유대인 수송은 이 밤중에 시행될 것이라는 얘기를 들었다고
했습니다. 로자도 베네딕타 수녀의 격려에 힘입어 잘 지내고 있는 것같이 보였
습니다.[51]

사람들은 극도로 혼잡한 바라크 안의 삼단으로 쌓아올려진 침대 위에서 공포와
절망 속에서 생활했으며 잠못 이루는 밤들을 보내고 있었다. 그런 상황 속에서
"마음 속으로 잘 기도할 수 있었습니다"(에디트의 마지막 편지)라고 말할 수
있었다면 그것은 거의 기적에 가까운 일이었음에 틀림없다. 수송은 매주 정확
하게 규칙적으로 시행되고 있었다. 8월 7일 새벽, 베스테르보르크에 수용되어
있던 1,200명의 가톨릭 유대인들은 집합 명령을 받고 이송될 준비를 하도록
명해졌다. 출발 전의 명부 등록, 확인 절차가 진행되고 수송차의 각 화물차에
약 70명씩의 남녀, 어린이들, 환자들이 숨막힐 정도로 꽉꽉 실렸다. 그것이 끝
나자 화물차의 문들은 밀봉되고 그나마 있는 창문은 널빤지를 붙여 막아버리고

---

51. Renata 223.

공기 구멍을 냈다. 8월 7일 오전에 에디트와 로자를 실은 강제이송 화물차는 네덜란드에서 아우슈비츠를 향해 출발했다. 아우슈비츠로 가는 화물차 속의 에디트와 우연히 만난 사람들이 있다. 이들이 말하는 증언은 에디트의 마지막 모습을 연상케 한다.

8월 7일, 독일의 쉬퍼슈타트(Schifferstadt) 역의 역장을 하고 있던 포우케트[52] 씨는 플랫폼에 수많은 수인(囚人)들을 실은 화물차가 정차하고 있는 것을 보았다. 차량 속에서 검은 옷을 입은 여성의 얼굴이 좁은 틈으로 보였고 그녀는 그에게 이 마을에 사는 쉬빈드 일가(에디트의 뮌스터 시절의 친구)를 알고 있는가고 물었다. 그가 쉬빈드 씨는 학교에서 같이 공부한 친구라고 대답하자, 이 여성은 에디트 슈타인이라고 자기 이름을 대고 "쉬빈드 씨와 그의 가족들에게 안부 잘 전해주십시오. 나는 지금 동쪽으로 가는 중입니다"라고 말했다고 한다.

또 한 사람의 목격자도 역시 같은 날 쉬퍼슈타트 역에서 에디트와 만나고 있다. 쉬파이어의 성 막달레나 학교의 졸업생으로서 수녀가 된 바이스(Maria Assumpta Weihs) 수녀는 플랫폼에서 누가 자기를 부르는 것 같아 뒤돌아보았는데 화물차 속에 슈타인 선생님의 얼굴이 보였고 "성 막달레나의 수녀님들에게 안부 잘 전해줘요. 나는 동쪽으로 가고 있어요"라고 말했다고 한다.

에디트와 그들을 실은 화물차의 경로를 더듬어 보면 그 화물차는 폴란드로 향하는 도중에 브레슬라우를 통과했음이 거의 확실시된다. 에디트는 단단히 봉해진 차창의 그 틈으로 그리운 고향을 엿보며 마지막 작별을 고할 수 있었던 것일까. 가족들이 살고 있던 집, 어머니의 따뜻한 자애의 정을 한순간이라도 상기했었을까.

그후의 에디트의 경로는 알려지지 않고 있다. 그날 네덜란드에서 이송된 유대인들 중에서 살아 돌아온 사람은 한 사람도 없었다. 1942년 8월 9일, 아우슈비츠 강제수용소에 도착하자 가스실로 곧바로 옮겨져 죽임을 당한 것이다.

---

52. Valentin Fouquet, Edith Stein. Ihr Gruß am 7. August 1942 auf dem Bahnhof Schifferstadt, in: Erinnere dich - vergiß es nicht (Hrsg. Waltraut Herbstrith, Essen 1990), 305.

1950년에 네덜란드 관보(官報)는 네덜란드에서 강제이송된 모든 유대인의 리스트를 공표했다. 그 리스트 번호 34에 "번호 44074, 에디트 데레사 헤트비히 슈타인. 1891년 10월 12일 브레슬라우에서 출생. 에히트로부터. 1942년 8월 9일 사망"[53]이라고 기록되어 있다.

에디트의 인생 — 확실히 극적인 것이라고는 아무것도 없는 최후였다. 그 누구의 눈에도 띄는 일이 없는 대중 속에서의 외로운 죽음. 빛나는 순교와는 까마득히 먼, 이름도 없는 죽음. 에디트의 유해는 많은 사람들과 함께 한 소각로에 버려져 모든 것을 불태워 없애버리는 검은 연기가 되어 하늘로 올라갔다.

맑고 깨끗하고 줄기차고 아름답게 하늘을 우러러 바쳐진 번제(燔祭)는 십자가 그 너머에 있는 것을 가리키고 있다. 에디트의 죽음은 장소와 시간에 얽매이는 일이 없는 영원 속에서의 승리, 부활에의 희망을 나타내고 있다.

최후의 순간까지 주님의 뜻을 살기로 일관한 에디트의 생애는 외곬으로 진리를 탐구하고 아무 보상을 바라지 않는 사랑과 함께 아우슈비츠에서의 죽음으로써 성취된 것이다. 하느님께 사로잡혀 완성되는 삶의 깊은 의미와 그 신비에 관해 그녀는 이렇게 말하고 있다.

> 내 계획에는 없었던 일이 하느님의 계획 속엔 있었던 것입니다. 온갖 사건과 경험을 쌓아가면서 나는 이렇게 확신하게 되었습니다.
>
> 하느님의 눈으로 보시면 우연이라는 일은 없고 내 모든 삶은 자잘한 일에 이르기까지 하느님 계획의 그 섭리 속에 마련되어 있다고 말입니다. 그리하여 모든 것을 살펴주시는 하느님의 눈길 아래에서 그 모든 것은 사람의 지식이나 지혜를 넘어서 관련되고 있다고 하는 의미를 가지고 있습니다. 그렇게 하느님께서 창조하시는 그러한 의미 관련이 내게도 나타나고 영광의 빛남이 되어주기를 기다리며 바라고 있는 것입니다.[54]

---

53. Amtliche Todeserklärung von Edith Stein, s'-Gravenhage, 22.4.1958, Edith-Stein-Archiv, Karmel Köln.

54. EeS 110.

1987년 5월 1일, 에디트 슈타인은 쾰른의 뮌겔스돌프 광장에서 독일을 방문한 교황 요한 바오로 2세에 의하여 복자(福者)품에 올랐다. 하느님께서는 역사의 제각각의 전환점에 거기 알맞은 인도자를 보내신다. 이 분열과 고뇌의 시대에 화해와 평화를 가져다줄 사자(使者), 진리를 찾아 구하는 모든 이들에게 마음 든든한 동반자로서 이제부터라도 에디트는 수많은 사람들의 마음 속에 길이 살아 있게 될 것이다.

<h1 style="text-align:center">맺 음 말</h1>

5년 전 여름, 뜨거운 햇빛이 내리쬐는 가운데 독일·네덜란드·폴란드를 뜀박질하듯 돌아다녔다. 예전에 프라이부르그에 유학할 당시 기숙하던 기숙사에서 독일인 학생에게서 에디트 슈타인에 대한 얘기를 듣고 그것이 계기가 되어 에디트의 생애와 사상에 관심을 가지게 되었다. 자기 눈으로 직접 그녀가 생활하던 장소들을 찾아보고 자료들을 수집하고 싶다고 생각하여 조사·연구의 여행길로 떠났던 것이다. 이 여행을 계기로 지금까지 막연하게 마음 속에 품고 있던 에디트 슈타인이라는 여성이 구체적이고 친근한 이미지로 다가오게 되었다. 특히 생전의 에디트 슈타인을 알고 있는 사람들로부터 얘기를 듣게 됨으로써 그녀의 생애의 한순간 한순간, 그녀의 사색의 하나하나가 내게도 무엇인가를 말해주고 있는 것처럼 여겨졌다. 에디트는 한 사람 한 사람에게 필연의 운명 같은 것을 실감케 하는 여성이다. 그것은 아마도 그녀가 지닌 철저함, 한결같은 열성, 외곬으로 전념하는 태도 같은 것이 현대인에게 강렬한 영향을 주는 것이기 때문이 아닐까. 현대만큼 오직 한 가지 일을 위하여 철저하게 살기가 어려워진 시대는 없을는지도 모른다. 그러한 가운데에서 에디트가 몸과 마음을 다해 탐구하려 한 것 — 시간과 공간을 넘어서 변하는 일이 없는 영원의 진리는 현대에 사는 우리들에게도 놀랄 만큼 신선하고 매력적인 것이다.

그해 여름 여행의 추억거리는 참으로 많지만, 그중에서도 잊을 수 없는 것은 쾰른의 가르멜 수녀원에 머물게 되었을 때의 일이다. 수녀원장의 특별한 호의로 나는 봉쇄 구역인 수녀원 내부를 마음대로 다니고 자료를 수집하고 사진도 찍을 수 있도록 허락을 받았다. 수녀들의 부모조차 응접실에서 격자를 통하여 면회를 하도록 되어 있었으므로 이것은 특별히 허락된 것 같았다. 수녀들의 수실에 나란히 잇닿은 방을 쓰게 해주어 조용하고 인기척 없는 봉쇄 수녀원 안에서 열흘 동안이나 지내고 있노라면 영원으로 통하는 시간이 이 세상에서도 존재하는 것같이 여겨졌다. 에디트가 생애의 마지막 나날을 보낸 시간은 이러한 영원을 먼저 가지는 시간이었던 것은 아닐까. 이러한 영원으로 이어지는 시간 속에서 우리들은 많은 이들, 죽은 이들과도 다시 만나고 사귈 수 있는 것이다. 나는 확실히 쾰른의 가르멜 수녀원에서 에디트와의 친밀한 만남과 교분의 시간을 가졌다고 생각한다.

네덜란드의 에히트(현재는 비이크)의 가르멜 수녀원에 머무는 동안 나는 에디트가 아우슈비츠로 이송되기 전날에 쓴 편지를 발견했다. 그것은 작은 두 장의 종이에 연필로 쓴 메모로, 수용소에서 필요한 소지품에 대하여 적고 있었다. 필적으로 미루어보아 에디트의 것이라고 하기에는 조금 어지럽게 씌어지고 급하게 휘갈겨 씌어진 것 같았다. 에디트는 닥쳐오는 죽음을 의식하면서도 자기의 삶과 죽음을 완전히 하느님께 위탁하고 있던 것은 아닐까. 수용소에서도 "마음 속으로 기도할 수가 있었습니다"라고 말하고 있는 점은 그녀의 가르멜에서의 기도생활이 이미 영원의 시간을 마음 속에 깊이 새기고 있었다고 하는 것을 나타내고 있다. 그녀가 죽기 전에 쓴 마지막 글에서는 완전히 위탁한 자의 냉정함, 마음의 평안함이 전해진다. 그녀의 생애가 영원한 생명으로 이어지는 것이라면 에디트는 틀림없이 현대의 우리들 속에도 살아 있을 것이다.

이 작은 저서는 시대 배경이나 문화적 차이를 넘어서 호소하는 에디트 슈타인의 맑고 시원한 삶의 태도와 사상을 소개하려고 한 사소한 시론이다.

지금까지 에디트 슈타인은 그 극적인 생애 때문에 전기적 관점에서 주목되는 일이 많았지만 그녀의 역량을 나타내는 철학적·종교적 저작에 접하지 않고서는 그녀의 삶의 태도를 이해할 수는 없을 것이다. 그런 의미에서는 그 어떤 해설서나 소개서건 그 원서에는 못 미친다. 독일의 헤르더사에서 에디트 슈타인의 저작 전집이 간행중에 있으며 현재에 14권까지 출판되고 있다. 슈타인의 저작은 그 내용과 주제가 주로 네 가지 장르로 나뉘어진다. 우선 첫째로 그녀는 현상학의 창시자인 에드문드 훗썰 아래에서 철학 연구의 길로 들어섰다는 점에서 현상학자로서의 본령을 유감없이 발휘하고 있는 저작이 있다. 그 다음 그녀의 사상적 과제는 현상학과, 성 토마스로 대표되는 스콜라학과의 만남과 대결로 옮겨간다. 슈타인의 주된 저서라고 볼 수 있는 『유한한 존재와 영원한 존재』는 그녀의 깊은 명상적 신비성을 바탕으로 한 그리스도교 철학의 집대성이라 해도 좋을 것이다. 세번째 주제는 여성론과 교육론이다. 그녀 자신이 오랫동안 교육에 종사한 일도 있어 여성들에게 삶의 태도와 사명에 대하여 참신한 생각을 제시하고 있다. 마지막으로 오는 주제는 영성에 관한 것으로 거기에서는 가르멜회의 정신을 계승한 하느님과의 깊은 일치와 관상의 세계를 엿볼 수 있다.

본서는 총괄적인 기술이나 지면 제한 관계로 에디트 슈타인의 철학적·종교적 사상에 관해 깊이 파고들지는 못했다. 그녀의 저작에는 아직 출간되지도, 정리되지도 않은 것들 또한 많이 남아 있어 그녀를 연구하고자 하는 사람의 흥미는 그칠 줄 모른다. 앞으로 더욱더 연구를 해나가고 싶다고 생각하고 있다.

본서는 상지대학교에서 발행하고 있는 가톨릭 문화지 『세기』(世紀)에 1991년 2월호부터 1992년 12월호까지 연재된 원고를 바탕으로 대폭 가필·수정한 것이다. 에디트 슈타인의 저작들로부터의 인용문은 다른 번역서를 밝히지 않는 한 모두 독일어 원서로부터 나 자신이 번역한 것이다.

에디트 슈타인에 관한 연구를 진행하는 과정에서 로마 교황청립 성서 연구소의 라인하르트 노이데커 교수님으로부터 친절하고 귀중한 지도를 받았다. 그분의 지도와 지원 없이는 본서를 매듭짓고 끝맺을 수 없었다. 깊은 감사를 드리며 본서를 바치고 싶다. 또한 평소에도 갖가지 지도를 다해 주시는 일본 상지대학교의 클라우스 리젠후버 신부님과 예수회의 호안 가렛트 신부님 그리고 본서의 원고를 읽고 귀중한 충고를 해주시고 연재의 기회와 출판의 노고를 다해주신 모든 분들에게 감사를 드린다. 마지막으로 1988년 여름, 유럽에서 조사·연구를 할 수 있도록 여비를 지급해 준 독일의 가톨릭 재단 MISSIO, Internationales Katholisches Missionwerke. e. V.와 본서를 위하여 그 출판 보조금을 기부해 준 노틀담 청심여자대학교에 심심한 감사를 드린다.

1993년 3월 23일,
수자와 카오리

에디트 슈타인 연보(年譜)

1891.10.12 독일, 슐레지아 지방의 브레슬라우에서 지그프리트 슈타인과 아우구스테 슈타인의 일곱째 아이로 태어남. 유대인 가정에서 자라남.

1893 아버지를 여읨.

1897 브레슬라우의 빅토리아 학교 입학.

1908~1911 빅토리아 학교의 여자 고등부 재학.

1911 고등학교 졸업시험(아비투어) 합격.

1911~1913 브레슬라우 대학에서 독일어학, 역사를 공부함.

1913~1915 괴팅겐 대학에서 철학·심리학·역사학·독일어학을 공부함. 철학자 훗썰 교수 지도 아래 연구생활.

1914.7.28 〔제1차 세계 대전 발발〕

1915 교사 자격 국가시험 응시. 메에리쉬 바이스킬헨 전염병원에서 봉사활동. 브레슬라우에서 단기간 교사 생활

1916 프라이부르그 대학에서 훗썰 교수의 조교가 됨.

1917 프라이부르그 대학에서 철학박사 학위를 받음. 박사논문「감정이입의 문제」를 공간.

1918 〔혁명정부 수립〕〔제1차 세계대전 휴전〕 프라이부르그 대학을 떠남.

1919~1923 대학교수 자격 취득을 위한 준비. 논문 집필.

1921 친구 콘라트 마르티우스의 집 서제에서 『아빌라의 성녀 데레사의 자서전』을 읽게 됨. 가톨릭으로 개종할 준비를 시작함.

1922.1.1   베르그차베른의 성 마르틴 성당에서 데레사라는 세례명으로 세례
            를 받음.
    2.2   쉬파이어의 주교좌 성당에서 견진을 받음.
1923~1931 쉬파이어의 성 막달레나 여자 고등학교와 교원양성 학교에서 교
            사생활.
1928~1931 뉴먼 추기경, 성 토마스의 저작을 번역함. 유럽 각지(파리, 프라
            하, 비엔나, 잘쯔부르그, 바젤, 독일 각지)에서 강연, 연구 발표.
1932~1933 뮌스터의 교육학 연구소 강사로 취임.
1933.1.30 〔나치 당수 히틀러가 수상으로 취임〕
    7.20   〔나치 정부, 바티칸과 정교조약 체결〕〔독일 전역에서 유대인 배
            척 운동이 확산〕 나치에 의해 교육활동이 금지됨.
    10.14   가르멜 수도회 입회, 쾰른 린덴탈의 수녀원에서 수녀로서의 양성
            기간, 지원기에 들어감.
1934.4.15 착복식, 십자가로 축복받은 데레사(Teresia Benedicta a Cruce)
            라는 수도명을 받음. 수련기에 들어섬.
    8.2   〔히틀러, 총통에 취임〕
1935.4.21 첫 서원(3년간의 유기서원) 선서함.
    9.15   〔반유대 인종법, 뉴른베르그 법 제정됨〕
1937.3.14 〔로마 교황 회칙「애타는 우려로」 발표〕
1938.3.13 〔히틀러, 오스트리아 병합〕
    4.21   종신서원 선서.
    5.1   보좌주교 스토쿰즈로부터 검은 베일 받음.
    11.9   〔유대인에 대한 테러 사건, "수정의 밤"(Kristallnacht)이 독일
            전역에 파급됨〕
    12.31   네덜란드, 에히트의 가르멜 수녀원으로 이주.
1939.9.3   〔제2차 세계대전 발발〕
1940.5.20 〔아우슈비츠 강제수용소 설치〕

1941.10.24 〔구 독일령으로부터의 유대인 이송령이 내려짐〕

1942.1.20 〔반제 회의에서 유대인 이송과 살육에 관한 최종적 해결을 확인〕

6.2 〔독일계 유대인 강제수송 개시〕

7.26 〔네덜란드 주교단, 나치의 유대인 강제이송에 대한 항의교서를
공표〕

8.2 게슈타포에 의해 체포·연행되어 네덜란드 베스테르보르크의 수
용소에 억류됨.

8.7 아우슈비츠로 이송됨.

8.9 아우슈비츠, 빌케나우 수용소 가스실에서 죽임을 당함.

1962 쾰른의 프린크스 추기경에 의해 열복(列福)을 위한 조사가 시작
됨.

1987.5.1 쾰른에서 교황 요한 바오로 2세에 의해 복자품에 오름.

다음 분들로부터 에디트 슈타인에 관한 자료와 정보의 제공을 받았다. 진심으로 감사를 드린다.

Sr. Mirjam Dirks, OCD, Karmel Beek.

Prof. Dr. Ambrosius Eszer, OP, Angelicum, Roma.

Sr. Waltraud Herbstrith, OCD, Karmel Tübingen.

Dr. Adelgundis Jaegerschmid, OSB, St. Lioba, Freiburg.

Br. Jakobus Kaffanke, OSB, St. Martin, Beuron.

Sr. Josephine Koeppel, OCD, Karmel Elysburg, U.S.A.

Sr. Marie-Louise, OCD, Karmel Beek.

Sr. Teresia Margareta a Corde Jesu, OCD, Karmel Köln.

Sr. Christina Middendorf, OCD, Karmel Köln.

Sr. Maria Amata Neyer, OCD, Karmel Köln.

Prof. Dr. Jan H. Nota, S.J., Creighton University, U.S.A.

Sr. M. Stanisla Sczepanek, OCD, Karmel Beek.

Sr. Stephanie, OCD, Karmel Beek.

Sr. Anna Maria Strehle, OCD, Karmel Tübingen.

Sr. M. Alfonsa Studel, OCD, Karmel Beek.

Sr. M. Magdalena Weickenmeier, OP, St. Magdalena, Speyer.

에디트 슈타인 저작 목록

에디트 슈타인의 저작, 논문을 그 집필 연대순으로 열거한다. 번역된 제목도 시험적인 것을 덧붙여 써놓는다. 아직 공간되지 않은 많은 원고들이 브뤼셀, 쾰른, 에히트의 에디트 슈타인 자료실에 보관되어 있어, 그중에는 미완성 초고, 손으로 쓴 원고, 집필 연대 불명의 것들도 있다. 여기서는 장래에 공간될 가능성이 있는, 중요하다고 생각되는 저작들만을 들고 그 보관되어 있는 장소를 적어놓는다.

1917년

Zum Problem der Einfühlung (Dissertationsarbeit), Halle 1917. Nachdruck: München 1980. 『감정이입의 문제에 관하여』

1918년

Einführung in die Philosophie (1918) = Edith Stein Werke, Bd. XIII. 『철학 입문』

1921년

Über das Wesen der Bewegung, in: Adolf Reinach, Gesammelte Schriften, Halle 1921, 406-461. 「운동의 본질에 대하여」

1922년

Psychische Kausalität, in: Jahrbuch für Philosophie und phänomenologische Forschung 5 (1922), 2-116. 「심리적 인과성」

Individuum und Gemeinschaft, in: Jahrbuch für Philosophie und phä-
nomenologische Forschung 5 (1922), 116-283. 「개인과 공동체」

1924년

Was ist Phänomenologie?, in: Wissenschaftliche Beilage zur Neuen
Pfälzischen Landes-Zeitung 5 (15.5.1924). 「현상학이란 무엇인가」

1925년

Eine Untersuchung über den Staat, in: Jahrbuch für Philosophie und phä-
nomenologische Forschung 7 (1925), 1-123. 「국가에 관한 연구」

1926년

Wahrheit und Klarheit im Unterricht und in der Erziehung, in: Volks-
schularbeit (1926), 321-328. Neudruck in: Edith Steins Werke, Bd.
XII, 39-46. 「교수와 교육에 있어서의 진리와 명석성」

1927년

Nachruf für Herrn Prälat Josef Schwind, Generalvikar in Speyer,
gestorben am 17.9.1927, in: Korrespondenz des Priestergebetsvereins
im theol. Konvikt zu Innsbruck, 62.Jg., Nr.1 (Nov. 1927). 「고 요제프
슈빈드 주교님께 드리는 애도사」

1928년

John Kardinal Newman, Briefe und Tagebücher 1801~1845. Übertragen
von Edith Stein. Hrsg. von Erich Przywara. München 1928. 『존 헨리
뉴먼 추기경의 서간과 일기, 1801~1845』(번역)
Der Eigenwert der Frau in seiner Bedeutung für das Leben des Volkes,

in: Zeit und Schule, Jugendbeilage (1.7.1928), 107-110. Neudruck in:
Edith Steins Werke, Bd V, 205-217. 「여성의 본질적 가치와 국가 사회
안에서의 그 의미」

1929년

Husserls Phänomenologie und die Philosophie des hl. Thomas v. Aquin,
in: Jahrbuch für Philosophie und phänomenologische Forschung
(1929), Ergänzungsband (Husserl-Festschrift), 315-338. 「훗썰의 현상
학과 성 토마스 아퀴나스의 철학, 그 대결의 시론」

Zum Kampf um den katholischen Lehrer, in: Zeit und Schule 26 (1929),
121-124. 「가톨릭 교사를 둘러싼 싸움」

*Die Mitwirkung der klösterlichen Bildungsanstalten an der religiösen
Bildung der Jugend,* in: Klerusblatt. Organ der Diözesan-Priester-
vereine Bayerns und ihres Wirtschaftlichen Verbandes 48/49 (1929),
1-4. Neudruck in: Edith Steins Werke, Bd. XII, 95-108. 「청소년 종교
교육을 위한 수도회의 협력」

Die Typen der Psychologie und ihre Bedeutung für die Pädagogik, in:
Zeit und Schule, Jugendbeilage (16.2.1929), 27-28. 「심리학의 유형과
그 교육학적 의의」

1930년

Die theoretischen Grundlagen der sozialen Bildungsarbeit, in: Zeit und
Schule 27 (1930), 81-85 und 90-93. Neudruck in: Edith Steins Werke,
Bd. XII, 52-72. 「사회적 교육활동의 이론적 기초」

Zur Idee der Bildung, in: Zeit und Schule 27 (1930), 159-167. Neudruck
in: Edith Steins Werke, Bd. XII, 25-38. 「교육의 이념을 향하여」

Eucharistische Erziehung, in: Der Pilger. Katholische Kirchenzeitung für

das Bistum Speyer, 27.7.1930. Neudruck in: Edith Steins Werke, Bd.
XII, 123-125. 「주님의 식탁을 둘러싼 교육」

Grundlagen der Frauenbildung, in: Stimmen der Zeit 120 (1931), 414-424.
Neudruck in: Edith Steins Werke, Bd. V, 73-91. 「여성 교육의 기초」

1931년

Das Ethos der Frauenberufe, in: Der katholische Gedanke, Heft 4, 1930.
Neudruck in: Edith Steins Werke, Bd. V, 1-15. 「여성 직업의 본질」

Der Intellekt und die Intellektuellen, in: Das heilige Feuer 18 (1931),
1193-1198 und 267-272. 「지성과 지식인」

Lebensgestaltung im Geist der heiligen Elisabeth, in: Benediktinische
Monatsschrift 13 (1931), 366-377. Neudruck in: Edith Steins Werke,
Bd. XI, 27-39. 「성녀 엘리자베스의 정신에 보여지는 인생 형성」

Die Bestimmung der Frau (1931), in: Edith Steins Werke, Bd. XII, 113-
122. 「여성의 사명」

*Elisabeth von Thüringen. Natur und Übernatur in der Formung einer
Heiligengestalt*, in: Das neue Reich 13 (1931). Neudruck in: Edith
Stein, Wege zur inneren Stille, Frankfurt a. M. 1978, 128-139. 「튀링겐
의 엘리자베스 — 성성 안의 자연과 초자연」

Akt und Potenz. 449 S., Original im Edith-Stein-Archiv, Brüssel. 「현실태
와 가능태」

1932년

Des hl. Thomas von Aquin Untersuchungen über die Wahrheit
(Quaestiones disputatae de veritate), Bd. I, Breslau 1931, Bd. II,
Breslau 1932. 『성 토마스의 진리에 관한 여러 탐구』 (진리론) 제1권, 제2
권(번역)

Akademische und Elementarlehrerin, in: Zeit und Schule 29 (1932), 2-3. Neudruck in: Edith Steins Werke, Bd. XII, 109-112. 「대학 교수와 국민학교 교사」

Wege zur inneren Stille, in: Monatsbrief für die Societas Religiosa, 1932. Neudruck in: Edith Stein, Wege zur inneren Stille, Frankfurt a. M. 1978, 54-75. 「내적 고요의 길」

Beruf des Mannes und der Frau nach Natur- und Gnadenordnung, in: Die christliche Frau (1932), 5-20. Neudruck in: Edith Steins Werke, Bd. V, 17-44. 「본성과 은총의 질서에 바탕을 둔 남성과 여성의 사명」

Die Frau als Führerin zur Kirche, in: Katholisches Sonntagsblatt für die Diözese Augsburg, 31.7.1932, 503. 「교회로의 선도자로서의 여성」

Aufgabe der Frau als Führerin der Jugend zur Kirche, in: Benediktinische Monatsschrift 15 (1933), Heft 11-12. Neudruck in: Edith Steins Werke, Bd. V, 189-203. 「젊은이를 교회로 선도하는 자로서의 여성의 과제」

Texte originel des interventions faites en langue allemande. Intervention de Mlle. Stein, in: La Phénoménologie (Journées d'Etudes de la Société Thomiste, Juvisy, 12 Septembre 1932), Paris 1932, 101-109. 「토마스 학회에서의 토론 기고」

Natur und Übernatur in Goethes "Faust" (1932), in: Zeit und Schule 29 (1932), 125-131 und 134-136. Neudruck in: Edith Steins Werke, Bd. VI, 19-31. 「괴테의 파우스트에서의 자연과 초자연」

Metaphysik der Gemeinschaft, in: Mädchenbildung auf christlicher Grundlage 24 (1932), 689-695. 「공동체의 형이상학」

Husserls transzendentale Phänomenologie (1932), in: Edith Steins Werke, Bd. VI, 33-35. 「훗썰의 초월론적 현상학」

Die weltanschauliche Bedeutung der Phänomenologie (1932), in: Edith Steins Werke, Bd. VI, 1-17. 「현상학의 세계관적인 의의」

Mütterliche Erziehungskunst (1932), in: Edith Steins Werke, Bd. XII, 151-163. 「모성적인 교육 방법」

Notzeit und Bildung (1932), in: Edith Steins Werke, Bd. XII, 73-80. 「비상 시국과 교육」

Christliches Frauenleben (1932), in: Edith Steins Werke, Bd. V, 45-72. 「그리스도교적 여성의 생활」

Aufgaben der katholischen Akademikerinnen der Schweiz (1932), in: Edith Steins Werke, Bd. V, 219-226. 「스위스 가톨릭 여성학자들의 과제」

Aufbau der menschlichen Person, 489 S., Original im Edith-Stein-Archiv, Brüssel. 「인간적 인격의 구조」

Die ontische Struktur der Person und ihre erkenntnistheoretische Problematik (1932), in: Edith Steins Werke, Bd. VI, 137-197. 「인격의 존재론적 구조와 그 인식론적 문제」

1933년

Das Weihnachtsgeheimnis (1933). 「크리스마스의 신비」

Buchbesprechung: L. M. Habermehl, Die Abstraktionslehre des hl. Thomas von Aquin, Speyer 1933, in: Philosophisches Jahrbuch (Görresgesellschaft) 46 (1933), 502-503. 「성 토마스 아퀴나스에 있어서의 추상의 학설에 관하여」(서평)

Buchbesprechung: E. W. Dackweiler, *Katholische Kirche und Schule*, Paderborn 1933, in: Vierteljahresschrift für wissenschaftliche Pädagogik 9 (1933), 495-496. Neudruck in: Edith Steins Werke, Bd. XII, 92-94. 「가톨릭 교회와 학교」(서평)

Eingliederung der Frau in das Corpus Christi mysticum, in: Benediktinische Monatsschrift 15 (1933), 412-425. 「그리스도 신비체에의 여성의 참여」

Theologische Anthropologie. 556 S., Original im Edith-Stein-Archiv, Brüssel. 『신학적 인간론』

Über Glauben, Wissen, Erkennen. 47 S., Original im Edith-Stein-Archiv, Brüssel. 「신앙에 관하여 — 지식과 인식」

1934년

Die heilige Teresia Margareta vom Herzen Jesu (1934), in: Edith Steins Werke, Bd. XI, 89-100. 「예수 성심의 성녀 데레사 마르가리타」

Liebe um Liebe. Leben und Werke der heiligen Teresia von Jesus, in: Kleine Lebensbilder. Nr. 84. Freiburg 1934. Neudruck in: Edith Steins Werke, Bd. XI, 40-88. 「사랑을 위한 사랑 — 예수의 성녀 데레사의 생애와 그 작품」

1935년

Über Geschichte und Geist des Karmel, in: Zu neuen Ufern (Sonntagsbeilage der Augsburger Postzeitung), 31.3.1935. Neudruck in: Edith Steins Werke, Bd. XI, 1-9. 「가르멜의 역사와 그 정신」

Eine Meisterin der Erziehungs - und Bildungsarbeit: Teresia von Jesus, in: Katholische Frauenbildung im deutschen Vol k48 (1935), 114-133. Neudruck in: Edith Steins Werke, Bd. XI I, 164-187. 「교육활동의 스승, 예수의 데레사」

Kreuzesliebe. Einige Gedanken zum Fest des hl. Vaters Johannes vom Kreuz (ca. 1934), in: Edith Steins Werke, Bd. XI, 121-123. 「십자가의 사랑 — 십자가의 성 요한의 축일에 부쳐」

1936년

Das Gebet der Kirche, in: Vom Strom des Lebens in der Kirche. Nr. 4.

Paderborn 1936. Neudruck in: Edith Steins Werke, Bd. XI, 10-25. 「교
회의 기도」

*Besprechung: E. Husserl, Die Krisis der europäischen Wissenschaften
und die transzendentale Phänomenologie*: Philosophia 1 (Belgrad
1936), 77-176, in: Edith Steins Werke, Bd. VI, 35-38. 「E. 훗썰, 유럽
의 여러 학문의 위기와 초월론적 현상학」(평론)

Die Seelenburg (ca. 1936), in: Edith Steins Werke, Bd. VI, 39-68. 「영혼의 성」

Martin Heideggers Existentialphilosophie (ca. 1936), in: Edith Steins
Werke, Bd. VI, 69-135. 「마르틴 하이데거의 실존론적 철학」

Endliches und ewiges Sein. Versuch eines Aufstiegs zum Sinn des Seins
(1936) = Edith Steins Werke, Bd. II. 『유한한 존재와 영원한 존재, 존재
의 의미에로의 등반, 그 시론』

1937년

Neue Bücher über die hl. Teresia von Jesus, in: Die katholische Schwei-
zerin 24 (1937), 125-127. Neudruck in: Edith Steins Werke, Bd. XII,
188-192. 「예수의 성녀 데레사에 관한 신간 서적」

1938년

Mein erstes Göttinger Semester (1938), Heroldsberg 1979. 『나의 최초의
괴팅겐에서의 학기』

*Eine deutsche Frau und große Karmelitin. Mutter Franziska von den
unendlichen Verdiensten Jesu Christi OCD(Katharina Esser), 1804~
1866*, in: Die in deinen Hause wohnen. Hrsg. von E. Lense. Einsie-
deln / Köln 1938, 147-163. Neudruck in: Edith Steins Werke, Bd. XII,
139-150. 「독일의 한 여성, 위대한 가르멜 수녀 — 프란시스카(카타리나
에써) 1804~1868」

Sancta Discretio in der Seelenführung, in: Anima. Vierteljahresschrift für praktische Seelsorge 2 (1947), 360-363. Neudruck in: Edith Steins Werke, Bd. XII, 193-195. 「거룩한 식별」

Buchbesprechung: Sämtliche Schriften der hl. Teresia von Jesu. Neue deutsche Ausgabe, übersetzt von Aloysius ab Immaculata Conceptione, München 1933~1938, in: Die katholische Schweizerin 25 (1937/1938), 329. Neudruck in: Edith Steins Werke, Bd. XII, 192. 「예수의 성녀 데레사의 저작」(서평)

Ein Beitrag zur Chronik des Kölner Karmels. *Wie ich in den Kölner Karmel kam* (Abschiedsgeschenk für ihre M. Priorin). Original im Edith-Stein-Archiv, Karmel Köln. 「내가 쾰른의 가르멜회에 들어간 경위」

Die Selige Marie Acarie und der theresianische Karmel (1938), in: Heiligkeit und Theologie, Regensburg 1962, 17-84. 「복자, 마리 아카리와 데레사의 가르멜」

Ich bleibe bei euch (Gedicht zum Abschied vom Karmel Köln-Lindenthal am 31.12.1938), in: Edith Steins Werke, Bd. XI, 172-174. 「나는 당신들 있는 곳에 머문다(시) — 쾰른의 가르멜회를 떠나면서」

1939년

Aus dem Leben einer jüdischen Familie. Das Leben Edith Steins: Kindheit und Jugend = Edith Steins Werke, Bd. VII. (Druten-Freiburg 1985) 『유대인 가정의 생활에서 — 에디트 슈타인의 생애, 어린 시절과 젊은 시절』

Ein klösterlicher Reformator. P. Andreas vom hl. Romuald OCD (1819~1883), in: Stimmen unserer lieben Frau vom Berge Karmel. Monatsschrift zur Förderung der Marienverehrung. Hrsg. von der Provinzleitung, Karmeliterkloster Bamberg, 15 (1938~1939), Heft 4. 「수도회

의 개혁자, 로무알트의 성 안드레아스 신부(1819~1883)」

Ein auserwähltes Gefäß der göttlichen Weisheit. Sr. Marie-Aimée de Jésus aus dem Karmel der Avenue de Saxe in Paris, 1839~1874 (1939), in: Edith Steins Werke, Bd. XI, 101-120.「하느님의 지혜에 의하여 선택된 그릇, 파리의 가르멜회 수녀, 예수의 마리 에메」

Kreuzerhöhung, 14.9.1939. Ave Cruz, Spes unica, in: Edith Steins Werke, Bd. XI, 124-126.「십자가 예찬 — 십자가, 유일의 희망」

Ich bin in eurer Mitte allezeit (Zum Namenstag der Mutter Ottilia, 13.12.1939), in: Edith Steins Werke, Bd. XI, 152-158.「나는 언제나 당신들 속에 있다 — 오틸리아 수녀원장의 본명축일에」

1940년

Verborgenes Leben und Epiphanie (1940), in: Edith Steins Werke, Bd. XI, 144-147.「숨겨진 생활과 주님의 공현」

Zur ersten hl. Profeß von Schwester Mirjam von der kleinen hl. Teresia, 16.7.1940, in: Edith Steins Werke, Bd. XI, 139-143.「작은 성녀 데레사의 미리암 수녀의 첫 서원」

Hochzeit des Lammes. Zum 14.9.1940, in: Edith Steins Werke, Bd. XI, 127-133.「어린양의 혼인」

Te Deum laudamus. Zum 7.12.1940 (Fest des heiligen Ambrosius), in: Edith Steins Werke, Bd. XI, 159-164.「주님을 찬미합니다(성 암브로시오의 축일에)」

1941년

Wege der Gotteserkenntnis. Dionysius der Areopagit und seine symbolische Theologie, München 1979.『하느님 인식의 여러 가지 길 — 디오니시오 아레오파구스와 그의 상징신학』

Kreuzerhebung, 14.9.1941, in: Edith Steins Werke, Bd. XI, 134-137. 「십자가 현양」

1942년

Und ich bleibe bei euch. Aus einer Pfingstnovene (1942), in: Edith Steins Werke, Bd. XI, 175-177. 「그리하여 나는 당신들과 함께 있다 — 성령강림의 연도」

Kreuzeswissenschaft. Studie über Joannes a Cruce (1942) = Edith Steins Werke, Bd. I. 『십자가의 학문 — 십자가의 성 요한에 관한 연구』

참고 문헌

André **Bejas**, Edith Stein - Von der Phänomenologie zur Mystik (Frankfurt a. M.: Peter Lang, 1987).

Wilhelmine **Böhm**, Im Schatten von Golgotha. Edith Stein (Freising: Kyrios-Verlag, 1980).

Luise **Böocker**, Das Edith-Stein-Lesebuch (Annweiler: Thomas Plöger, 1987).

Leo **Elders** (Hrsg.), Edith Stein. Leben, Philosophie, Vollendung (Würzburg: Johann Wilhelm Naumann, 1991).

Elisabeth **Endres**, Edith Stein. Christliche Philosophin und jüdische Märtyrerin (München: Piper, 1987).

Christian **Feldmann**, Liebe, die das Leben kostet. Edith Stein - Jüdin, Philosophin, Ordensfrau (Freiburg: Herder, 1987).

Gotthard **Fuchs** (Hrsg.), Glaube aus Widerstandskraft: Edith Stein, Alfred Delp, Dietrich Bonhoeffer (Frankfurt a. M.: Josef Knecht, 1986).

Hanna-Barbara **Gerl** (Hrsg.), Edith Stein. Keine Frau ist ja nur Frau (Freiburg: Herder, 1989).

————, Unerbittliches Licht. Edith Stein. Philosophie, Mystik, Leben (Mainz: Matthias-Grünewald-Verlag, 1991).

Waltraut **Herbstrith**, Das wahre Gesicht Edith Steins (München: Kaffke, 1980).

————, Edith Stein. Etappen einer leidenschaftlichen Suche nach der Wahrheit (München: Verlag Neue Stadt, 1991).

————, Edith Stein. Zeichen der Versöhnung (München: Kaffke, 1979).

————, Edith Stein. Suche nach Gott (Kevelaer: Butzon und Bercker, 1987).

————, Edith Stein. Leben im Zeichen des Kreuzes (Speyer: Pilger-Druckerei, 1987).

————, Edith Stein. Versöhnerin zwischen Juden und Christen (Leutesdorf: Johannesbund, 1987).

————, Edith Stein. Bilder des Lebens (Bergen-Enkheim: Kaffke, 1973).

————, (Hrsg.), Edith Stein. Ein neues Lebensbild in Zeugnissen und Selbstzeugnissen (Freiburg: Herder, 1983).

————, (Hrsg.), Edith Stein. Aus der Tiefe leben (München: Kösel, 1988).

———— , (Hrsg.), Zeugen der Wahrheit (München: Kaffke, 1980).

————, (Hrsg.), Denken im Dialog. Zur Philosophie Edith Steins (Tübingen: Attempto, 1991).

Maria Adele **Herrmann**, Die Speyerer Jahre von Edith Stein. Aufzeichnungen zu ihrem 100. Geburtstag (Speyer: Pilger-Druckerei, 1990).

Beat W. **Imhof**, Edith Steins philosophische Entwicklung, Leben und Werk (Basel: Birkhäuser-Verlag, 1987).

Paul **Imhof** (Hrsg.), Frauen des Glaubens (Würzburg: Echter, 1987).

Cordula **Koepcke**, Edith Stein. Ein Leben (Würzburg: Echter, 1991).

Josephine **Koeppel**, Edith Stein. Philosopher and Mystic (Collegeville: Liturgical Press, 1990).

Udo Theodor **Manshausen**, Die Biographie der Edith Stein. Beispiel einer Mystagogie (Frankfurt a. M.: Peter Lang, 1984).

Inge **Moosen**, Das unselige Leben der "seligen" Edith Stein. Eine dokumentarische Biographie (Frankfurt a. M.: Haag + Herchen, 1987).

Maria Amata **Neyer**, Edith Stein. Ihr Leben in Dokumenten und Bildern (Würzburg: Echter, 1987).

———, Edith Stein (Schwester Teresia Benedicta a Cruce OCD) (Köln: Greven & Bechtold, 1987).

Freda Mary **Oben**, Edith Stein. Scholar, Feminist, Saint (New York: Alba House, 1988).

Elisabeth **Otto**, Welt, Person, Gott. Eine Untersuchung zur theologischen Grundlage der Mystik bei Edith Stein (Vallendar: Patris, 1990).

Teresia Renata **Posselt**, Edith Stein. Eine grosse Frau unseres Jahrhunderts (Freiburg: Herder, 1963).

Bruno H. **Reifenrath**, Erziehung im Lichte des Ewigen. Die Pädagogik Edith Steins (Frankfurt a. M.: Moritz Diesterweg, 1985).

Felix M. **Schandl**, "Ich sah aus meinem Volk die Kirche wachsen!" Jüdische Bezüge und Strukturen im Leben und Werk Edith Steins (Sinzig: Sankt Meinrad, 1990).

Jakob **Schlafke**, Edith Stein. Dokumente zu ihrem Leben und Sterben (Köln: Luthe - Druck, 1980).

Veronika Elisabeth **Schmitt**, Gebet als Lebensprozeß (München: Kaffke, 1982).

Kloster St. Magdalena (Hrsg.), Edith Stein zum Gedenken (Speyer 1987).

Christliche Innerlichkeit 22/3-5, Sondernummer: Edith Stein (Wien 1987).

Carmelite Studies IV, Edith Stein (Washington, DC, 1987).

エリーザベト・カー　ウア　『エディット・シュタイン』パウロ・エグリ，内海晶子譯，ウェリタス書院，1959年.

ジョン・エスタライヒャー『崩れゆく壁 ── キリストお發見した七人のユダヤ人
　　哲學者』稲垣良典譯, 春秋社, 1969年.
エディット・シュタイン『現象學からスコラ學へ』中山善樹譯, 九州大學出版
　　會, 1986年.
マリア・アマータ・ナイヤー『エディット・シュタイン　記錄と寫眞に見えるその
　　生涯』マリア・マグダレーナ・中松譯, エンデルレ書店, 1992年.

역자 후기

내가 이 책을 번역하게 된 경위는 다음과 같다. 작년 여름 아내와 함께 손자를 데리고 주로 관광객들을 위해 새로이 건립된 플로리다 올란도의 "우주의 여왕 마리아 성당"(Mary, Queen of the Universe Shrine)의 주일미사에 참례했었다. 미사 후 들른 그곳 성물 판매소 한구석에서 아무 생각 없이 내 손에 잡힌 한 책자가 있었다. 그것을 우연이라고 말하고 싶지 않다. 아마도 표지를 봤을 때에 순간 호기심 같은 것이 작용을 했겠지만, 내가 내 손으로 잡았다기보다는 그저 그렇게 내 손에 잡혔다고 말하고 싶은 그 책은 장 드 파브레그(Jean de Fabrégues)가 쓴 『에디트 슈타인, 철학자, 가르멜 수녀, 유대인 대학살 때의 순교자』(*Edith Stein; Philosopher, Carmelite Nun, Holocaust Martyr; The Society of St. Paul*, N.Y. 1965)라는 100쪽 남짓한 영어 번역판이었다.

집으로 돌아오는 길에 읽기 시작했는데 나는 이 책에서 눈을 뗄 수 없었다. 그러고는 다음날부터 "에디트 슈타인"에 관계되는 책이라면 닥치는 대로 주문하고 입수되는 대로 이것저것 따지지 않고 읽게 되었다.

물론 모두 다 영어 번역판뿐이었는데, 철학과 신학에도 관계되는 책들이어서 쉽게 읽혀지지는 않았지만, 독일의 가르멜 수녀, 발트라우트 헤르브슈트리트(Waltraud Herbstrith)가 쓴 『에디트 슈타인의 전기』(*Edith Stein, A Biography*; Harper & Row, N.Y. 1985), 가톨릭 유대인인 프레다 오벤 박사(Freda Mary Oben, PhD.)가 쓴 『에디트 슈타인; 학자, 페미니스트, 성녀』(*Edith Stein; Scholar, Feminist, Saint*; The Society of St. Paul N.Y. 1988), 에디트 슈타인의 조카인 슈잔느 바쯔도르프(Susanne M. Batzdorff)가 편역한 『에디트 슈타인 선집』(*Edith Stein; Selected Writings*; Templegate 출판사, 1990), 그리고 에디트 슈타인의 조카 손녀인 발트라우트 슈타인 박사

(Waltraud Stein, PhD.)가 번역한 에디트 슈타인의 박사학위 논문, 「감정이입의 문제」(*On the Problem of Empathy*; 워싱턴 구역 맨발의 가르멜회, 1989) 등등이다.

그러던 중에 일본 도쿄의 여자 바울로회 출판부에 일본의 가톨릭 여류작가인 타까하시 타까꼬의 『"영혼의 성"에 대하여 생각하는 것』이라는 수상집(도쿄 여자 바울로회, 1992)과 스위스의 신학자, 신비가로 알려진 모리스 준델(Maurice Zundel) 신부에 관한 책, 『침묵을 듣다』(*A l'ecoute de Silence*, 후꾸오까 가르멜회 편역; 도쿄 여자 바울로회, 1992)를 주문하면서 혹시 그쪽에는 "에디트 슈타인" 관계 서적이 번역된 것은 없느냐고 물었었다. 얼마 있어 통신판매계라고만 밝힌 익명의 어느 수녀님이 추천하고 곧 우송해 준 "에디트 슈타인"이 왔다. 그런데 그것은 번역판이 아니라 전혀 뜻밖에도 일본인 여성 철학교수가 직접 쓴 것이었다. 저자가 일본인이었기 때문에 놀라기는 했지만, 나는 여러 책들 가운데에서 이 책을 번역하기로 작정했다.

그러나 이 400쪽 남짓한 것을 번역하는 데 거의 반 년이 걸리게 되었는데 그것은 직장에서 돌아와 저녁식사를 마치고 난 뒤 밤 아홉시경부터 새벽 한두 시까지 하루에 약 네댓 시간씩 틈을 내어 번역할 수밖에 없었기 때문이다. 그리고 하루 여덟 시간 일하고 다시 네댓 시간씩 번역이라는 작업을 과외로 해나가면서 하나도 고되다고 생각되지 않은 것은 그 사이사이 여러 가지로 의미 연관이 될 수 있는 사건들이 심심치 않게 내 주변에 일어나 작업 의욕을 촉진시켜 주었기 때문인 것 같고 또한 어떤 힘이 나에게 작용한 것 같다. 그렇게 북돋우어 주는 그 어떤 힘으로 나는 별로 힘들이지 않고 어렵다고 하면 어렵다고 할 수 있을 이 특이한 책을 어렵지 않게 번역할 수 있었다고 생각하고 있다.

그러면 아주 최근에 일어난 관련 사건들을 간단히 몇 가지만 추려 보자.

첫째로, 1948년 이스라엘 국가가 성립된 이래 처음으로 이스라엘 정부와 바티칸 사이의 수교조약 체결(1993년 12월 30일).

둘째는, 1990년의 동서독 통일 이후 두드러지고 있는 네오나치즘의 대두. 그 극성스러운 한 예로 독일의 베를린에서 있었던 일. 세 명의 네오나치 십대들이 그들의 구호 외치기를 거부한다고 휠체어를 탄 장애 소녀의 왼쪽 뺨에 칼로 나치 문장인 어금꺾쇠 십자기장을 새겨놓은 만행(워싱턴 포스트, 1994년 1월 11일자).

셋째, 크게 화제가 되었던 스티븐 스필버그(Steven Spielberg) 감독의 영화 「쉰들러 리스트」(*Schindler's List*)와 이 영화를 둘러싼 찬반 비평.

넷째, 요즘 이곳에서 제법 많이 팔리고 있는 전 수녀 교수 캐런 암스트롱(Karen Armstrong)의 저서, 『하느님의 역사, 유대교, 그리스도교, 이슬람교의 4천 년에 걸친 탐구』(*A History of God; The 4,000 Years Quest of Judaism, Christianity and Islam*; Random House, 1993). 그녀는 영국인으로 열일곱 살 때 수녀원에 들어갔는데 그 수녀원에서 보내준 덕으로 옥스포드 대학교를 나왔고 현재는 런던의 리오 베익 대학(Leo Baeck College)에서 유다이즘을 가르치고 있다고 한다. 그녀는 어려서부터 가톨릭 교육을 받았지만 그런 교육이 부담스러웠다고 하며 7년 동안 몸담고 있던 수녀원에서 행한, 예수회 설립자인 성 이냐시오 식 영적 수련법에 반발, 수녀원에서 나와 한동안 무신론자가 되었다가 지금은 유대교·그리스도교·이슬람교 그 어디에도 구속되지 않는 일신론자임을 자처하고 있다(워싱턴 포스트, 1993년 12월 4일자).

유대교에서 무신론자 그리고는 가톨릭으로 개종하고 필경에는 가르멜 수녀가 된 철학자 에디트 슈타인과는 좋은 대조가 될 것 같다.

그리하여 신앙의 위기, 교회의 위기, 성소의 위기, 정신의 위기 등등을 얘기하고들 있는 현대의 위기를 사는 우리들에게 에디트 슈타인의 생애와 사상은 한자의 "위기"(危機)라는 두 낱말 그대로 위험과 동시에 기회임을 알 때에 신앙의 기회, 교회의 기회, 정신의 기회 등등 하나의 기회라는 것을 새로이 깊이 생각하게 할 것이라 믿게 되었다.

"우리 주변이 어두워지면 질수록 우리는 위로부터의 빛에 우리 마음을 열어야만 합니다"라고 조용히 말하는 에디트 슈타인의 조언에 귀를 기울이면서.

애기는 좀 길어지지만, 그 어둡고 어지럽던 1950년대에 이북 피난민이었던 내가 진학할 때에 선택한 정치외교학과에 나는 만족할 수 없었다. 그렇다고 적성이 안 맞는다고 다른 과로 선뜻 전과할 수도 없는 형편이어서 그 대신 당시의 문과대학의 철학과와 신과대학의 종교음악학과에서 특히 졸업하기 마지막 두 학기는 그 대부분의 시간을 보내면서 속되고 안된 말로 정치외교 아닌 정식 외도를 한 셈이다. 그 시절에 내가 주로 배우고 읽은 철학자들의 이름만을 열거하자면 자끄 마리땡(Jacques Maritain), 니꼴라이 베르쟈에프(Nicolai Berdyaev), 그리고 마르틴 하이데거(Martin Heidegger)가 있다.

그런데 공교롭게도 그들과 같은 시기에 활약한 철학자로 에디트 슈타인이 있었다고는 꿈에도 생각하지 못했었다. 이 책을 번역하면서 비로소 나는 1932년 가을, 슈타인이 프랑스 파리 교외의 쥬비시에서 열린 현상학과 토미즘 학회에 초청받아 마리땡과 베르쟈에프 두 사람과 열띤 토론을 나눴다는 것을 알 수 있었다. 그리고 특히 하이데거는 훗쎌 교수 아래 슈타인의 조수 자리를 바로 이은 후계자로, 슈타인이 히틀러의 나치에 의하여 모진 박해를 받을 때에 하이데거 그 사람은 히틀러의 이데올로기를 지지, 나치에 가담한 자라는 것을 최근에야 알게 되었다(유 에스 뉴스 앤드 월드 리포트 지, 1994년 1월 10일자).

한편 같은 유대인, 동시대의 여성 저술가로 유명한 시몬느 베이유(Simone Weil)에 비하여 에디트 슈타인은 너무나 알려지지 않은 무명의 저술가라는 것도 아울러 알게 되었다.

아무튼 그 시절에서 거의 40년이 지난 뒤 이토록 늦게나마 에디트 슈타인을 발견하게 된 것은 나에게 다행이라기보다 은총이라고 말하고 싶다. 그것은 에디트 슈타인이 내 앎과 삶을 흔들어놓았기 때문이다.

번역자가 반역자로 추락하지 않기 위하여, 그리고 이른바 식자나 반식자(半識者)가 흔히 가지기 쉬운 자만·교만·오만 등에 빠지지 않기 위하여 되도록 근신(謹愼)하려 애쓰며, 그렇게 기도하면서 이 책을 번역했다고는 하지만 잘못이나 실수가 없을 수 없을 것이다. 부디 독자들의 지적이 있기를 바란다.

"글을 옮기는 이는 유리창의 창유리같이 그저 모든 빛을 통과시킬 뿐 눈에 띄어서는 안됩니다"라며 번역자가 흔히 저지르기 쉬운 오역이나 과욕 또는 과시욕에 대하여 에디트 슈타인 자신도 번역자로서 경고하고 있어 더 이상 분수

를 넘을 수는 없겠으나 마지막으로 슈타인의 조카인 슈잔느 바쯔도르프가 편역
한 『에디트 슈타인 선집』에서 에디트 슈타인의 시, 「오순절 9일기도의 일곱 가
지 빛줄기」 중 그 첫째 시편을 여기에 옮겨 놓고 싶다.

당신은 누구십니까.
나를 충만케 하시는 애틋한 빛이시며
내 가슴 속 어둠을 비추시는 분.
당신은 어머니의 손길같이 나를 이끄시어
당신께서 나더러 가게 하셔도
걸음을 옮길 수 없습니다.
내 존재를 에우시며 담으시는
당신은 우주 공간이십니다.
당신 없이는
당신께서 없음으로부터 있음으로 끌어올리셨는데
나는 그 없음의 심연으로 가라앉습니다.
내가 나 자신에게 가까운 것보다
당신은 나에게 더 가까이 계시며
내 가장 깊숙한 존재보다도 더 안에 계시는데
그리시면서 닿을 수도, 만질 수도 없는
그리시면서도 그 어떤 이름의 경계도 무너뜨리시는 분:
성령이시여 —
사랑이시여!

1995년 10월 28일
성 시몬과 성 타대오 축일에 워싱턴에서

저자 약력

1956년　　　　일본 오사카에서 태어남.
1980년　　　　일본 상지대학교 문학부 철학과 졸업.
1981~1983년　런던 대학교 히스롭 칼리지에서 종교철학·신학을 연구.
현재　　　　　노틀담 청심여자대학교 조교수.

저서　　『愛の鍛鍊 — 聖イグナチオと聖ヨハネ 比較靈性の八日間の默想』(共著, 新世社);
　　　　『いのち, この大いなる賜物』(共著, 中央出版社).

논문　　「カール・ラーナーの諸宗教の神學」, 「イグナチオ・デ・ロヨラにおける靈動識別の人
　　　　間學的理解」, 「エディット・シュタインの女性論」 등.

역자 약력

1933년　　　　함남 원산에서 태어남.
1958년　　　　연세대학교 정치외교학과 졸업.
1958~1966년　부산, 서울 문화방송 프로듀서.
1968~1978년　서울 YMCA 시민논단 위원.
1969~1972년　서울 기독교 방송 부장 대우 프로듀서.
1970~1978년　서울 KBS, MBC, TBC에서 음악방송 해설.
1979~현재　　미국 워싱턴 D.C.에서 수출입업에 종사.

역서　　스즈키 히데코 저, 『삶의 끝에 서서』 (빛두레 출판사).

추기　　워싱턴 D.C.에 있는 카르멜 라이트 연구소(Institute of Carmelite Study)의
　　　　맨발 가르멜회 사제 John Sullivan 신부에게 그의 에디트 슈타인 논문 영문 번
　　　　역에 대한 공로로 1995년도 에디트 슈타인 상이 9월에 주어졌다.